GRİZU POSTMODERNİZM EPİSTEMOLOJİK ÇÖKÜŞ

Muzaffer Oruçoğlu'nun Grizu Romanının
Eleştirel Bir Analizi

Yücel Fuat FİLİZLER

Ali EŞKİ

Grizu Postmodernizm Epistemolojik Çöküş
Yücel Fuat FİLİZLER
Ali EŞKİ
Eleştiri:

KAFEKÜLTÜR Yayıncılık www.kafekultur.com
iletişim@kafekultur.com

Kafekültür Yayıncılık İslambey Cd. 44/13 34050 Eyüp
0212 615 22 99
ISBN:
Mayıs 2018

Kapak & Sayfa Tasarım: Güllü ŞİMŞEK

Baskı:
Ceylan Matbaa - Ahmet Uçar
Güven İş Merkezi B Blok No:318
Topkapı / İstanbul
Tel / Faks: 0212 613 10 79
Sertifika: 23352

GRİZU
POSTMODERNİZM
EPİSTEMOLOJİK ÇÖKÜŞ

Muzaffer Oruçoğlu'nun Grizu Romanının
Eleştirel Bir Analizi

Yücel Fuat FİLİZLER **Ali EŞKİ**

kafekültür

Yücel Fuat FİLİZLER

Ankara, 1965 doğumlu. Devrimci Proletarya yazarı. Üniversite yıllarından itibaren devrimci işçi sınıfı çalışmaları içinde oldu. İşçi basınında muhabirlik, yazarlık, editörlük yaptı. Çok sayıda Marksizm ve işçi sınıfı kurultay, sempozyum, panel, seminer ve eğitim çalışmalarında yer aldı. Yayınlanmış kitapları: Kemik (şiir, Edebiyat Dostları yay. 1988). Duyarsızlığın Toplumsal Kökenleri (inceleme, Şubat yay. 2000). Derken Karanfil Elden Ele: Haziran Direnişi (inceleme, kolektif yazarlarla birlikte, Devrimci Proletarya yay. 2014). Bilimsel-eleştirel ekonomi-politik, siyaset, işçi sınıfının yeni durum ve sorunları, emek araştırmaları, komünizm, tarih, antropoloji, ütopyalar ve sanat gibi olabildiğince genişletip zenginleştirmeye çalıştığı bir yelpazede çalışmalarını sürdürüyor.

Kitapta Grizunun Marksist Eleştirisi yazısı Yücel Fuat Filizler tarafından yazılmıştır.

Ali EŞKİ

1971 de yılında doğan Ali Eşki D.E.Ü Hukuk fakültesi mezunu olup, öğrencilik yıllarından da başlayarak uzun zaman Alınteri adlı politik işçi gazetesinin İzmir Muhabiri olarak görev yapmıştır. Muhabirliği bıraktıktan sonra da işçi sınıfı mücadelesinin bir başka tarafında işçi avukatlığı yaparak yaşamına devam etmektedir.

Yanısıra edebiyat çalışmaları da yapmaktadır.

Çeşitli dergilerde şiirleri çıkmış, son olarak Yaşam Belirtileri adlı şiir kitabı basılmıştır.

Kitaptaki diğer yazı Ali Eşki tarafından yazılmıştır.

Önsöz

Muzaffer Oruçoğlu'nun "Grizu" romanını geç okuyabildik. Hem işçi sınıfı hem de edebiyat çalışmalarının içindeki insanlar olmamıza rağmen, işçi sınıfı tarihimiz ile ilgili bu 4 ciltlik romandan neden haberimiz olmadı diye önce kendimize kızdık.

Fakat romanı heyecanla okumaya başlayınca, büyük bir hayal kırıklığı yaşadık. Post-modernizmin tarih bilinci, sınıf bilinci, gelecek bilinci, kolektif mücadele değerlerimiz ve toplumsal-eleştirel gerçekçi edebiyat üzerinde yarattığı büyük tahribat ve tahrifatı daha yakından duyumsadık.

Grizu, Türkiye'de zaten çok istisnai olagelmiş "büyük tarihsel roman" ve "işçi romanı"nın 2000'li yıllardaki ön açıcı bir örneği olabileceğine dair umudumuzu tuz buz etti. Tam tersine, "neden post-modernizm ile tarihsel roman ve/veya işçi romanı yazılamaz"ın canlı kanıtı olarak önümüzde duruyordu.

Grizu'yu, Türkiye'de emek tarihçiliği ve güncel emek araştırmalarının ağır aksak da olsa, yeniden gelişmeye başladığı bir dönemde okumamızın herşeye karşın iyi bir yanı oldu. Emek çalışmaları, bu alanda uzun süredir hegemon olan post-modernizm ile artık kaçınılmaz olan bir mücadele içinde yeniden emekleme adımları atmaya çalışıyordu. Emek tarihçileri 1980'ler öncesinin emek edebiyatıyla da bir bağ kurmaya başlamışlardı. Orhan

Kemal, Reşat Enis, Rıfat Ilgaz gibi dönem yazarları, bu gözle yeniden inceleniyordu.

Emek araştırmacıları ile emek edebiyatçıları arasında, birbirini besleyip zenginleştiren böyle bir köprünün kurulmaya başlaması vaat edicidir. Ancak ne yazık ki, aynı köprüyü 1980'ler sonrasının sol edebiyatı ile kurmak mümkün görünmüyor. 2000'li yıllarda emek araştırmaları post-modernizmden sıyrılma mücadelesine girerken, sol edebiyat halen bir tür "sol post-modernizm" konformizmi içinde uyuklayışını sürdürüyor.

Grizu, bunun en bariz örneklerinden biridir. Ereğli-Zonguldak kömür madeni havzası ve işçilerinin 113 yıllık (1848-1965) tarihi üzerine bir edebi başyapıt, edebi-gerçekçi bir nehir roman olma iddiasına sahip görünüyor. Fakat Türkiye işçi sınıfı tarihini, hem de en kritik ve öncü bir bölüğü üzerinden, post-modernizme gömmenin ötesine geçmiyor. Sınıf tarihimizi; sistematik bir araştırma-inceleme, gelişkin bir edebi-gerçekçi perspektif ve canlı-esinleyici bir yaratıcılıkla yeniden üretmek yerine, post-modern romanda hep olduğu gibi, piyasalaştırıcı bir "hüzünlü ve keyifli ilginçlikler" toplamına indirgiyor.

Ereğli-Zonguldak maden işçileri, acıları, mücadeleleri ve militanlıklarıyla Türkiye işçi sınıfının sembolleşmiş bir kesimidir. Böylesine bir post-modern tahribat ve tahrifata malzeme yapılması, bizi fazladan yaraladı.

Bilim, felsefe, siyaset ve her alanda post-modernizmle, ve onun "sol" görünümlü biçimleriyle, köklü bir hesaplaşmaya girmeden, günümüzde daha yüksek bir temelden yeniden oluşum sürecindeki işçi sınıfının mücadele ihtiyaçlarına yanıt verilemez. Grizu'yu okuduktan sonra, aynı hesaplaşmayı "sol" post-modernist roman anlayışı ile yapmadan yakıcılaşan işçi romanı ihtiyacının önünün açılamayacağı düşüncesine varmamız uzun sürmedi. Grizu, tarihimiz ve edebiyatımız üzerine yapıştırılmış post-modernizm gölgesi ve ruh haliyle hesaplaşmak için, zaten yeterince kışkırtıcıydı. Bize en önemli ve tek katkısı, bizi post-modernizm eleştirisi ile birlikte, tarih, emek tarihi, emek çalışmaları, sınıf oluşumu, sınıf mücadelesi, sosyalizm ve edebiyat alanlarının her biri ve iç bağıntıları üzerinde araştırma ve düşünmeye kışkırtmak oldu.

Kitap, hem her biri bağımsız bir bütün oluşturan hem de etkileşimli ve birbirini bütünleyici olduğuna inandığımız iki çalışmayı içermektedir. Ali Eşki, ağırlıklı olarak emek konusunu merkeze koyarak işçilerin duygu, düşünce ve hareket tarzının ele alınışı açısından Grizu'nun eleştirel bir incelemesini yaptı. Fuat Yücel Filizler, post-modernizmin eleştirisinden başlayarak Grizu'nun tarih, emek tarihi, sınıf oluşumu, antropoloji, edebiyat alanlarına genişleyen eleştirel bir incelemesini yaptı.

Her iki çalışmada da derdimizin Muzaffer Oruçoğlu'yla olmadığının anlaşılacağını umuyoruz. Sorunumuz yalnızca ve basitçe Grizu romanıyla da değil, onun karakteristik bir örneği olduğu "sol" görünümlü postmodernizmden (her alanda olduğu gibi) roman alanında da devrimci bir kopuştur. Eleştiri anlayışımız, yalnızca yadsımayı değil, yeni ve daha gelişkin bir işçi romanına olan ihtiyacı gündemleştirmeyi ve bunun bazı çıkış noktalarını araştırmayı da içeriyor.

GRİZUNUN MARKSİST ELEŞTİRİSİ

Grizu romanı, ismi, ele alır göründüğü konu, tarihselliği ve hacmi itibarıyla ilk elde, 1- Büyük Tarihsel Roman, 2- İşçi Romanı beklentisi yaratıyor. Ne var ki, tarihsel, toplumsal-gerçekçi, işçi romanı olmaktan uzak. Bunların zeminini önemli ölçüde kaydırarak yerine post-modern roman anlayışını geçiyor. Tarihsel-toplumsal gerçekçi roman ile post-modern roman anlayışları arasında ikincisinin ağır bastığı, eklektik ve ikircikli bir yerlerde, büyük bir hayal kırıklığına dönüşüyor.

Romanın tarihsel-toplumsal gerçekçi denilebilecek yönünde, Osmanlı'nın 1850'lerden itibaren son dönemleri, ve 1965 grevine kadar olan Cumhuriyet döneminde Zonguldak-Ereğli maden havzasındaki gelişmelerden bazı anektodlar, madenci grev ve isyanlarından bazı anektodlar, madencilerin zorla çalıştırılma ve ezilme koşullarından bazı anektodlar yer alıyor.

Ele alınan tarihsel toplumsal süreçlere ilişkin romandaki bölük pörçüklük bir yana, bunlar bir romanı toplumsal-eleştirel gerçekçi yapmaya yetmez. Ele alınan tarihsel süreç ve uzamı derinlemesine özümseyerek, kendi somut tarihsel bağlamı içinde olduğu kadar bugünün sınıfsal-toplumsal ihtiyaçları açısından yeniden işleyip üretecek, edebi itibari karakterler, kurgu ve olaylar örgüsü, sosyo-psikolojik iklim yaratma, hepsine yanıt vermesi gerekmeden isabetli sorular sorarak okuru düşündürme, kendisiyle yüzleştirme ve duygu ve düşüncelerini eleştirel olarak işleyip zenginleştirme, yeni ufuklar kazandırmadadır asıl romanın iç eylem ve niteliği. Zonguldak-Ereğli maden havzası ve işçilerinin, Türkiye işçi sınıfının mücadeleler içinde gelişim sürecinde tuttuğu sembolleşmiş yer, bu beklenti ve hassasiyeti daha da büyütüyor. Keza günümüzde, işçi sınıfının romanın konu aldığı dönemlerde şekillenen formasyonu bir yandan sarsıntılarla çözülürken diğer yandan genişleyen ve daha yüksek bir temelden sancılı bir yeniden oluşum süreci içerisinde olması, sınıf mücadelesi tarihimizle her açıdan daha yaratıcı bağlar kurma ihtiyacını artırıyor.

Ne var ki, romanın ikinci ve ağırlıklı yönü, tamamen post-modern bir karakterde olduğu için, bunların hiçbirini gerçekleştiremediği gibi, böyle bir kaygı taşır görünmüyor. Birinci yanıyla kurmaya çalıştığı tarihsel-mantıksal gerçekçi çerçeveyi de "yapı-bozum"a uğratan, dejenere eden bir post-modern "üst kurmaca anlatı"sı içinde eritiyor. Romandaki; içi tam pişmemiş fasülye taneleriyle bir türlü helvelenmeyen suyu arasındaki bu gelgitler, tutarsızlık ve eklektizm, romanın başından sonuna artarak sürüyor.

Grizu romanında, aslında iki roman var. Biri bölük pörçük bir eski tarz toplumsal gerçekçilik, diğeri bununla bakışımsız ve bağlantısız bir post-modern içe dönük "üst kurmaca anlatısı". Yazarın, romanın bu iki katmanı arasında, bir açılım kazanmadan gelgitleri de, post-modernizmin klasikleşmiş "farklı dünyalar arasılık" izleğine uygun.

Romanın en büyük zaaf ve kırınımı, tarihsel-toplumsal gerçekçilik ile post-modernizm arasında, birincinin ikincisine giderek dekor haline geldiği bu iki arada bir deredeliğidir. Roman salt ve saf bir post-modern "üst kurmaca" romanı olsaydı, örneğin diyelim ki eski toprak beyi Cebeli ve avanesinin sufiyane anlatıları vbyle sınırlı olsaydı, bizim ilgi alanımıza giren ve tartışmaya değer göreceğimiz bir şey olmazdı.

Oruçoğlu, bunun yerine, toplumsal gerçekçilik ile post-modernizmi harmanlamaya çalışan bir edebi eklektizme yöneliyor. Maden havzası ve işçilerinin tarihsel-edebi anlatısını, bir yandan günümüz hegemon post-modernist algıları ve edebiyat anlayışına uydurmaya çalışırken, diğer yandan gerçeklerden tümüyle kopmamaya, bir toplumsal-edebi gerçeklik hissini korumaya çalışıyor. Ancak toplumsal gerçekçilik ile post-modernizm gibi bağdaşmazları zorlama bağdaştırma çabası da, kaçınılmaz olarak ancak post-modern iç içe geçirme ve iliştirme tarzında yapılabiliyor. İlk ciltten son cilde doğru, genel bir eğilim olarak, toplumsal-edebi gerçeklik giderek daha fazla akıntısına kapıldığı post-modernizm içinde bata çıka sürükleniyor, tahrip ediliyor, parçalanıyor, geri plana itiliyor. Romanın ilk elde konu edinir göründüğü stratejik maden havzasındaki sınıf mücadeleleri tarihi, bunu yadsıyan ve deforme eden post-modernist anlatı tarzına, tarihsel-toplumsal köklerinden kopartılmış "ölü imgeler deposu" olarak hizmet etmenin ötesine geçmiyor.

Romanı, Türkiye'de, küçük burjuva halkçı devrimci demokratizmden post-modern anarko-liberal halkçılığa doğru kırılmanın, edebiyattaki izdüşümü olarak görmek mümkün. Siyasetteki bu kırılma, neoliberal kapitalist dönüşüme programatik-ideolojik, siyasal, örgütsel, pratik olarak bir üst düzeye çıkarak yanıt verilememesiyle, yaşanan zemin kaymasından kaynaklanmıştır. Edebiyattaki bu kırılma da, yaşanan büyük çaplı neoliberal kapitalist tarihsel-toplumsal dönüşüm karşısında yetersiz kalan eski tarz pozitivist, (Türkiye'deki biçimiyle de çoğunlukla küçük burjuva popülist) toplumcu-gerçekçi edebiyat anlayışından, yeni ve daha yüksek bir toplumsalcı-eleştirel edebiyata geçemeyerek, post-modernizme doğru çözülmekten kaynaklanıyor. Siyasette bu kırılma, zaten oldukça zayıf olan gelecek ve sınıf perspektifini yitirerek, yine belli dönem ve durumlarda ne kadar radikal direniş öğeleri içerirse içersin, sistemin muhalif bileşeni haline gelmesine denk düşer. Sol edebiyattaki bu kırılma da, zaten zayıf olan gelecek ufkunu ve sınıf dinamiğini yitirerek, yine her ne kadar belli direniş unsurları içerirse içersin, anaakım post-modernist edebiyat anlayışının bileşeni haline gelmesine denk düşüyor.

Modern ve post-modern roman anlayışları üzerine

Post-modern roman, her şeyden önce modern roman anlayışının yapı-bozuma uğratılmasına dayanır. Modern roman, nesnel gerçekliğin (tarihin, toplumun, çelişkilerin vd) bilimsel olduğu kadar edebi olarak da yansıtılabileceğini veya yeniden üretilebileceğine inanır. Bunun düz yansıtmacılık olması gerekmez. Modern roman yazarı da, romanına öznellik ve bakış açısını katar, sosyo-psikolojik bir iklim yaratır, itibari karakterler yaratır, ele aldığı olay ve durumları buna göre yeniden kurgular. Ancak modern roman, nesnel gerçeklik içinde ele aldığı sorun, amaç ve bakış açısı çerçevesinde oldukça belirgin bir (olaylar örgüsü, mekan, zaman, figüratif kadro) çerçeve kurar. Ele alınan sorun, yaratılan itibari karakterler, olaylar, okura çok yabancı değildir. Okur açısından yaşam deneyimi ve mantığıyla kavramakta çok zorlanmayacağı bir yön duygusu taşır.

Modern roman, tarihi ve toplumsal olanı önemser, ön plana çıkarır, dışa dönük ve etkin bir karaktere sahiptir. Genellikle geleneksel, alışılageldik ilişki biçimlerini yeni olan doğrultusunda eleştirip değiştirmeye yönelik bir yaklaşım üstlenir. Modern romanda dışa dönüklük ve etkinlik, kendini, diyalog ve olaylar örgüsü gibi tekniklerin ön plana çıkmasında, içeriğe ve asıl anlatılana önem verilmesinde gösterir. Romanın bütünselliği, iç tutarlılığı, bakış açısı büyük öneme sahiptir.

Modern roman, özetle, nesnel gerçekliğin içinde yer alır, okura belli bir bakış açısı ve anlamlandırma çerçevesi kazandırarak, nesnel gerçekliği belli bir amaç doğrultusunda dönüştürme esini vermeyi ya da görünmeyen yönlerini göstermeyi amaçlar.

Post-modern roman ise, daha en baştan gerçekçilik ilkesini reddederek başlar. Nesnel gerçekliğin yansıtılamayacağını veya nesnel gerçek diye bir şey olmadığını ya da bilinemez olduğunu ileri sürer. Post-modern roman gerçeği yansıtma öğelerini içerse bile, bunu gerçekliğin olabildiğince dışında olan mistik, fantastik, hayali kurmacalarına dekor kılmak için kullanır. Gerçek ile "üst kurmaca" arasında ikircikli bir sanrı-oyun durumu yaratarak, gerçekliği yerinden etmeye çalışır.

Post-modern roman, gerçeği açıklamaktan kaçınır. Anlatılanın belirleyici olduğu anlatma değil, bölük pörçükleştirdiği gerçeğe eş düzlemle iç içe geçirilerek iliştirilmiş bir öznel göreci-idealist anlatıdır. Neyin anlatıldığı değil anlatının kendisidir önemli olan. Dil, bir şeyi anlatmanın aracı olmaktan çıkar, kendisi biricik amaç haline getirilir.

Anlatılan anlatının sadece oyuncağıdır. "Post-modernizm için yaşam bir oyun, post-modern roman ise oyun içinde oyundur." Bırakalım nesnel gerçekliği, yapıtın kendisi bile bir anlam bütünlüğü taşımaz. Okurun hergangi bir anlam vermesinin de neredeyse imkansız kılındığı dil oyunları, yarı uyur-uyanık bilinç-altı akışları ve retorik, toplumsal anlam ve içeriğin yerini alır.

Bütünlük yerine parçalanmışlık geçirilir, dışa dönüklük ve etkinlik yerine içe dönüklük ve edilginlik geçirilir. Acz içinde olan, içe ve kenara çekilmiş, depresif, sanrılı, marjinal, fantastik, mistik, kendi dünyasında yaşayan tiplemeler post-modern romanın kişi kadrosunun çoğunluğunu oluşturur. Diyalog, olaylar örgüsü ve belli bir süreci hikaye etme yerine, monolog, bilinç-altı psişe, mistisizm ve fantezi öne çıkarılır. İçe dönüklük ve belirgin bir olay örgüsünün olmaması gibi nedenlerle, post-modern roman kişileri, genellikle eylemsizdir.

"Postmodern metnin yazarı çözümsüzlüğü haykırır ama çözümden bahsetmez, yanlışı insanların gözüne ironik bir dille sokar ancak doğruyu açıklamaz, postmodern yazarın en büyük teması içinde bulunduğu dünya ile olan uyumsuzluğudur, problemleridir, açmazlarıdır, çaresizliğidir. Ve bu durumdan kurtuluş yoktur, yani postmodern insanın içinde bulunduğu durum değiştirilemez bir neden ve sonuçlar zincirinin ağına düşmüş bir sinek gibidir ve kurtulamaz."(Hasan Topsakal, Hasan Ali Toptaş Romanında Postmodern Öğeler, Yüksek Lisans Tezi, Malatya 2011)

Post-modern romancı anlamın, toplumsal-maddi ilişkilerde ve bunun kavranıp eylemle dönüştürülmesinde değil, insanın iç dünyasında olduğuna inanır. Gerçek dünya ve sorunlardan kopardığı bu yarı uyur-uyanık biliç-altı sayıklamalarına bitip tükenmez sayfalar harcar. Ancak ne kadar güçlü bir dil ve bezemeyle yazılırsa yazılsın, örgütsüz ve dağınık doğası gereği hiçbir sonuca varmayan, hiçbir zaman somut bilinç ve eyleme dönüşmeyen bir retorik olduğuyla kalır.

Mistik ve ruhani alemlerle gezinme, her hangi bir büyük özlem ve amaçtan veya güzel ve doğru'dan bağımsızdır. Bu tür ölçüt ve amaçları da anlamsızlaştıracak biçimde, haz ve tüketim endekslidir ve kendi üstüne kapanır. Onca mistik, iğreti, ikircikli durum içinde kendi kurmacası içinde kendinden hoşnut hedonizm kendini gösterir.

Post-modern roman, geleneğe, dine, mistisizme, muammacılığa en büyük hoşgörüyü tanımakla kalmaz, hemen her şeyi bunlarla melezler. Her türlü özneye ve gerçeklik bilincine şüpheyle baktığı için, bireysel karakterler yaratamaz. Bunun yerine içe dönük, psişik, kültüralist bir antropo-ontolojik muamma olarak "soyut insan"ı geçirir.

Grizu romanında, toplumsal-maddi yaşam alanları ne kadar daralırsa, bunun yerine kendilerine bir "gönül gözü iç dünyası" kuran Cebeli, Yakup, Zehra, Kumru, Cuma, Recep, Ruhi... gibi en büyük yekunu tutan kişi kadrosunun çoğu, toplumsal-maddi dünyayı yok sayan ya da onunla pek bir ilgisi olmayan, psikolojik-mistik ezoterizm ve tatmin arayışındaki "soyut insan" örnekleridir.

Post-modern romancı, bir sınıf, ideolojik-siyasal çizgi veya temsiliyetten kaçınır. Tarihsel, toplumsal, sınıfsal bir belirlenim içinde olmadığını varsaydığı bireysel özgürlük alanını, toplumsal-maddi köklerinden kopardığı salt ve saf bir retorik-söylem-oyun bezemesi içinde var etmeye çalışır. Modern romandaki ciddiyet ve ağırbaşlılık yerine, ironik bir hafiflik geçirilir. Ancak bu da eleştirel ve kara mizahtan çok, bu dünyadaki en travmatik şeyleri bile hafifsetip tüketim konusu haline getiren bir değersizleştirme tarzıdır.

Post-modern roman, her hangi bir nedenselliği olmayan, gerçek hayatta olması pek mümkün olmayan, ya da onun ancak marjinine iliştirilmiş, hergangi bir akıl ve bakış açısıyla da kavranması pek mümkün olmayan, belirsiz hale getirilmiş, kişi ve kurmacalara yer verir.

Ancak post-modernizmin modernizme, katı kuralcılığa, "ötekileştirme"ye eleştirelliği nedeniyle radikallik görünümü yanıltıcıdır. Çünkü post-modernizmin muhalifliği de kinik ve siniktir. Karşı çıkıştan, nötrlüğe, oradan kinik bir meşrulaştırıcılığa geri çekiliştir. Post-modern sanatçının "isyankarlık" tarzı, onun esaretinin ta kendisidir. Esarete karşı çıkmasından çok, bir tür liberal-popülist estetik anarşizmle, esareti estetize ve mistifiye ederek, meşrulaştırır.

Gerçekliğe, ideolojik-siyasal referanslara, geleceğe *"inanç kaybı romandaki nedensellik kaynaklarını alt üst eder. Romanlar (ve diğer anlatı türleri), kendine yeterli bir dünya olan metinlere dönüşürler. Olgusal, deneysel ve tarihsel nedenselliklerinin yerini gerçeküstü uyaranlar ve raslantısallık almaya başlar. Anlatılar, Eco'nun dediği gibi 'imgeler ormanına' dönerler. Romandan anlatıya geçiş aynı zamanda kahramandan bireye, bireyden metinsel (soyut-bn) varlıklara geçiştir. (...) Göreceli gerçekliğin ilkelerinden biri olan çoklu bakış, bağlantısız bakışa sıçrar. Bu sıçramalar arasında anlatı kişileri de reel konumlarını, toplumsal gerçekliklerini ve bireysel kimliklerini kaybederler. (...) Adeta romanların kurgularını, bütün zaman ve mekânlarda dolanan, yörüngesinden fırlamış gizemli bir zihin kurmaktadır. Gizem, postmodern romanların en önemli öğelerinden biridir. Gizem, akıl gerçekliğinin ruhsal gerçeklikle buluşup sarılması ve bütünlüğü işaret etmesi bakımından, önemli bir geleneksel ve bilinçaltısal izdir denilebilir. Fakat bu metinlerdeki imgesel dil, bir bütünlüğü işaret etmez; hatta insanı, kendi içinde sürekli parçalayarak görünemez ve bilinemez hale getirir.* " (Mehmet Narlı, Postmodern Roman ve Modern Gerçekliğin Yitimi)

Post-modernizm bir çağın kendisi, gelmişi geçmişi, geleceği, doğru bildiği her şey hakkında şüpheye düşmesi; hatta her türlü karşı çıkıştan bile şüpheye düşmesidir. Zaten post-modernizmin her türlü özneyi, ideoloji ve siyaseti, bir "büyük anlatı" sayarak reddetmesi, bunun yerine farklılığa dayalı kimlik çeşitliliğini (çokluk/

çoğulculuk) geçirmesi, özneleşemeyen günümüz insanının parça pinçik bilincinin cılkını çıkarıp büsbütün aklından ve kendinden şüpheye düşürüp şizofrenikleştirmenin ötesine geçmez. Nesne/özne, madde/bilinç gibi pozitivist düalizmi ortadan kaldırmak adına, eleştirel mesafeyi ortadan kaldırır; sezgi, duygu, öznelliği öne çıkarmak adına nedenselliği, iç tutarlılığı ve mantığı ortadan kaldırır.

Mutlak özdeşlik felsefesi (mekanik materyalizm, idealizm, pozitivizm, modernizm, vb) ile mutlak özdeşmezlik felsefesi (görecilik, post-modernizm), aynı burjuva/küçük burjuva felsefenin/epistomolojinin iki yüzüdür. Her ikisinde de diyalektik çelişki anlayışı yoktur. İlkinde nesnel gerçekliğe içerili olan çelişkiler dışsallaştırılır, ikincisinde ise çelişkili yanlar birbirine görelileştirilir ve eşdeğerlikli farklılıklara indirgenir. Ancak diyalektik materyalizmdir ki, özdeşlik ile farklılaşmanın (özdeşmezliğin) birliğine dayanır ve nesnel gerçekliği içindeki uzlaşmaz sınıfsal-toplumsal çelişkilerin tarihsel, sarmal iç gelişim doğrultusundan kavrayabilir.

Post-modernizm, modernizmin krizi, çözülmesi, dağılmasıdır. Ama onun aşılması, yerine yeni ve daha yetkin bir anlayışın konulması değildir. Onun daha çözünük, kaygan, metalaşmış, ehli keyif bir devamıdır. Mutlak özdeşlik felsefesinden mutlak görecilik felsefesine savrulmuş, ters yüz ikizidir.

Post-modernizmin kendisi, nesnesiz, öznesiz, eylemsiz, kuramsız, nedenselliksiz, tarihsiz, toplumsuz ve retorik/oyuncul bir epistomolojidir. En iyi ifadesini de, anarko-liberal, öznelci antropolojik ve ontolojik estetizm kurmacalarda bulur.

Grizu romanı, post-modern roman anlayışının tüm bu özelliklerini taşıyor. Bu yüzden bir "epistomolojik kopuş"u değil, tam tersine bir "epistomolojik çözülmeyi" temsil ediyor.

Romanın tekniği ve edebi niteliği üzerine

Dil

Klasik ve modern yapıtlardaki dil, genellikle dil bilgisi kurallarına uygun, yalın, işlevseldir. Yapıtın edebiliği, dilden çok içerdiği anlam, duyarlık, zeka, işlevdedir. Post-modern yapıtta ise dil bir araç olmaktan çıkar, amaç ve her şey haline gelir. Bu tarz bir dil anlayışı, en başta, 1- somut bağlamını, 2- ve bu bağlamların benzer biçimde algılanmasından kaynaklanan kolektif ortak payda olma durumunu kaybeder. Post-modern dil, akıl ve zekadan (bunu "aklın araçlaştırılması", "dilin araçlaştırılması" sayarak) olabildiğince kaçınır. Ele alır göründüğü sorunla, mantıksal bir akıl yürütme ilişkisine girmeden, yalnızca onun kendisinde (ve her kesim veya kişide ayrı ayrı) bıraktığı sezgisel, duygusal etkiler içinde, (dolayısıyla tarihsel-toplumsal vd nedensellik ilişkilerinden kopartarak ve bir çözüm olanağını da ortadan kaldırarak) ilgi ve zevk uyandırmaya dayalı bir gezintiye dönüştürür. Dilin güzelliği artık, onun neyi ne kadar iyi anlattığında değil, kendisinde, bağlamsız ve ortak paydasız kendindeliğindedir!

Temel ayrım şudur: Dilin toplumsal bir iletişim ortamı olabilmesi için, iletiyi veren kadar alanın, o iletinin bağlamı (iletilen kodlar) konusunda ortak bir zemine sahip olması gerekir. Yani aynı tarihsel, toplumsal-kültürel koşullarda yaşamaları ya da en azından bu koşulları bilmeleri gerekir ki, iletinin bağlamını (kodlarını) çözümleyip mesajı alabilsinler. Bu yüzden Marx, "dil gerçekliğin dilidir" der. Düşünceler, zihnin dışındaki gerçekliğin bir yeniden üretimi olmasaydı, kimse onu dil yoluyla başkasına anlatamazdı. Düşünce elbette gerçekliğin düz yansıması olmayıp bir yeniden üretimi olmakla beraber, iletişim, ancak konuşanın zihnindeki tasarımın dinleyenin zihnindekiyle asgari ölçüde tekabül etmesiyle mümkün olur. Belli toplumsal ortak ilişki biçimleri, ve ortak yaşarlık, üretim ilişkileri olmadan dil diye bir şey de olmazdı. Kavram oluşum süreci de bu yüzden, basitçe zihinsel-bireysel bir süreç değil, tarihsel ve toplumsal bir süreçtir. Cümle hep bir ilişkiyi anlatır, bu ilişkiler de doğadaki ve toplumdaki belli sistematik ilişkilere, şu veya bu düzeyde tekabül etmek durumundadır. Mantık ancak böyle mümkün olur. (Mustafa Cemal, Eşitlikçi Toplumlar. Belge yay. İstanbul. 1996)

Post-modernizm ise, dili, belli üretim ilişkileri çerçevesinde organize olmuş toplum/toplulukların kendisini yeniden üretirken doğan gereksinmelerinden, bizzat dilin kendisinin bu bağlamda üretilme ve yeniden üretilme sürecinden, dahası konuşma sürecinden kopartarak, basitçe bir kendinde "farklılıklar sistemi" olarak ele alır. Dili tarihsel, toplumsal-maddi gerçeklikten koparmakla kalmayıp, kavramla-kelime bağını da kaldırır. Cümlenin, kelimenin anlamını da bulanıklaştırır. Oysa kavramların en azından belli bir istikrarı olmadan, verili toplum ortamının genelinde geçerli bir dil ve iletişim de mümkün olamaz.

Ama gerçekliğin yittiği yerde dil olabilir mi? Post-modern felsefe ve roman ise, ilk elde iletişimi mümkün kılan bu nesnel gerçekliği, ona dair ortak toplumsal bağlam ve kodları, standartları, modelleri, kavramları, parçalayıp bozar. Roman kişilerinin kendi zihin ve öznellikleri dışında varolan nesnel gerçeklik ve bağlamlara dair toplumsal zemin ortadan kaldırılır.

Bu, karşıt sınıfların bu gerçeklik ve bağlamları, farklı ve karşıt değer yargıları, fikirler vb ile anlamlandırması da değildir. Romandaki her kesim, hatta kişinin, bir ortak zemin ve bağlam bile olmadan, bir kendinde dil kozasına gömülerek, kendindeleştirilmesidir. Toplumsal ilişkiler ve süreçler içindeki insanlardan çok, bir takım "dil baloncukları"na indirgenmiş silüetler vardır. Roman kişilerinin kendi aralarında iletişim kurma olanağı bile ortadan kaldırılır. Toplum ortadan kaldırılır. Belli bir tarihsel-toplumsal durum, olay, gösterilen karşısında kişilerin benzer şeyler düşünmesi bir yana, bu düşünce, his ve tutumları birbirine anlatabilmesi için gerekli her türlü ortak yaşarlık, ortak payda, kavram, en baştan iptal edilmiştir.

Böylelikle, Grizu romanının büyük bölümünde olduğu gibi, topluluk içinde veya birbiriyle konuşur görünürken bile, birbirine bir şeyler anlatma ve birbirini anlama kaygısı olmayan, zaten bunun adeta olanaksız kılındığı, bir içe dönük monologlar derlemesi çıkar ortaya. Öyle ki, tastamam aynı gerçekliği yaşayan, aynı koşullarda çalışan maden işçileri açısından bile maden ocakları, ortak bir bağlam, ortak bir anlamlandırma haline gelemez. Bırakalım sınıf bilincini, sınıf kinini, ortak değer yargılarını, ortak, anlaşabilecekleri bir dil bile -cinsellik dışında!!- yoktur. Böylece maden ocaklarının o amansız gerçekliği bile, göreli bir imgeye, içinde yaşadıkları bir hayale dönüşür. Roman, belli bir dramatizasyon ve olaylar örgüsü içerisinde, insanların birbiriyle ilişkisinden çok, bir takım dil baloncuklarının huşu içinde seyredilmesine indirgenir.

Bazıları post-modern yapıtlarda kullanılan dile "karnaval dili" ya da "dil karnavalı" derler. Oysa "dil attığı" her şeyi içinde eriterek, itibarsızlaştırak şiştikçe şişen bu dil, ne kadar zengin görünürse görünsün, bir sınıfsallık ve toplumsallık boyutu olarak dilini kaybetmişliğin (dilsizleşmenin) dilidir. Yitirdiği dili yerine, yeni bir dil kuramıyor oluşun, kendi dilsizliğini köpürterek örtmenin, post-modernizme teslim oluşun dilidir.

Dil-2

Romanda, dil ve sözcük dağarcığı, oldukça zengin, kıvrak. Epey bir sözlük çalışması, dönemin hem üst sınıfları, saray, medrese, tanzimat, cumhuriyet dili edebiyatı, hem de halk dili ve edebiyatı incelenmişe benziyor. Geleneksel deyişler, özdeyişler, türetilen yeni sözcük ve deyişler... Yanısıra, Osmanlı paşa jargonu, Kemalist bürokrasi jargonu, argolu küfürlü bol ataerkil şakalaşmalı işçi jargonu, teknik mühendislik jargonu, kadın söylenme jargonu, abuk deli jargonu, mistik derviş jargonu, etnik şiveler vd kullanılıyor. İlk ciltte dilin gündelik kullanımında ritm, şiirsellik, deyişsellik, pastorallikten tam kopmamış olduğu bir dönem açısından çok sorun yaratmıyor denilebilir. Yazarın aynı zamanda şiir, masal, resim, antropoloji, mitoloji gibi çoklu dallarla ilgisi ve uğraşı, dili zenginleştiriyor.

Bununla birlikte dil, ilk ciltte mistik Cebeli (ve eski Yeşilçam melodramatik Türk sinemasındaki kadın başrol oyuncaları gibi konuşan Zehra'dan) başlayarak giderek daha fazla kendindeleşiyor, konuşma dili bile gündelik konuşma dilinden uzaklaşıyor. Bu da, dil, sözcük repertuarı ve teknik olarak zenginliğine karşın, birincisi içerik zayıflığı, ikincisi aşırı stilizasyon, üçüncüsü roman kişi kadrosunun önemli bir bölümünün hep aynı gizemli zihin edasıyla konuşuyor olmasıyla tekdüzeleşiyor. Yazar kendini Cebeli'ye ve bu stilizasyona öylesine kaptırmış ki, Cebeli öldükten sonra bile, 4. ciltte çoğu kişi birebir Cebeli edası ve ağzıyla, konuşmaya devam ediyor. Bu yüzden ilk ciltte dilin yarattığı çekim, roman atmosferinde her ciltte yaşanan irtifa kaybı ve aşırı yayvanlaşma hissiyle de beraber, etkisini giderek kaybediyor.

Üstelik pek çok bölümün bir kişinin konuştuğu diğerlerinin dinleyici olduğu tek yanlı monolog-retorik-belagat biçiminde olması, bunu daha da ağırlaştırıyor. Romanı bir bütün olarak hayaletleştiriyor. Konuşmaların bir çoğunun, birinci ciltten dördüncü cilte kadar, yüz küsur yıl boyunca, birbirine benzemesi ve küçük nüanslarla tekrarlaması (her hangi bir açılım kazanmadan durmaksızın, gönül gözüyle görmek ve anlamak, sevgi, şefkat, ölüm ve yaşamın anlamı/anlamsızlığı vb vb üzerine, çoğunlukla da soyut, mistik veya metafizik) bir noktadan sonra gerçekten iç bayıltıcı hale geliyor. Aslında baştan sona konuşan sanki hep Cebeli ve onun ruhu!

Zamandan ve mekandan bağımsızlaşmış biçimde, bu gibi konuşmalar hep aynı mevzu, mistisizm çerçevesinde döndükçe, bunların ne kadar incelikli yazıldığı, ne kadar güzel denilen sözler edildiği anlamını yitiriyor. Dil anlatır göründüğü şeyleri de aşırı dil stilizasyonuyla silüetleştirip, salt kendi kendini (stilizasyonu) merkeze koymaya başladığı andan itibaren, romanı taşıyamaz hale geliyor. Anlatılanı gölgeleştirip kendi stilinden sarhoş olan bir uyuşturucu edayla, salt kendi kendisinin çevresinde dönmeye başlıyor.

Bu dil ve stilizasyon tarzını, bir çiçek dürbününe benzetebiliriz. İlk bir iki baktığında insanın hoşuna gider. Ama daha sonra o çiçek dürbünüyle o çiçek dürbünün kendisinden başka görülebilecek başka bir şey olmadığını ve onun da hep aynı döngüde aynı şeylerin yapbozundan ibaret olduğunu anlayınca, bir yana atarsın.

Stilizasyon

Grizu romanındaki bu stilizasyon o kadar belirgin ki, örneğin Cebeli ve benzerlerinin konuşmalarına, onları dinleyen diğer kişiler hiç bir şey anlamadığı halde, salt bu konuşmaların "güzelliğine" sık sık atıfta bulunuluyor/bulunduruluyor.

Maksimum stilizasyon, neoliberal kapitalizmde meta fetişizmi ve meta estetiğinin edebiyata da bire bir yansımasıdır. Meta estetiği ne kadar göz alıcı hale gelirse, kullanım değeri, ne tür bir ihtiyacı karşılayıp karşılamayacağı, o kadar önemsizleşir.

Post-modern romanda yalnız dil değil, başta kişiler olmak üzere her şey stilize edilir. Kişiler, emek, sınıf, düşünce, görüş, tutum, yaşam karşısında duruş, hatta kişilikleriyle değil, neredeyse salt "stilleri" ile var edilir. Cebeli, Zehra, intihar eden kadın resimleri toplayan şahsiyet, neyi neden yapıp yapmadıklarından tamamen bağımsız olarak, ilgi ve zevk uyandırmaya dönük birer "stil"den ibarettir. Günümüz neoliberal kapitalizmindeki, "yaşam stili" hikayesi gibi. Ne yapıp yapmadığınızın, ne düşünüp düşünmediğinizin, kişiliğinizin, tutumunuzun hemen hiçbir önemi yok, yeterki bir "stiliniz" olsun. Romanda da sömürücü sınıflar cephesi ve, 1. ciltte Bayram, 3. ciltteki doğal işçi öncüleri grubu bir yana bırakılırsa, ana kişi kadrosunun çoğu, birer "stil"den ibaretler. Kişilerin neyi neden yaptıklarının hiçbir önemi yok, sadece atipik ve "cool" stillerinin önemi var.

"Roman bir anlatı sanatıdır" denilir. Ne yazık ki bu post-modern roman kilişesini Ömer Türkeş, Semih Gümüş gibi edebiyat eleştirmenleri ezbere tekrar edip duruyorlar. Romanda anlatı her daim önemli olmakla birlikte, bu romanın bir retorik, belagat, stilizasyon ve güzel söz söyleme sanatı olduğu anlamına gelmez. Roman, aynı zamanda bir gösterme, canlandırma, dramatizasyon, yeniden anlamlandırma, düşündürme, duyguları işleme, yaşamı derinleştirme, ve değiştirmeyi esinleme sanatıdır. Dil içeriği işleyip derinleştirdiğinde bir anlam kazanır, dilin kendine dönük stilizasyon hazcılığı ise, neon ışıklarıyla aydınlatılmış vitrinin arka planının görülmesini engeller.

Anlatıcı

Klasik roman tekniğinde hem romana içsel hem de yer yer ondan serbestleşebilen, bütünden bakabilen bir anlatıcı, kritik bir işlevselliğe sahiptir. Anlatıcı, hem roman kişi kadrosuna dair romanın içinden betimleme ve yorumlar yapar, kimi zaman çeşitli olayları veya arka planını anlatır, bilgilendirmeler yapar, olayları birbirine bağlar, vb. Ama kimi zaman da, romandaki kişi ve olaylara dışarıdan bakar, daha serbest ve bağımsız değerlendirmeler yapar, ipuçları verir, hatta bazı romanlarda doğrudan okurla konuşur. Yazarın yer yer roman kurgusu ve kişilerinden serbestleşebilen, dışarıdan bakabilen, eleştirel (yazarın kendisi açısından da özeleştirel, vd) bir anlatıcı tekniği kullanmaması, anlatıcıyı da anlatılan kişilerin iç dünyası içinde eritmesi, romanda çözülme yaratan etkenlerden biri. Yine bu anlatıcı zayıflığı kişi kadrosuna dair psikolojik tasvirlerin, monolog ve diyaloglarda "ben şöyle biriyim, sen şöyle birisin" gibi kendileri ve birbirleri hakkında uzun uzun betimlemeler ve değerlendirmeler yapmak zorunda bırakılmaları, romanı yapaylık ve müsamare havasına sokan etkenlerden biri. Romanın pek çok bölümü, insanların kendi iç dünyalarına dalıp gitmek, kendileri ve birbiri hakkında konuşmak dışında hiçbir ortak mevzusu olmayan bir tuhaflığa sahip. Örneğin işçilerin veya kadınların birbiriyle hiç mi, tarla, ürün, maden, geçim, savaş, devlet vd muhabbeti olmaz? Köyde, mahallede, işçiler hiç mi birbiriyle maden mevzularını ve sorunlarını konuşmaz?

Roman sanatında tarih boyunca, anlatıcının merkezi yeri genel bir eğilim olarak zayıflamıştır. Post-modern roman ise tanıklığa bile tahammül edemez. Anlatıcıyı, okurdan fazlasını bilmeyen bir duruma getirir. Fakat durum aslında daha da vahimdir: Anlatıcının okurdan fazla bilmemesi veya bilmek istememesi, gerçekte, okurun olabildiğince bilgisiz tutulması, hatta bildiklerinin de parçalanıp çözündürülmesine dönüktür.

Geçmişin güvenilir, konusunda uzman ve otorite olan yazarı, yerini oyuncul bir yap-boz bulanık kurgu teknisyenine bırakır.

Post-modern yazar, bunlardan özellikle kaçınır ama, okurun kendi kafasıyla bağımsız düşünmesini sağlamak için değil. Tarafsızlık/bilisizlik görünümü altında, okura modern yazarın yaptığından çok daha fazla hükmeder: Her şeyi bölük pörçük, neyi tutmaya çalışsa elinde kalacak, çıkışsız labirentler içinde dolaştırıp tüketilecek hale getirerek, okurun kafasını karıştırmaktan, hayal ve gerçeği ayırt edemez hale getirmekten, sürekli tereddüde düşürmekten, umut diye bir şeylerin uzaktan ucunu gösterip sürekli bunları boşluğa düşürüp hayal kırıklığına uğratarak çıkış arayışını aşındırmaktan, onca sorun varken kıyı kenar satıhlarda dolaştırmaktan, adeta özel bir zevk alır. Tarafsızlık adı altında okura zerk edilen nihilizm ve kayıtsızlıktır.

Post-modern roman, nasıl ki çoğul bakış açısı adı altında aslında neoliberal burjuva ideolojisinin yolunu yapıyorsa, anlatıcı ile figürler arasındaki mesafenin kaldırılması ile, okurun eleştirel bakma olanağını ortadan kaldırır. Çok merkezlilik, hiç merkezlilik, merkez kaç oyunları adı altında bir bakarsınız, aslında doğal işçi önderliği bile kenara itilmiş, merkeze Cebeli tarzı hedonizm oturtuluvermiştir. Okuru, zaten olup biteni bilemez, anlayamaz, denetleyemez hale getirerek, kafa yorma çaba ve direncini sürekli ikircikli durumlar yaratmakla ve boşluğa düşürmekle kırarak, kendini bu belirsizlik alemi içinde sürüklenmeye bırakmaya zorlar. Çoklu gerçeklerin gerçeksizliğe dönüşmesi gibi, çoğul bakış açıları bakışsızlığa o da kinik bir kabüllenişe çevrilir.

Varılan noktada (aslında kendi belirsizleştirdiği durumda) her şey o kadar bulanık, kaygan, paramparça ve boştur ki, şu veya bu doğrultuda harekete geçmek, tavır almak için de bir neden kalmamıştır ortada.

Dramatizasyon

Roman, ele aldığı tarihsel dönem ve havzanın özünü, sosyo-psikolojik ve edebi olarak da ruhunu yansıtamıyor. Romanın büyük yekununu oluşturan monologlardaki mistik, agnostik bilinç akışları ve tefekkürler, romanın kişi kadrosunun önemli bölümünü keser görünse de, bu felsefenin edilgen tekdüzeliği ve ele alınan dönem ve çelişkilerin sertliğiyle bakışımsızlığı nedeniyle, sosyo-edebi bir harç işlevi görmüyor.

Klasik roman tekniğinde, ele alınan tarihsel-sosyolojik dönem ve sürecin ruhunu yansıtmada, genellikle kullanılan yöntem "tipik" denilen roman şahıslarının yaratılmasıdır. Bu "tipiklik", bir ortalama değil, tarihsel-toplumsal süreci tanımlayan bazı temel nirengi noktalarını, tarihsel-sınıfsal dinamikleri, çelişkileri, dönüşümleri gösteren karakterler anlamındadır. Romanı bir kaç temsili karaktere odaklamama/bunun çevresinde örmeme de kuşkusuz (günümüz açısından yenilik sayılmayacak) bir tercih olabilir (-di, ancak ilk üç cildin adeta merkezine oturan Cebeli buna da pek olanak tanımıyor!) Fakat çok sayıdaki kişi kadrosu arasında dinamik bir ilişkiler ağı kurulmadığı, okurun bunları kafasında bütünleştirebilmesi için bir perspektifin ve edebi dinamik dramatizasyon çerçevesinin olmadığı durumda: Bir iç tematik bütünlükten, öz-görüngü diyalektiğinden soyulmuş roman, bir kırık ruhlar mezarlığına, "dil baloncukları" pazarına indirgeniyor.

Roman tekniğinde ve edebi örgüde, dramatizasyondan, olaylar örgüsüyle birlikte, sınıfsal-toplumsal-cinsel-ulusal vd çelişkilerin, eski-yeni çelişkisinin, belli bir kişinin iç çelişkilerinin, kişiler arası çelişkilerin, görüşlerin, korkuların, acıların, özlemlerin, mücadelelerin, gerilimlerin, adım adım ve sıçramalarla, iniş çıkışlarla, gelişmesi, birbirine bağlanması, bundan kaynaklanan çatışma ve değişimlerin, ortaya çıkan yeni dinamiklerin, vd gösterilmesini anlıyoruz. Fakat bir dramatizasyon dinamiği olabilmesi için, her şeyden önce bir sürecin olması gerekir. Post-modernizm ise süreci ortadan kaldırıp, yerine anektodlar toplamını geçirir.

Dinamik ve yaratıcı bir roman kurgusu (romanın iç eylemi) ile yaratılabilen dramatizasyon çok az. İlk ciltte zorba çavuş ile Bayram, Zehra, ikinci ciltte Sedat ve adamları ile yine Bayram, Zehra, Kumru, vd, üçüncü ciltte patronların çetesi ile doğal işçi öncüleri ve Cemal, gibi bir dizi dramatik çatışma ekseni var. Ancak Recep-madenci katırı, çocuk madenci-cinler bölümlerinde bile olduğu kadar derinleşmiyor. Örneğin bir Zehra karakterinin, köyün delisi ile birlikte olmasına giden süreçte, ruhundaki iç çalkantılar, gelgitler, çelişkilerin, fırtınaların olması beklenirdi. Fakat bu süreç o kadar tedrici ve düz bir şekilde yaşanıyor ki, inandırıcılığını yok ediyor. Veya üçüncü ciltte Cemal'in bıçkıcının deposunu yakmasıyla çatışma sürecinin dallanıp budaklanması beklenirdi, yok. İkinci ciltte Sedat ile köy ahalisi arasındaki çelişkinin ve çatışmanın farklı yönleriyle işlenmesi gerekirdi, yok; Kumru'nun kendine tecavüz etmek isteyen Sedat'ı öldürmesiyle katharsizci bir sonuca bağlanıveriyor.

Çünkü hiçbirinde süreç yok. Hepsi düz, kaba, anlar, anektodlar toplamı. Üçüncü ciltte Cemal'in nasıl işçi önderi olduğuna dair hiçbir süreç yok. Oysa roman sanatının düğüm noktalarından biri, karakterlerin içsel dönüşüm süreçlerinin (dış ve iç çelişkilerin iç içe geçmesi, gelgitler, yalpalamalar, alt üst oluşlar, sıkışmalar, kesintiler, dönüşümler, gerilemeler, sıçramalar, zik zaklar, patlamalar, bakış ve duruş değişimleri, vd) işlenmesidir.

Romanın olay örgüsü ve dramatik kurgusundaki büyük zayıflıklar, kreşondaların az ve zayıf olmasına yol açıyor. Romanda kitle grev ve hareketlerin anlatımı özellikle başarısız ve edebi bir derinlik taşımıyor. İlginç bir nokta: Yazar, sayısız bölüm ayırdığı Cebeli'nin öznel mistik düşe dalış ve tefekkürleri içinde (hiçbir mesafe koymadan) eriyip giderken, kitlesel işçi grev ve mücadelelerine gelince, bu kez nedense, aşırı nesnelci, dışsal, bu eylemlerdeki (tek tek kişilerinkinin toplamından çok farklı bir şey olan) kitle ruhunun kaynaşması, kabarışı, ateşi ile bütünleşmek, en azından okura hissettirmek yerine dışarıdan "film gibi" izleyen, sosyo-psikolojik örüntü açısından umursamaz bir bakışa geçiyor!?

İlk iki ciltte, köyde, madenlerde, gündelik yaşamlarında işçilerin çalışma yaşam ve yönetilme koşullarına karşı doğru dürüst bir dert, dilek, tepki ortaklaşmasına dair söyleşmeleri, mayalanmalar belirtilmezken işçi önderleri nasıl doğdu? Mülayim konformist Cebeli'nin çevresinde öbeklenmekten, Bayram'ı efsaneleştirilmekten (buna karşın Bayram'a işçilerden başka katılım yok), Macar Bela tarzı bireysel sabotaj eylemlerinden, firarlardan, bu kitlesel kolektif harekete geçiş hangi iç dinamiklerle nasıl gerçekleşti? Sürülen Ermeniler ne oldu, sürülen Rumlar ne oldu, Dersimli Kürt işçiler ne oldu? Resimli Ay ve Uyanış dergilerini okuduğu için karakolda işkence gören birisi var, ama romanda bir yan karakter bile olamıyor. İşçi öncüsü Cemal İştirakiyuncularla ilişkisi var, ama bu ilişkinin Cemal'de hangi değişimler sonucu olduğunu veya onda hangi değişimlere yol açtığını öğrenemiyoruz (Cemal bir ana karakter olduğu halde).

Süreçlerin parçalanıp, bir an'lar, anektodlar toplamına indirgendiği yerde, dramatizasyon da mümkün değildir.

Grizu'nun birey sorunu

Türkiye'de, Osmanlının son dönemlerinde, dahası Cumhuriyetin de büyük bölümünde aşırı devlet güdümlü ve tekçi, tek tipleştirici, yarı-askeri toplum dizaynı vb nedeniyle bireyselliğin (üst sınıflar ve 70'li yıllardan itibaren küçük burjuvazi dışında) gelişmediği, bu yüzden bireysel ve özgün karakter yaratmaya dayalı roman sanatının, özellikle de işçi romancılığının gelişmediği söylenir.

Örneğin Grizu'nun ilk cildinin geçtiği döneme (1860'lar) denk düşen Tanzimat romanı, birey, özellikle kadın birey yaratmada çok zorlanır. Tanzimat romanın iki teması doğu/batı ile aşk, evlilik, kadındır. Ancak Osmanlı kadınının tümüyle erkeğe, eve ve aileye bağımlı ve içe dönük olduğu varsayıldığından, bir nebze modern/aykırı kadın tiplerini de ancak yabancı kadınlardan ya da cariye, fettan, fahişe ya da toplum-dışı, marjinal kadın tiplerinden seçerek bu sorunu aşmaya çalışırlar. Ereğli havzasında el tezgahı dokumacısı köylü Alevi kadınların önderlik ettiği bir isyan olmasına karşın, buna hiç değinmeyen yazarın, Zehra tiplemesi de, radikal görünümüne karşın, Tanzimat romanının kadını marjinalleştiren bu geri çerçevesinin dışına çıkmış olmuyor.

Grizu romanının yazarının iç dünyalar üzerinden yaratmaya çalıştığı bu bireyleştirme de, bir bireyleşme olamıyor. Bireyselleşmeyi, tarihsel süreç ve sınıfsal-toplumsal çelişkiler içinden değil, mevcut toplum yapısının sınırlarına, çatlaklarına, dışına doğru çekilen kişilerle, birey-toplum çelişkisi ekseninden kurmaya çalışıyor. Ne var ki birey toplumsal ilişkiler toplamıdır, toplum ise bireyler arası ilişki ve bağlar örüntüsüdür. Biri olmadığında diğeri de zaten olamaz. Bu yüzden, "birey-toplum" çelişkisi de (örneğin Zehra, Cebeli, Şükrü ve deliler...) ancak soyut kurgular olarak kalıyor. İlk iki cilt döneminde, yine ileriye doğru kolektif temelden ne bir köylü, ne bir işçi, ne bir halk dinamiği konulduğundan (gerçekte var olanlar da yok sayıldığından), bu soyut "birey-toplum çelişkisi" de, ister isyankar ister küskün-sitemkar biçimiyle olsun, ileriye değil, geriye doğru, geleneksel ilişki biçimlerine sarılma, biçiminde kendini gösteriyor.

Üçüncü ciltte, doğal işçi öncüleri ve işçi komitesi, grevler ortaya çıkmakla birlikte, başta Cemal olmak üzere, işçi öncülerini bile yine birey olarak göremiyoruz. Yazar, Cebeli'ye 100'lerce sayfalık iç dünya armağan ederken, Dikran'dan, Cemal'den ve diğer işçi öncülerinden iç dünya derinliğini sakınıyor. Cemal'e bir iç dünya kuracak olsa, bunun Cebeli gibi içe dönük bir iç dünya değil, dışa dönük, sınıf, eylem, yeni bir dünya için mücadeleyle bütünleşen bir iç dünya olması gerekecek! Cemal'in iç dünyası-dış dünyasını yansıtacak. Bunu istemiyor, bundan kaçınıyor. İç dünyasız, öncü/eylemci işçiler ile, dış dünyasız, ruhani/eylemsiz "dil baloncukları" arasında, roman çöküyor.

Deliler üzerine

Kriz, sosyal yıkım, savaş, ağır baskı koşullarında psikoz kaçınılmaz olarak yaygınlaşır. Bu kapitalizmin mutlak genel yasasının; bir kutupta sermaye, diğer kutupta sefalet birikiminin en ağır belirimlerinden biridir:

> *"Bir kutupta servet birikimi, diğer kutupta, yani kendi emeğinin ürününü sermaye şeklinde üreten sınıfın tarafında, sefaletin, yorgunluk ve bezginliğin, köleliliğin, bilisizliğin, za-*

limliğin, akli yozlaşmanın birikimi de aynı anda olur." (Marx, Kapital Cilt 1, Kapitalist Birikim Genel Yasası bölümü).

Dikkat edilirse, Marx, sefalet birikimini yalnızca ve basitçe yoksullaşmaya indirgemiyor. Bezginlik, bilisizlik, zalimlik, akli yozlaşmayı sefalet birikiminin biçimleri olarak değerlendiriyor. Emekçi kitlelerin aklından, bilincinden, yaşam enerjisinden, bilgiden yoksullaşması da kapitalizmin yol açtığı sefalet birikiminin en ağır biçimleri arasındadır. Psikozun yaygınlaştığı koşullarda, bunlar arasında seri katiller, ırkçı-cinsiyetçi zalimlik gibi (anti-sosyalleşmiş) psikopatların dışında kendi halindeki (asosyal) delilere karşı bir sorumluluk duyulması ve rutin akıl ve ahlaki normlar dışındaki davranışlarının sempatik bir ilgi, neşe kaynağı olması, bir noktaya kadar anlaşılır. Ancak deliliğin, psikozun, toplumsal karakterini yitirmiş olmanın, akıl ve bilinç çöküntüsünün idealize edilmesi, yüceltilmesi anlaşılamaz. Bu ancak özgürlüğü, raslantısallıkta, irrasyonallikte, tarih ve toplum dışılıkta arayan burjuva/küçük burjuva ideoloji ve felsefenin işi olabilir.

Psikozun, toplumsallıktan kopmuş, kendi hayal aleminde yaşıyor oluşun, irrasyonalizmin yüceltilmesi, teşvik edilmesi, burjuva Robinson Crusoe'culuğun post-modern versiyonudur. Kapitalizmin emek, insan ve doğada yol açtığı korkunç tahribat ve yıkımın, sefalet birikiminin yüceltilmesinden başka bir anlama gelmez.

Ve burada tüm parçalar birleşir: Post-modernizmin mistisizm, kendi hayal aleminde yaşama ve irrasyonalizm öğelerinin nasıl bir "bütün" oluşturduğunu görürüz. Tıpkı, Muzaffer Oruçoğlu ve Grizu romanında olduğu gibi. Deliliğin yüceltilmesi, bu düzen aklına, ahlakına, kurallarına muhalefet görünümü altında, bu düzenin akıl yıkımını, emek yıkımını, insan yıkımını estetize ve idealize etmektir. Kapitalizme karşı savaşmak, bilinç-çöküntüsünü ve toplumsallık-dışılaşmayı yücelterek değil, tam tersine olabilecek en ileri, en gelişkin toplumsallaşmayla, bilinçle, tarihsel-diyalektik materyalist bilinç ve komünist devrimci sınıf savaşımıyla mümkündür.

Basmakalıp tipler

Grizu'da bolca basmakalıp tip yer alıyor. Bunlar toplumsal ve edebi anlamda bir derinliği olmayan, aşırı basitleştirilmiş ve karikatürleştirilmiş, her durum ve koşulda aynı şeyi yapıp aynı şeyi söyleyen, tek bir sözle özetlenebilen, kolayca akılda kalan tiplerdir. Basmakalıp tiplemeler aslen henüz bireyin ve edebi karakterlerin tam anlamıyla ortaya çıkmadığı 17. yüzyıl hümorik Batı edebiyatının bir ürünüdür. 19. ve 20. yüzyıl modern romanında da basmakalıp tipler bulunabilir, ama genellikle ya yan tiplemeler biçiminde arka plandaki daha derin sorun ve konuların gösterenleri ve mizahi simgeleştirmeler olarak ya da basmakalıplıktan daha karmaşık ve çok yönlü toplumsal-bireysel karakterlere geçiş süreci olarak kullanılır. Örneğin Gonçarov'un oldukça karikatürvari bir tip olan (çözülmekte olan egemen sınıfın temsilcisi) Oblomov'a humorik olduğu kadar nasıl tarihsel bir derinlik kazandırdığını görürüz. Orhan Kemal'in "almışım amirlerimden ders, görmüşüm kurs" sözüyle meşhur Bekçi Murtaza'sının, tüm hümorik kilişe görünümü altında, romana nasıl bir tarihsel, dönüşümsel, sınıf çelişkilerini açımlayan bir derinlik kazandırdığını görürüz.

Grizu'da bazıları 2-3 cilt boyunca sürdürülen, bazıları anlatının belli dönemlerinde girip çıkan çok sayıda basmakalıp tip var. "Ben yardım eder, rahatlatırım"cı Recep, her konuyu karısına bağlayıp ona atıp tutan işçi, intihar eden kadın resimleri koleksiyonu yapan adam, havzadaki her gelişme ve yatırımı fikri kendisi vermiş gibi anlatan Semiz Ali, bunlardan yalnızca birkaçı. Evet ilk eldeki karikatürvari çarpıcılıkları, sonra da sayısız kez tekrar edilip duran tek düzelikleri ile, daha kolay akılda kalabiliyorlar. Ama anlatıya en ufak bir derinlik kazandırmıyorlar. Yazar bu karikatürleştirilmiş tipleri, toplumsal, trajik olanı örtmek, eğlenceliğe çevirmek için kullanıyor.

"Yalınkat kişilerin bir büyük yararı, romanda ne zaman ortaya çıksalar kolayca tanımlanabilmeleridir. Bir kez okuyucuya tanıtıldılar mı, bir daha tanıtılmaları gerekmez. Hiçbir zaman yazarın de-

netiminden çıkmazlar. Yalınkat kişilerin ikinci yararı, okuyucunun bunları kolayca anımsayabilmesidir. (...) Bu biçimde tanımlanan roman yöntemi elbette gerçek yaşam öyküleri için kötü bir yöntemdir. Çünkü hiçbir insan basit değildir... Tek yanlı yalınkat kişiler yaratmak, çok yönlü yuvarlak kişiler yaratmak kadar büyük bir başarı değildir. (...) Çok yönlü kişi yaşamın (roman içinde yaşamın) hesaba kitaba uymayan değişkenliğine sahiptir. Bu tek boyutluluktan çok boyutluluğa geçiş ise modern romanın bireyi esas alan yapısından sonra gerçekleşmiş, realistlerin bireye yaklaşımları ile de kişiler 'hakim bir eğilimin (tutkunun, aşkın, kinin, vs) somut bir örneği yahut gölgesinde silik bir şahsiyet' olmaktan kurtularak 'olayların içinde ve hayata daha yakın' olmuşlardır." (Suzan Nuran Başaran, Romanda Karakter/Kişiler)

Grizu'da basmakalıp tipler çokluğu gerçekten çok kolaycı ve başarısız bir tarza işaret ediyor. Karton tiplemelerin gerçeklik hissinde, herhangi bir toplumsal, edebi, pedagojik, eleştirel bağlam veya karşılığı yok. İlk elde şaşırtıcı kılınmaya çalışılan ezberleriyle anlatıya (katılmıyor) iliştiriliyorlar, ne bu ezberlerin temas eder göründüğü sorunlar ne de farklı gelişmeler karşısında hiçbir açılım ve derinlik kazanmadan tekrar edilip durdukça bayağılaşıyorlar. Modern edebiyat ya da ona geçiş sürecinde düz tiplerin her şeye karşın, toplumdaki belli düşünce, duygu, davranış, alışkanlık, takıntı prototiplerini sivrilterek veya mizahileştirerek eleştirme gibi ideolojik ve pedegojik bir işlevi vardı. Post-modern anlatı da ise düz tipler bir nevi geyiğe sardırmak biçimini alıyor. Yalnızca belli bir takıntının gölgesinde silik kişilikler değil, bir bütün olarak kritik tarihsel toplumsal sorunları silikleştirmede kullanılan bir yöntem haline geliyor. Örneğin Grizu'da maden işçileri ocaklarda çalışırken kendi aralarında az çok ciddi bir sorunlarını konuşacak olduklarında, bu düz tiplerin konuşulan işçi sorununa ilgisiz ezberlerinin tebelleş edilmesi, anlatıya "humor" katmaktan çok, kritik sınıfsal sorunları ve kolektif tutumları "yapıbozuma" uğratmak için kullanılıyor.

Romandaki ilk büyük işçi isyan-grev hareketi sırasında yanlışlıkla ezilen iki civcivin ruhu için söylenip duran kadın, ocaklarda işçiler tam kendi sorunlarına ilişkin konuşacak olduklarında karısını çekiştirmeye başlayan işçi, tam önemli bir işçi toplantısı sırasında ve hatta grizu katliamı ortamını bırakıp aşkının peşinden giden sözde öncü işçi,... Post-modern tarzda kurgulanan pek çok durumda, dünyadan habersiz ve ne olup bittiğine ilgisiz düz tipler ve ezberleri, sınıfsal, toplumsal, siyasal sorun ve gelişmelerin derinliğini de silmek için kullanılıyor.

Yazar bunlardan yalnızca birini, Recep'i biraz işleyip bir sezgisel yarı-karakter (şaşırtıcı ama inandırıcı olmayan yarı-birey) haline getirebiliyor. Sonra onu da bir deli kadın ile evlendirip muradına eriyor! Recep aslında iyiniyet ve saflığın, çıkar düşünmeden herkese yardım ve ayrım yapmaksızın hizmetkarlığın -eski ilişki ve değerler sisteminin- değişen durum ve ilişkiler içinde nasıl geçersizleştiği, istismar edildiği ya da tersine dönüştüğünün bir eleştirisi olabilirdi, olamıyor! Çünkü yazar, tıpkı Cebeli'de olduğu gibi eskiden kopamadığı, modernizme karşı sınıf mücadelesi ve diyalektik materyalizme değil, eskinin imajlarına sarıldığı ve gelenek/mistisizm ile melezlediği için, bu eleştiri öğelerini de silikleştirip öldürüyor. Düz tipleri karaktere dönüştürmekten çok, başlangıçta karakter olacağı izlenimi veren kişileri de (Zehra, Kumru, Hurşit, vb) kartonlaştırıyor.

En az 5-6 tasavvufi-mistik kişi, bir o kadar deli, en az bir o kadar karton tipin doluşturulduğu roman kişi kadrosu, bununla, evet, post-modernizmin çok sevdiği bir "karnaval" havası kazanıyor ama, tarihsel-toplumsal olduğu kadar edebi gerçeklik havasını da tamamen yitiriyor. İz bırakmadan tüketilip geçilecek bir ehli keyf yüzeyselliğine indirgiyor.

Post-modern ironi, parodi

Post-modernizmin norm/kod bozuculuğu (toplumsal-maddi ilişkilerdeki köklerini yok sayıp normlarla uğraşıp durmak) söylemsel bir anarşizm olmaktan öteye geçmez. Post-modernizm, söylemsel, bireysel, kimlik, kültür planında ne kadar radikal görünürse görünsün, sistemi köklerinden kavrayıp değiştirmek konusunda o kadar muhafazakardır. Ve bu norm bozuculuğu da, egemen sınıflara, burjuvaziye karşı olmaktan çok, genel olarak modernizme, asıl olarak sermaye/piyasa/metalaştırma etkinliğini kısıtlayan her şeye karşı yönlendirilir. Post-modern "yapı-bozumculuk", gerçekte neoliberal kapitalizmin ve piyasasının etkinliğini artırmasına hizmet eder.

Post-modernizm, modern kodların yıkılmasına çabalarken, yıkarmış gibi yaptığı tahakkümü gizli biçimde yeniden üretiyor. Onu tek bir odakta toplamak yerine gündelik yaşama, duygular ve iç dünya alanına doğru yayıp, bireysel oportünizmi estetize ederek aşılıyor. Muhalif görünüp oyun eğlenceyle şekere bulanan bir saldırı olduğu için, daha tehlikeli ve sinsidir.

Oruçoğlu, bir röportajında, "ciddiliğe karşıyım" diyor. Modernizmin asık suratlı, bürokratik, üstenci ciddiyetine bugün herkes karşıdır ama, diğer uçla sınır çekmeden gidilecek yer; post-modern kinizm ve ironizmin her şeyi yüzeysel eğlence konusu haline getirmesidir. Neoliberal kapitalizmin en yakıcı sorunların bile böylece piyasalaştırmaya uyarlamasıyla da, aynı net sınır çekilebilmeliydi. Çekilemediği için de, alaya alınan ciddiyet, ağırbaşlılık, saygınlık, kalıpsallığın yerine geçirilen de, keyif ve konformizm uyandırarak çabuk tüketilebilir yüzeysel bir pastişler yapbozu olabiliyor.

Romanda kullanılan post-modern ironi biçimlerinin, Brechtyen eleştirel gerçekçi mizahın yabancılaştırma efektleri ile ilgisi yok. Çünkü eğlendirirken çelişkileri göstererek düşündürtmek; gülmeyi bir işçi sınıfı pedagojisi aracı olarak kullanma yok. Sınıf gerçeği ve mücadelesi doğrultusunda düşündürtmeden ve bu toplumsal-maddi ilişkilere dokunmadan, sadece kod bozumculuğa dönük bir öznelci-idealist anarko-marjinalizm var.

12 Eylül sonrası post-modern roman üzerine değerlendirmeler

12 Eylül yalnızca yeni ve daha iyi bir yaşam özlem ve ideali için mücadeleyi değil, asıl bu özlem ve ideallerin kendilerini yok etmeyi hedefledi. Ve asıl burada, ilk ve son sözü "daha iyi, daha güzel bir dünya özlemi sona ermiştir" olan post-modernizmle hızla buluşmakta gecikmedi.

12 Eylül dönemi ve bağlandığı neoliberal kapitalist dönüşümle birlikte edebiyat ve roman aleminde yaşanan başlıca değişimleri şöyle özetleyebiliriz:

Edebiyatın sermayeleşmesi, piyasalaşması, endüstrileşmesi. Yani edebiyatın da, tıpkı sosyal haklar gibi "özelleştirilmesi". 12 Eylül öncesinde yayınevleri ve kitabevleri toplumsal ihtiyaçlar ve mücadeleleri de gözetmek durumundayken, sonrasında hızla kar ve piyasa için üretim ve satış yapan tekelci kapitalist yayınevleri ve süper marketleşmiş kitapevi zincirleri ortaya çıktı. Kitabın kullanım değerinin yerini çok daha bariz biçimde değişim değeri ve artı-değer realizasyonu aldı.

Edebiyatın başlıbaşına bir kapitalist endüstri haline gelmesi, onun yaşamdaki yeri ve anlamı kadar, sanatçının rolünü de çözer. Edebiyatın tasarım ve üretim tarzını değiştirir. Çabuk, kolay ve yığınsal tüketilebilirliği, içeriksel derinlik yerine piyasada paraya tahvil edilecek teknik beceriyi, tümelleri ve aksiyomatikliği parçalayarak piyasanın gereksindiği yapboz söylemsel kurguları, üretim ve yeniden üretim yerine türetim ve tüketimi, sathi merak ve keyif uyandırmayı, işlev ve zeka yerine anlık hissiyatı, bireysel pragmatizm ve oportünizmi, popüler kültür ve piyasanın bir parçası olmayı, markalaşmayı, ... koşullar. Edebiyat artan ölçüde business'ın bir uzantısı haline gelmekle kalmadı, giderek piyasayı bizzat içselleştirmeye başladı. Nasıl ki kapitalist ekonomi emeği, insanı, doğayı "girdi"ye indirgiyorsa, post-modern sermayeleşmiş roman anlayışı da kurguladığı insanları, fikirleri, temaları sermaye "girdisi" olarak görmeye başladı. Post-modern romanda kişi kadrosunun bir türlü kanlı canlı toplumsal varlıklara dönüşmeyen silüetlere, olayların tarihsel-toplumsal zemininden kopartılmış bir imgeler vitrinine, dilin kendinden başka bir şeyi göstermeyen bir çiçek dürbününe benzemesinin en önemli nedenlerinden biri budur. Meta estetiği ile edebiyat estetiği arasında büyük bir fark kalmadı. Bu, post-modern ebebiyattı!

12 Eylül sonrasında daha birkaç yıl geçmeden, post-modern roman ortaya çıktı, Türkiye'de neoliberal kapitalist dönüşüm ile birlikte roman dünyasına büyük ölçüde hakim hale geldi. İlk ve en tipik örneklerini Nazlı Eray, Latife Tekin, Orhan Pamuk, Mehmet Eroğlu, Adalet Ağaoğlu, Bilge Karasu, Ahmet Altan'da bulan 12 Eylül post-modern romanı, en genel ifadesini ekonomik-toplumsal-siyasal sorun, ihtiyaç ve özlemlere kayıtsızlaşmada bulur.

Toplumsal, etkin karakterlerin yerini içe çekilen, sessiz olarak içten konuşan karakterler aldı. Romanın iç dünyaya yönelmesi yapay bir iç dökmeye, iç hesaplaşma "günah çıkarmaya", giderek toplumsal-siyasal-ideolojik olan hemen her şeye karşı bir alaysılığa (ironi) ve yapı-bozumculuğa (parçalamaya ve anlamını kaydırmaya) dönüştü. Kolektif mücadele ve daha iyi bir yaşam idealinden ayrılmaz olan güzellik anlayışının yerini verili durumun kinik ve sinik bir kabulleniş içerisinden estetizasyonu, haz-tüketimcilik aldı. Haz artık, bir edebiyat eserini okurken aynı zamanda kendini de toplumsal-duygusal-düşünsel olarak yeniden üretiyor olmaktan duyulan estetik-haz değil, basitçe sathi bir keyifle hızla (metni ve kendini) tüketiyor olmaktan duyulan hazdı.

İç dünyalara, cinselliğe, kültüre, estetiğe yönelim, 12 Eylül öncesi solda eksik olanın düzeltilmesi değil, bireyciliğin, mistisizmin, bunalımın, bulanıklığın, inkarcılığın, hafifliğin, tüketim-estetizminin, yüzeysel-hazcılığın, cinsel fantazilerin ve meta-piyasa fetişizminin kutsanması biçiminde kendini gösterdi. 12 Eylül'de kan kusulurken ve direnenler de varken, post-modern romancıların bu dönemi bir liberal özgürlük ve kendini "birey" ve "orta sınıf" olarak "serbest gerçekleştirme" dönemi olarak değerlendirmesi, post-modern romanın ortaya çıkışı ve mahiyeti üzerine asla unutulmaması gereken bir noktadır.

12 Eylül'le birlikte ortaya çıkan roman, popüler kültür öğelerinin, heyecanlandırıcı ve fetişistik bir tarzda romanın vitrinine doldurulmasıydı. Vitrinin gerisinde ise roman yoktu! Bir emek yoğunluğu, edebi iç-eylem, nitelik ve derinlik yoktu! Kendini ve yaşadıklarını düşünsel-edebi derinliği atlayarak yazma sabırsızlığının ötesinde, bir de adeta libidoların bir an önce serbestleşmesi (serbest piyasalaştırılması!) arsızlığıyla patlayan "orgazm edebiyatı" vardır ki, asıl kitsch bunlardır.

12 Eylül öncesinde kendini, uzlaşmaz karşıt sınıflar arasında, sert ve katı ideolojik-siyasal karşıtlıklar arasında "preslenmiş" hisseden kentli küçük burjuvazinin bir bölümü, küçük burjuva solun önemli bölümündeki liberal tasfiyecilikle de birlikte, hızla toplumsal sorunlardan boşanarak, "orta sınıflığa" terfi etti. (2001 krizine kadar öyle sandı!) Sermaye açısından önemi artan, medya, reklam, finans, gayrı-menkul, kentsel soylulaştırma, tasarım, organizasyon, teknoloji, akademi, kültür, eğlence, turizm, sanat, spor gibi işlerde, beyaz yakalı işlerde, hizmet sektöründe, 90'lı yıllarda görece yüksek ücret, vasıf, konumlarla 2001 krizine kadar kendini yükseliş içinde gören bir kesim ortaya ortaya çıktı. Kimilerinin "yeni orta sınıf", dediği bu kesimler, kendi durumuna uyarlanmış yaşam tarzı ve ruh hali olarak post-modernizmin başlıca türeticisi ve tüketicisi oldu.

Neoliberal kapitalist dönüşümün bir ifadesi olarak kültür endüstrisi içinde bir dönem için önü açılan alt-hegemonyası ile post-modernist zihniyetin daha geniş yaygınlaştırıcılığını üstlendi. Kafeler, barlar, yeni kültür ve eğlence ortamları (tüketim, muhabbet, kültür, eğlencenin iç içe geçirilmesi), butikler, kredi kartları, ev, otomobil, video, tatil, seyahat, metropollerin mütanalaştırılmış mekanları, ODTÜ ve Boğaziçi gibi üniversiteler, happeningler, uluslar arası kültür festivalleri, yeni çağ dinleri, Ayrıntı, İletişim gibi yayınevleri, Radikal/Radikal İki gibi gazeteler, Leman gibi mizah dergileri, Sex and the City gibi diziler, Cem Yılmaz gibi stand-upçular...

Üretim yerine tüketimin, sınıf yerine statünün, üretim ve geçim tarzı yerine yaşam tarzı ve stilin, gelecek özlemi yerine retrocu bir pop-nostaljiyle iç içe geçirilmiş "şimdi ve burada"nın, bilinç ve akıl yerine yeni çağ dinleri ve libidocu arzu'nun, etik yerine estetizmin geçirilmesi... Emeğe, işçilere, Kürtlere, aydınlara, geleneksel küçük burjuvazi ve sol'a, akla ve bilime, kamu anlayışına, her türlü anlam ve değere karşı kinik (kuşkucu ve kayıtsız), sinik (değersizleştirici), bir ironik (alaysı) ve parodileştirici (anlamını kaydırma) saldırganlık ve en büyük hazzı bundan alma. Emperyalist kapitalizmin mevcut toplumsal-siyasal formasyonu çözmeye dönük neoliberal derugulasyon programlarıyla da iç içe geçmiş bir tür kültürel anarko-liberalizm. Medya, reklam, pazarlama, eğlence, geyik, psikanaliz, meta tasarım ve estetiği, performans, festival, pop-kültür vb tekniklerin bizzat edebiyatın içine taşınıvermesi bunun bir göstergesidir. Post-modernizm yeni küçük burjuvazinin öz ideolojisi haline geldi.

Bu şişmiş ve şişirilmiş kesimler, 90'lı yılların sonlarından itibaren/2000'li yıllarda, üstüste çöküntüler yaşayıp genişçe bir bölümü yıkıcı konum, vasıf, özerklik kaybıyla proleterleşme sürecine itildi. Ancak post-modernist sinik ve kinik iklim ortadan kalkmadı. Tam tersine, 90'ların ikinci yarısından itibaren hızlanan biçimde, tüm toplumsal sınıf ve kesimlere, yaşam ve siyasete doğru yayıldı. Bunun başlıca nedenlerini kısaca özetlemeye çalışırsak:

1- Toplumsal doku, kurum ve ilişkilerin sarsıntılarla dönüşmesi, neoliberal muhafazakar kapitalist toplumsal ilişki biçimlerinin yaşamın tüm alanlarında hakimiyetini tesis etmesi, 2- Geleneksel sınıf yapı, bileşim ve ilişkilerinde çözülme ve dönüşüm, karmaşıklaşma: Örneğin üretim ve istihdamı, daha çok parçalı ve kademeli hale getiren üretim ve emek organizasyonları, esnek, güvencesiz, geçici çalışma biçimlerinin yaygınlaşması. Örneğin modern ve geleneksel küçük burjuvazinin geniş kesimlerinin aşağıya doğru çözülmesi, proletarya ile küçük burjuvazi arasında ara sınıf ve kesimler, yarı-proleter ağırlıklı kent ve kır yoksulları tabakalarının genişlemesi... 3- Tarım, doğa, kentsel mekan, sağlık, eğitim, bilgi, cinsellik, kültür, sanat, spor, oyun, eğlence, dahil her şeyin piyasalaşması, sermayeleşmesi ve endüstrileşmesi. 4- Yeni bilişim, iletişim, ulaşım teknolojileri, bunların kitlelerin gündelik yaşamına daha yoğun olarak girmesi ve dönüştürmesi. Kentsel dönüşüm, siteler, AVM'ler, sosyal medya, vd. 5- 80'lerin sonları ve 90'ların ilk yarısında canlanan işçi, kamu emekçisi, Kürt, antifaşist kitle hareketlerinde 90'ların ikinci yarısında yaşanan zemin kayması, kırılma ve yenilgiler. 28 Şubat, Öcalan'ın yakalanışı, F tipi katliamı, gibi kırılma noktaları. 6- Din, tasavvuf, gelenek, muhafazakarlık, cemaatsilik, taşra ve nostalji'nin daha esnek, ağsal, neoliberal kapitalist ilişkilere uyarlanmış popülist ve estetize edilmiş biçimlerinin, onun hem payandası hem örtüsü olarak körüklenmesi. Günlük yaşamın yeniden organizasyonunda kullanılması. 6- Sosyal ve ekonomik sorun ve istemlerin politika ve kamusal tartışmadan dışlanması. Muazzam genişlemiş toplumsal emeğin görünmezleştirilmesi. Kimlik, kültür, öznellik, hissiyat, yaşam tarzı siyasetinin öne çıkartılması. 7- Solda ve toplumsal muhalefette, "radikal demokrasi", "demokratik konfederalizm" gibi anarko-liberal halkçı, post-modern siyaset tarzının giderek anaakım haline gelmesi.

Küçük burjuvazinin, "yeni orta sınıf" denilenler dahil, geniş kesimleri aşağı doğru çözülür, post-modern ruh halini aşağıya doğru yayarken, geniş işçi kitlelerinin de, esnek, güvencesiz, geçici işçilikle parçalanması, bireysel ve grupsal aidiyetlere doğru çözülmesi. Emek gücünün yeniden üretiminin de derinlemesine metalaştırılması. Yanısıra her ile birkaç üniversite, her semte AVM, kredi kartları, krediyle ev, araba alma çabası, plazma TV, iç hatlarda uçağa binebilme, tek bir işçi ve çalışma sahnesinin olmadığı yerli diziler. Kitlelerin bir yandan daha derin meta fetişizmiyle yoğrulması ve diğer yandan geçmişe sarılmanın körüklenmesi. Daha safkan (kırlar ve kültür alanı dahil) bir modernizm ile kendisi de bir "sosyal sermaye" kılınan geleneklere sarılmanın iki yandan iç içe geçirilmesi... Post-modernizmin geniş kitlelere yayılmasını ve içselleştirilmesini hızlandırdı. Hepsinin temelinde neomuhafazakar kapitalizmin, muazzam toplumsallaşan işçi sınıfını ve gerçek özlemlerini, sınıf olarak yok sayan ve dıştalayan, mücadele içinde toplumsallaşarak öznesel gelişmesini olabildiğince kıran, bir "sınıf kapanı" olması vardır.

Sonuç olarak post-modernizm kitleler ve sol tarafından da artan ölçüde içselleştirildi. Bir post-modern sol siyaset ve edebiyat da ortaya çıktı, ama proleterleşemedi. Doğası gereği, sınıfsız, geleceksiz estetik popülist bir epistomoloji olarak zaten proleterleşemezdi. Bir "yeni küçük burjuva", ama artık iyice çözülmüş, güçsüzlük, özerkliksizlik, özne olamama durumunun farkında olan, gelecek özlemlerinden vazgeçen, tam da bu kendi yeni durumunu kinik ve sinik biçimde estetize eden, işçilere ve kendi işçileşmesine de bu gözle, çaresizliği doğallaştırarak bakan, bir küçük burjuva ideolojisi olarak kalır.

Lukacs, çarpıcı bir metaforla, işçinin kendiliğinden bilincini "metanın (meta-işgücünün) kendine dönük bilinci" olarak tanımlar. (Lukacs, Tarih ve Sınıf Bilinci) Günümüzde ise yalnız emekgücü değil, emekgücünün yeniden üretimi, düşünceleri, hayalleri, giderek tüm yaşam ve ilişkileri metalaşmıştır. Sol post-modernizm, küçük burjuvazinin kendi düşkünlük durumu gözünden emekçileri, yoksulları anlatmaya çalıştığı durumda bile, artık hemen hiçbir boşluk bırakmadan her şeyin metalaştığı bir yaşamda, emekçinin meta-yaşamının içe dönük -bilinci bile değil- estetizmidir.

Postmodernizmin " *'yitik kişi' konumuna indirgedikleri insan tipi, kendine ve topluma yabancılaşmış, yaşamı bütünlüklü algılama ve değiştirme kudretini yitirmiş, kendini güçsüz ve değersiz hisseden, edilgen kişidir ki dönemin edebiyatına ve özellikle romanına yansır. (...) Elbette bu sürecin sonunda roman sanatı büyük bir dönüşüm geçirdiği gibi onun odağında yer alan insan unsuru da önemini ve gücünü yitirir, giderek silikleşir, hatta çoğu romanda ismi, kimliği ve varlığı bile belli olmayan bir nesneye dönüşür.*" (Fethi Demir, Postmodern Romanda İnsanın Konumu)

Oruçoğlu'nun 12 Eylül post-modern romancılığı kapsamında değerlendirilebilecek, "kitch roman, etobur roman" tarzında bazı metinleri var. Bunlarla hesaplaşmış görünmüyor. 12 Eylül sonrası romanında ve genel olarak post-modern roman çerçevesinde, aslen sağcı muhafazakar edebiyat ve dünya görüşünün köşe taşları arasında yer alan irrealizm, metafizik, mistisizm, içe dönüklük, hedonizm, ümmicilik, gelenekçi-romantizm, nostalji, sefaletin doğallaştırılması gibi özelliklerin nasıl sol edebiyatı da domine etmeye başladığı ile hesaplaşılması gerekir.

İkincisi, 12 Eylül sonrasında post-modernizm, solda siyasal ve edebi olarak eleştiri ve tartışmalara konu olmuştu. 2000'li yıllarda ise sol ve alt-orta sınıfların geniş kesimleri de post-modernist algı, zihniyet ve kültürü içselleştirdiğinden, post-modernist edebiyat solda da kendini doğallaştırmış durumda. Bu, en sivri yanları dışında, kapitalist meta üretim ve egemenlik ilişkileri ağının, meta fetişizminin solda kendini doğallaştırmış olmasıyla bir ve aynı anlama geliyor.

Oruçoğlu'nun genel olarak romancılığı, özelde Grizu ise, hemen 12 Eylül sonrasında Latife Tekin'le başlayan, 90'lı ve 2000'li yıllarda Hasan Ali Toptaş, Sema Kaygusuz gibi isimlerle devam eden, post-modernizmin geleneksel tahkiyeci damarı içinde değerlendirebilir.

"Geçemeyen geçmişin" nostaljik, naif, çocuksu, masalsı edebiyatıdır bu. Nedenleri konusunda, Toptaş'ın en ünlü romanının başlığı bir ilk fikir verebilir: "Bin Hüzünlü Haz". Emekçilerin uzak ve yakın geçmişindeki ve günümüzdeki en travmatik felaketleri, trajedileri, benlik ve bilinç krizleri, çıkış bulamadıkları, güçsüzleştikleri, dilsizleştikleri dönemler bile, dosteyevskiesk - kendi felaketlerinden haz alan- bir hazcı tüketim nesnesi olarak sunuluyor.

Sol post-modernist roman

Sol post-modernist edebi anlatıların 12 Eylül öncesi varoluşçuluk gibi akımlardan beslenen bazı belirimleri olmakla birlikte, aslen 12 Eylül sonrasında Latife Tekin ile başladığını söyleyebiliriz. Sol post-modernist edebiyat, Latife Tekin'in açtığı yoldan ve onunla birlikte, 90'lı ve 2000'li yıllarda, Hasan Ali Toptaş, Sema Kaygusuz, Muzaffer Oruçoğlu, Metin Kaçan, Murat Uyurkulak gibi isimlerle devam etti. Sol post-modernizmin ortak özelliği, devrim ya da daha güzel ve insani bir yaşam özlemini reddetmese bile, bunun "*çok sev-*

diğimiz ama geçmişte kalmış bir ihtimal" (Murat Uyurkulak, Tol) olduğunu kabullenmesi, "geçemeyen geçmişin" geleneksel tahkiyeci, nostaljik, grotesk, çocuksu, anlatılarına yönelmesidir.

Bu durum kuşkusuz işçi, emekçi, yoksul, ezilen sınıf ve kesimlerin kendi gerçek özlemleri doğrultusunda kolektif politika yapma olanaklarının uzunca bir süre için tahrip edilmiş ve tıkanmış olmasına ilişkindir. Bu bir olgudur. Fakat sol post-modernizmi karakterize eden, bu toplumsal olgunun, bizzat içindeki uzlaşmaz çelişkilerin yıkıcı ve yeniden kurucu tarihsel gelişim dinamiklerini bulup çıkarmak, bu doğrultuda yılmak bilmez yaratıcı bir arayış değildir. Bu durumun sinik kabullenilişi içinden, nostaljik, mistik, çocuksu bir yaramazlığa doğru bir büyük ricattır.

Anlatıların kişi kadrosunda yer alan yetişkinlerin (işçiler, emekçiler, yoksullar, alt-orta sınıflar dahil) büyük bölümü çocuksu tiplemelerdir: Çocuksuluk, anlatının hem yazarın hem de roman kişi kadrosunun bilinçli/sosyalize olmuş ben'lerinden olabildiğince yalıtılma çabasının ifadesidir.

Geleceği temsil iddiasından geçmişe geri çekilişe, hemen tüm post-modern edebiyatçılarda, eski mistik/metafizik felsefi, antropolojik, ontolojik sorunlara dönüş eşlik eder. *"Canlı olmanın aczi ve bu aczin doğurduğu kaçınılmaz sonuçlar"*ın (Hasan Ali Toptaş, Uykuların Doğusu) anlatıların merkezine yerleşmeye başlaması, anlamın sadece geçmişte olduğuna inanılması (Toptaş, Bin Hüzünlü Haz), *"Sessizliğin övülmesi, devinimsizliğe erişme(nin) insanı kendi ruhuna yolcu eden değerler"* olarak sunulması (Sema Kaygusuz, Yere Düşen Dualar romanı üzerine bir söyleşisinden), *"bakış açısını bırakıp yarattığı roman karakterlerinin ruhlarında dolaşmak"*la yetinme (Muzaffer Oruçoğlu, Grizu'ya ilişkin bir söylesşinden) uç örnekler değil, sol post-modernizmin özeti gibidir.

Bir karşılaştırmalı edebiyat eleştirisi denemesi: Latife Tekin ve Grizu

Bu bölümde, kendimizi sol post-modernist edebiyat geleneğinin başlatıcısı Latife Tekin ve Grizu'daki Tekin öykünmeciliği ile sınırlayacağız.

Latife Tekin özellikle ilk iki yapıtı Sevgili Arsız Ölüm ve Berçi Kristin Çöp Masalları'nda, kırdan kente hızlanan göçle büyük kentlerin çeperinde büyüyen yoksul gecekondu mahallelerini ve büyük kent ile geleneksel kırsal kültür ve inançlar arasında sıkışmış yoksul sakinlerini konu almasıyla; Latin Amerika'nın "büyülü gerçekçiliği"ni Anadolu'nun eski halk masalları gibi geleneksel kültür öğeleri üzerinden Türkiye edebiyatına uyarlamaya çalışmasıyla; dil ustalığı ve ayrıntılara dönük gözlem gücüyle, bir dönem önemli bir beklenti yaratmıştı. Ancak post-modernizmden sıyrılamadığı gibi sonraki Gece Dersleri, Buzdan Kılıçlar, Aşk İşareti, Unutma Bahçesi gibi yapıtlarındaki moral çöküş bu abartılı beklentileri tuz buz etti.

Aslında Tekin'in Gece Dersleri'nden itibaren yaşadığı moral ve edebi çöküntünün tüm belirimleri, hiç bir zaman aşamadığı ve durmaksızın daha geriye doğru parçalanan sosyo-ekonomik, sınıfsal, siyasal, ideo-kültürel temelsizlik ve geleceksizlik anlayışında vardı. Tekin, tarihsel-toplumsal köklerini hiçbir zaman anlamadığı, irdelemekten de kaçındığı bu krizi kültürel, zihinsel, ahlaki, vicdani bir benlik krizi olarak ele alır. Latin Amerika büyülü gerçekçiliğinden ve eski Anadolu kültürlerinden devşirdiği öğelerle kurmaya çalıştığı pop nostaljik, grotesk, masalsı bir dünya ile yanıtlamaya çalışır. Ancak toplumsal-maddi gerçekliğin uzlaşmaz çelişkilerini bir yana bırakan, dil ve bilinç-altı eşiği içinde kurulmaya çalışılan bu dünya, ilkinden bile daha temelsiz kalmaya mahkumdur. Tekin anlatıları, kendi kriz ve çöküşünü estetize eder hale gelir.

En başta, Tekin'in yoksulluğu sosyo-ekonomik değil, bir dil ve zihniyet sorunu gibi görmesi gelir. Öznel idealist anlayışın ifadesidir. Fakat yine post-modernizm çerçevesinde, bir dil sahibi olmak, yani kendini toplumsal olarak ifade etme becerisi de, "iktidar, otorite" ile kodlanarak liberal-anarşist bir nihilizmle yadsınınca, geriye tam bir çıkışsızlık kalır. İkincisi, dağıtık, birbirine yüzer gezer çağrışımlarla teğellenen küçük küçük sayısız masalcık tarzı fraktal bir anlatı, toplumsal sorunları edebi olarak derinlemesine işleme yeteneğinden yoksundur. Üçüncüsü, dekoratif, kendi kendisiyle sarhoş, fetişist dil gösterisi anlayışı, içeriği ve anlatılanı önemsizleştiren, toplumsal gerçekliği sadece dilin edilgen gölgesine indirgeyen bir gerçekliği tasfiyeye dönüşür.

Tekin, Gece Dersleri'nin başında anlatıcısına "*yarı deli bir köylü suretiyle, Urartlı masal kızları gibi zaman içindeki zamanları dolaşmaya başladım*" dedirtir. M. Oruçoğlu'da bir söyleşisinde, "*Cezaevinde içime kapandım. İç dünyama çekildim. İlk yapıtlarımda bakış açımı koyuyordum. Sonra bunu bıraktım. Yarattığım karakterlerin ruhlarında gezinmeye başladım*" der. Her ikisinde de bu sözler, iç örgü ve ana halka'dan yoksunluğun, gölgeleşmiş kişicikler, dağıtık öykücükler toplamı olarak post-modern anlatı anlayışının ifadesidir.

Berci Kristin Çöp Masallarında, Berci ütopize edilen bir saflığı simgeleyen geleneksel kır kültürüne ve mistisizmine dayanırken, fahişeliği temsil eden Kristin kentleşme ve modernite ile ortaya çıkan yozlaşmayı ifade eder. Grizu'da aynı şekilde, kömür havzasında ortaya çıkan yeni durum yozlaşma, eski çağ mistisizmi ise saflık göstergesi olarak sunulur. Her iki anlatıda da işçi mücadelelerinden anektodlar sunulmakla birlikte, bir işçi sınıfının oluşumuna, etkin işçi karakter ve mücadelelerinin oluşum süreçlerine yer verilmez, işçiler geleceğe dönük dinamikleriyle yer almaz.

Tekin, yoksul gecekonduluları ele aldığı anlatılarında, bu kesimleri, adeta dilsiz, bir mırıltıyla konuşabilen, sosyo-psikolojik bir arka plan derinliği olmayan, anonim ve ancak cemaatsilik içinde varolabilen, basmakalıp biçimde resmeder. Son romanlarında ise kent mutsuzluk ve yalnızlıklarını, kentten ve kendilerinden kaçışı, iç dünyalarına çekilişi konu edinir. Grizu'da da istisnai örnekler dışında, madencilerin ve kadınların çoğu böyledir.

B. K. Çöp Masallarında, kalabalık kişi kadrosunun çoğu kendi anektodlarını sergileyip anlatıdan çıkarılır. Tüm öykücükler bir biçimde Çiçektepe Mahallesine bağlanır, ondaki belli değişimlere işaret eder görünür. Diğer taraftan Çiçektepe Mahallesi'nin kendisi de sosyo-ekonomik gerçeklikten kopuk bir dekor olarak kalır. Birinden ötekine hemen hiçbir iç örgü olmadan geçilen olay ve kişilerin uçuculuğu, Çiçektepe'yi toplumsal-edebi gerçekliğiyle canlandırmayı başaramaz.

Grizu da, sanki Çiçektepe'nin yerine madenler ve maden havzası "ana karakter" olarak geçirilmiş gibidir. Grizu'da da maden çevresinde, fakat birbirine uçucu çağrışımlar dışında bağlanmayan yüzer gezer sayısız öykücük, madenleri gövdesel bir tarihsel-toplumsal çelişki yatağı olmaktan çok, dağıtıklaştırıp hafifletmeye hizmet eder. Madenler tarihsel, toplumsal bir trajediler, yıkımlar, yenilgiler, kazanımlar, devrimler, evrimler, isyanlar, özlemler yatağı olmaktan çok, yanıp sönen uçucu imgelerin kendilerini ve birbirlerini seyrettiği bir antika aynalar salonuna benzeşir.

Tekin'in hemen tüm romanlarında canlı ve cansız doğaya, hatta bazı eşyalara, ruh ve bilinç atfeden panteist (kamutanrıcı) ya da animist (cancı) eski mistik doğacıllık felsefesi kendini gösterir. Tekin, bazı söyleşilerinde *"eko-anarşizm ve eko-feminizme yakın olduğunu"* belirtir. Grizu'da da doğaya panteist/animist yaklaşım çok belirgindir. Öyleki Oruçoğlu maden ocaklarında ağır eziyet altında çalıştırılan bir madenci katırının trajik-travmatik hikayesini, metnin kişi kadrosunda yer alan hiçbir maden işçisine yapamadığı denli derinlik ve etkileyicilikle anlatır. Veya maden ocaklarındaki fareleri, işçilerin sağlık ve güvenliği için zorunlu olan teknolojilere üstün tutar. Grev sırasında ezilen iki civcivin ruhunu grevle eşdeğerlikli kılar. Birçok bölümün başındaki kısa doğa anlatıları, dışsal bir doğa tasviri olmaktan çok, panteist-ezoterik bir anlayış çerçevesinde doğayı bilinç ve ruh sahibi bir karakter gibi anlatıya katmaya çalışır. Maden ocakları da gizemli canlı bir varlık gibi çizilir. Ocak katırları, fareler, civcivler, hatta ocak direklerini içinden kemiren kurtçuklara, kişi kadrosundaki eşdüzlemli kişiler gibi yer verilir.

Kenti ve toplumu bir bütün olarak "*hastalık, mutsuzluk, yabancılaşma*" olarak kodlayan Tekin, Unutma Bahçesi ve Ormanda Ölüm Yokmuş anlatılarını, yeni çağ dinleri gibi mistik rehabilitasyon ütopyaları olarak kurgular. Ormanda Ölüm Yokmuş'da insanı zamansız-mekansız mistik bir tanrı-doğa imgesi içinde eritmeye yönelir. Yorgunluk, umutsuzluk içindeki insanın ölümsüzlük özlemi, düşsel bir doğanın bağrında sonsuz bir uyku özlemine dönüşür. Tekin'de tipik olan başından itibaren her anlatısında gerçek zaman-mekanı daha fazla silikleştirip sonunda tümden ortadan kaldırması, yerine dil-rüyayı geçirmesidir. Bu dil-rüya-imge artık hiç bir gerçek zaman-mekan ve harekete işaret etmez, kendisi bir la-mekan-zaman haline getirilir.

Grizu'da da, büyük hacim tutan Cebeli ve benzer anlatı kişilerinin yarı uyur-uyanık bilinç altı eşiğindeki düşe dalış, monolog ve tefekkürleri, benzer mistik-ütopizmin ifadesidir. Cuma'nın ücret almamak için mağarada yaşamayı, mistik Cebeli'nin mistik oğlu ile Kumru'nun ahırda yaşamayı tercih etmesi, maden işçilerinin içlerindeki sevgiyi bulmak için çile çeken eski mistik dervişlere benzetilmesi, bu çerçevededir. Aynı yaklaşım deliliğin ve irrasyonalliğin yüceltilmesinde de kendini gösterir. Her ikisinde de üretim, emek, bilinç ve dolayısıyla insan ne kadar toplumsallaşırsa, o kadar yozlaşıyor ve insanlıktan çıkıyormuş gibi eski mistik ve metafizik felsefi-idealist yabancılaşma/ "öze dönüş" öğretilerine sarılma belirgindir.

Tekin, kırdan kente göç ve yoksul gecekondu mahallelerini kır ile kent, gelenek ile modernite arasında post-modernizmin "farklı dünyalar arasılık" yaklaşımıyla ele alır. Bu da tarihsel-toplumsal bir krizli geçiş durumunu, post-modernizmde yine kültürelci-öznelci antropoloji çerçevesinde ele alınması anlamına gelir. Bu türden bir anlatının dış yüzü, masallar, söylenceler, çağrışımlar ile çok zengin görünebilir. Ancak içi boştur. Sorunu, toplumsal üretim ve yeniden üretim ilişkileri, çalışma, yaşam ve yönetilme koşulları, toplumsal-maddi zaman ve mekan, ve bu çerçevedeki tıkanma, kriz, sarsıntı, çatışma ve dönüşümlerden kopartarak, basitçe kültürel ve ahlaki bir kimlik krizine indirger. Grizu'da da madenler çerçevesindeki havzadaki dönüşümler, yer yer ve parça-bölük sosyo-ekonomik ve politik arka planına göndermeler yapsa da, ilk ciltten son cilte artan ölçüde, kültürel ve vicdani bir benlik/kimlik krizine kaydırılır.

Tekin, yoksul gecekondulularının, kendi deyişiyle *"pılık pırtık"* insanların dünyasını, yine yoksulların kendi öz algı ve geleneksel anlamlandırma biçimleri gözünden sunduğu iddiasındadır. Bir söyleşisinde bunu, *"anlattığım insanların dünyasına ait olan boş inançları, hurafeleri vs. gerçekliğin bir parçası olarak kabul ettim ve yazdım. O insan cine inanıyorsa, yazan kişi de ona inanıyor, inanıyormuş gibi yapıyor."* diye belirtir. Bu yaklaşım, anlatılan ile anlatıcı, anlatı ile okur arasındaki eleştirel veya çözümleyici mesafeyi ortadan kaldırıp her ikisini de kendiliğindenlik içinde eritir. Sınıf sezgisi veya bilincini değil, eski inanç ve önyargılarla dolu kendiliğinden bilinci yüceltir ve saflığın göstergesi sayarak modernizmin karşısına koymaya çalışır.

Din, mistisizm, geleneklere neoliberal muhafazakar hoşgörü, bunların *"modernite ve elitizme karşı halkın geleneksel öz değerlerinin özgürleşmesi"* olarak sunulması, post-modernizmin karakteristik bir özelliğidir. Dünyada ve Türkiye'de günümüzde bu açıdan gelinen noktada, post-modern edebiyatın da belirgin bir rolü vardır. "Gerçeklik kim onu nasıl algıyorsa odur" derken, insanların pratik etkinlikleri "gerçekliğin bir parçası" nedense olmuyor. Bu yüzden Tekin'in kişi kadrosu, çoğunlukla kendi yaşamlarındaki değişimlerde bile aktif bir rol oynayamayan, olup biteni şaşkınlık, veya ironik bir kayıtsızlıkla seyreden, ve eski anlamlandırma çerçevelerine sığmayan bu değişen gerçeklik karşısında hayal kırıklığına uğradıkça giderek daha fazla marazileşen iç dünyalarına çekilen, bu iç dünyaların da parçalanması ve şizofrenikleşmesi ile daha da çözülen "zihin-ruhlar"dır.

Grizu'da da mistik inançlar, düşe dalışlar, tefekkürler gerçekliğin bir parçası olarak sunulur. Ancak madencilerin yaşadığı onca sömürü ve eziyete karşın kendi aralarında buna ilişkin bir yakınması bile gerçekliğin algısı olmaz. Grizu'da maden işçileri arasında yaşadıkları gerçekliği ifade eden konuşmalar hemen hiç yer almaz. Yazar, bu sömürü ve ezilme gerçekliğini de kendi emekleriyle üreten ve yeniden üretenin emekçiler olduğunu, kendi belirlemedikleri ilişkiler altında kendi tarihlerini yapanın emekçiler olduğunu, dolayısıyla bunu değiştirebilecek olanın da onlar olduğuna dair bir farkındalık yaratmayı anlatının merkezine koymaz.

Tekin, kavramsallıktan olabildiğince uzak, eski sözlü kültür ve masalsılığa yaslanan, ses, ışık, renk, çağrışım, görsel betik, ses benzerliği, ritm, tekrarlar, uyaklar, zincirleme sıfat tamlamaları ile yüklü şiirsel ve alegorik bir dil kullanır. Bu dil eski sözlü kültür öğelerinin çağdaş görsel kültürle eklektik bir sentezi gibidir. Ancak arada yazınsal kültür halkası koca bir boşluk olarak kalır. Bu dil etkileyicidir, ancak anlamsal ve edebi derinleşme olanağından, karmaşıklaşan toplumsal gerçekliği derinlemesine kucaklama yetisinden yoksundur. Öznel-keyfi farklı anlam yüklemeler, diyalog yoksunluğu (Tekin bu diyalogsuzluğu "*halk edebiyatında diyalog yok*" diye savunur!), bu dili, giderek, hazla salt kendi mahvoluşunu seyreden içe dönük çağrışımsal mistik bir meditasyona çevirir. Aşırı çağrışımsal, imgesel, öznelci-içe dönük dil, dilsizlikle kodladığı yoksulların öz dili olmaktan çok uzaktır.

Geleneksel-popüler kültür öğelerini anlatının içine doldurmakla, emekçilerin, sahici, kendi öz ifadesini gerçekleştirmiş olmazsınız. Yalnızca kentli orta, alt-orta sınıfların post-modernleşmiş tüketim ve bunalım kültürüne yeni bir tüketim eğlenciliği sunmuş olursunuz. Tekin'in dil-anlatım tarzı, M. Oruçoğlu'nun Grizu'daki dil-anlatım tarzının da prototipidir.

Tekin'in anlatılarında kullandığı Battal Gazi Destanı, Dede Korkut Hikayeleri vb menkibeler, gerçekten "halkçı kültür" müdür yoksa o dönemlerin beylik egemenliğinin kutsanması mıdır? Örneğin bu masal ve menkıbelerin çoğunun kahramanları neden üst sınıf ya da katmandan erkeklerdir ve halktan insanlar olduğunda bile onların da kahramanlığı, zekası, iyiliği, güzelliği vb neden servet ve mertebe ile ödüllendirilir? (Battal Gazi'nin aslen erken dönem bir İslam akıncısı olduğu, "başarılarının" Devleti tarafından bir ilin valisi yapılmakla ödüllendirildiği bilinmektedir.) Masallarda zaman ve mekanın belirsiz bırakılmasının yarattığı mistik, büyüleyici, boş beklentisel etki kime ve neye hizmet eder? Yazıya geçirilen, genelleşen, günümüze kadar gelen eski sözlü kültür öğelerin büyük çoğunluğu egemenlere hizmet edenlerken, gerçek anlamda isyankar, eleştirel sözlü kültür öğelerinin çoğu neden yerel kalmaya veya silinmeye mahkum olmuştur? İşte bu yüzden, bu soruları sormayan, bu sınıfsal ayrımları yapmayan Türkiye'deki "büyülü gerçekçilik" denemelerinden, asla bir Galeano, hatta bir Marquez çıkmaz! M. Oruçoğlu da Grizu'da yaslandığı eski sözlü kültür öğelerinde, sufizm anlayışında bu çerçevenin dışına çıkamıyor.

Halk kitlelerinin egemen/resmi ideolojiyi olduğu gibi benimsemediği, onu kendi yaşamına uyarlayarak, kendi aşındırma, muhalefet öğelerini katarak yeniden ürettiği doğrudur. Ancak egemen sınıfların da binlerce yıllık yönetme tecrübesiyle bunu gözettiği, bu doğrultuda kimi zaman belli esnekliklerle ideolojik-kültürel egemenlik ve hegemonyasının kitleler tarafından daha kolay içselleştirmesini sağlayan pek çok yöntem kullandığı da aynı ölçüde doğrudur. Hristiyanlığın Paganizme, İslamın Sufiliğin bazı kollarına gösterdiği kimi esneklikler, hatta birincilerin ikincilerin bazı öğelerini de kendi içerimine alarak kitleler üzerinde egemenliğini tesis etmesi gibi.

İşte bu yüzden egemen ideolojiyle iç içe olan kendiliğinden bilinç öğelerinin ve dışa vurma biçimlerinin popülist estetikleştirilmesi yerine, işlenmesi, ayrıştırılması, iç çelişkilerinin açığa çıkarılıp keskinleştirilmesi gerekir. Konumuz sanat-edebiyat olduğuna göre, örneğin bir Mayakovski'nin, bir Bertolt Brecht'in tam da bu karnavalesk halk kültürünü, popülizme düşmeden ve kendi içinde ayrıştırarak, iç çelişkilerini açığa çıkartarak, keskinleştirerek, işleyip yeni ve daha yüksek bir temelden geliştirerek nasıl kullandığına bakmak gerekir. Onların yaptıkları ne kendiliğinden bilincin popülist estetikleştirilmesi veya ironik kabullenilişi ne de onun karşısına dışsal ideal bir bilinç modeli koymakla yetinmekti; kendiliğinden bilince tam da iç çelişkileri zemininden sanatsal müdahaleydi.

Post-modernizmde ise, kitlelerin bilincindeki çelişkin/bağdaşmaz öğelerin "yan yanalığı ve iç içeliği" vardır ama, iç çelişki, içsel dönüşüm anlayışı yoktur.

Oruçoğlu da "ciddiyete karşıyım" derken aynı ayrımsız soyut anarko-liberal yaklaşımı sergiliyor. Resmi ciddiyet ve dokunulmazlıkları ironi, parodi, karnavalesk gülmece ile deşmek bir şeydir ama, bunu her türlü sınıfsal-toplumsal olgu, değer, özlem, ideale doğru yayarsanız, ortaya bir -halk karnavalı değil- anlam erozyonu çıkar. Maden havzasının 113 yılını kapsayan 4 ciltlik Grizu'da trajik yön ve boyutların anlatılmasında sergilenen büyük başarısızlık, "karnavalesklik" diye hemen her şeyin içini boşaltan bu hafifsiliğin yarattığı genel erozyonun kaçınılmaz bir sonucudur.

Ve belki de en önemlisi, Latife Tekin ve Muzaffer Oruçoğlu'da ortak olan yoksulluğun post-modern estetizasyonu üzerine:

"Bir kez yoksullar estetikleştirildiğinde, yoksulluğun kendisi toplumsal ufkumuzun alanından yok olur -geriye yalnızca insanlık durumunda ötekiliğin, yabancılaşmanın, olumsallığın pasif bir tasviri kalır. Yoksulluk ve evsiz barksızlık estetik haz duygusunu tatmin için sunulduklarında, etik gerçekten de estetik tarafından boğulur; bu da peşinden bir acı meyve gibi (neomuhafazakar-bn) karizmatik politikayı ve ideolojik aşkınlığı davet eder." (David Harvey, Postmodernliğin Durumu, Metis yay.)

Oruçoğlu'nun Tekin (ve Toptaş) öykünmeciliğinden Grizu'daki bazı kişi ve anektodlara kadar daha pek çok örnek verilebilir. Ancak bu kadarı fazlasıyla yeterlidir. Post-modern metinler-arası ve pastişçi bulmacacılık ve oyuncullukta, kimin kimden ne aldığını bulup çıkarmak da post-modern oyunun bir parçasıdır. Bizim derdimiz ise bu post-modern oyuna ortak olmak değil, tam tersine bu post-modern oyunu deşifre etmek. Bu yüzden "fikir, buluş, anektod, kişi vd" taklit ve öykünmelerine hiç girmiyor, asıl anlayış ve tarz düzeyindeki öykünmeciliğe işaret ediyoruz.

Evet biliyoruz: Post-modernizm, öykünmeciliği, taklitçiliği, kes-uyarla-yapıştırcılığı kaçınılacak değil, "metinler arasılık" ve "pastiş" adı altında kural haline getirmiştir. Bunun etik boyutu bir yana, bir de konformizm boyutu var. Post-modernist anlayış, modern edebiyattaki standart model/kopya anlayışını eleştirip ondan kopmayı vaat ederken, ondan çok daha klişe, çok daha basma kalıp bir tek biçimliliğe düşmekte gecikmemiştir. Modernizme göre edebiyatın kapsamını zenginleştirmeyi vaatederken, yine tam tersine, popüler ve piyasa kültürüne teslimiyeti, türeticiliği, öykünmeciliği vb ile alabildiğine daraltmış, içinden istese bile çıkamayacağı bir cendereye dönüştürmüştür.

Asıl sorun tabii ki, kimin kime öykündüğü değildir. Sömürülmenin, yoksulluğun, ezilmişliğin, parçalanmışlığın -gerçek toplumsal nedenlerini görünmezleştiren- pasif estetizasyonudur. Yoksulların en travmatik durumlarını bile "karnavalesk" adı altında, orta sınıfların hassas midelerini rahatsız etmeyecek hafifsilik ve buhurdanlıkla, pasifist bir estetik haz konusu haline getirilmesidir. Tastamam yoksulluğun da metalaştırılması, meta-estetiği ile servis edilmesidir.

Pop-Tasavvuf endüstrisi

2000'li yıllara gelindiğinde Latin Amerika "büyülü gerçekliği" inişe geçmiş, artık küresel edebiyat endüstrisi tarafından terkedilmeye başlanmıştı. Tam da aynı dönemlerde Türkiye'deki Tasavvuf edebiyatı büyük bir "patlama" yaptı, hızla küreselleşen bir pop-Sufilik endüstrisi ortaya çıktı.

Orhan Pamuk, Elif Şafak, Sadık Yalzısuçanlar, Cem Sancak, Bejan Matur, Hasan Ali Toptaş, Sema Kaygusuz, Muzaffer Oruçoğlu, Metin Kaçan Tasavvuf çerçevesinde eserler veren edebiyatçı ve yazarlardan birkaçı. Pop kültür endüstrisi içerisindeki , Sezen Aksu, Harun Kolçak, Mazhar Alanson, Cemil İpekçi, Denizhan Arcak, Tuluyhan Uğurlu, Mercan Dede, Özcan Deniz gibi çok sayıda marka isim de ardardına tasavvufa olan ilgilerini açıkladılar ve bir çoğu bu çerçevede eserler ürettiler. Pop ve post-modern Sufilik sevdasının 2000'li yıllarda aydınlar arasında da hegemon bir ana akım, ve ünlü olabilmenin, vitrine çıkabilmenin ya da vitrinde kalabilmenin şartlarından biri hale geldiğini söylemek yanlış olmaz. Öyle ki Kurtlar Vadisi'nin Necdet Şaşmaz'ı bile medya söyleşilerinde Sufiliği öven konuşmalar yaparken, Cem Yılmaz da bir ara kendisinin "Sufi olduğu" yönünde medyatik imaj çalışmaları yaptırdı.

Sonunda pop-Sufilik endüstrisi, AKP'nin hükümete gelmesi ve AB müzakereleri paralelinde öylesine büyüdü ki 2000'li yılların başlarında, başta Mevlevilik ve İbn Arabi felsefesi olmak üzere pop-tasavvuf endüstrisi bir anda küreselleşti. ABD'de Madonna Mevlana dizelerinden şarkı, Peter Brook film, Robert Wilson tiyatro oyunu, Maurice Bejart bale yapıyor, moda ikonu Donna Karan New York defilesinde Mevlevi müziği kullanıyor, Los Angeles Times "Rumi (Mevlana-bn) ABD'de en çok satan şair" yorumunu yapıyordu. (Avni Özgürel, Mevlana ile Batıya Açılmak, Radikal, 19.12.2004)

2000'li yılların başlarından itibaren pop-tasavvuf'ta yaşanan patlamanın arka planındaki pek çok etkeni not edebiliriz. Sufiliğe; neoliberal kapitalist küresel entegresyon, neoliberal muhafazakar burjuva demokrasisi ve AB müzakare süreci çerçevesinde biçilen moderatör rol modeli. ABD 11 Eylül sonrasında, Sufiliği bir dış politika aracı haline getirdi. Uluslar arası Sufi teşkilatları kurmak, desteklemek, Sufi eğitim merkezlerine finansal destek sağlamak, İslam ülkeleri hükümetlerinin "Sufi rönesansını" desteklemelerini sağlamak gibi politikalar belirlendi. İngiltere, 2005'teki Londra bombalamalarından sonra bir Sufi Müslüman Konseyi (SMC) kurulmasına destek verdi. Cezayir'de devlet Sufi eğitim merkezleri oluşturması ve Sufilik propagandası yapmasını destekledi. Fas kralı konuşmalarını Sufi sembolleri üzerinden yapıyor, dini eğitimi Sufilik üzerinden denetleyip şekillendirmeye çalışıyor. Pakistan'da düzen partileri sık sık Sufi dergahlarına giderek Sufiliğe destek mesajları veriyorlar. Hindistan'da başbakan bizzat Sufilik konferanslarının açılışını yapıyor. Rusya'da Putin, Çeçenistan'ın başına Ramazan Kadirov'u atadığından beri Sufiliği destekliyor.

Türkiye'de de Sufiliğe olan ilginin artması 2000'li yıllarda benzer bir çizgi izledi: Sufiliğin din değil de, din dışı diyalogcu, müzakereci, çoğulcu, herkesi kucaklayıcı bir kültür ve düşünce tarzı, bir ara geçiş halkası olarak sunulması. Sufiliğin, hem modernizm ve teknik akılcılıktan hem de katı ve kutsalcı dinden bunalan kentli kitlelere, kutsallık ile sekülerlik arasında, bunları iç içe geçiren bir "üçüncü yol" olarak sunulması. AKP ve Gülen Cemaatinin dini yaygınlaştırmakta, bir ara biçim olarak uzunca bir dönem Sunni Sufiliğini yaygın olarak kullanması. Sufiliğin, batınılik, devriye, gnostizm, la-mekan, senkretizm, içe doğuş gibi özellikleriyle postmodernist anlayışlara kolay uyarlanabilmesi. Pop-Sufiliğin, neoliberal kapitalist piyasa mistisizminin kitlelerin, gündelik yaşamına, iç dünyasına nüfuz etmekte ve hoşnutsuzluğun rehabilitasyonunda kullanılması. Günümüz solunda, anarko-liberal halkçı muhalefet stratejilerine uyarlanması.

Sonuç olarak pop-Sufilik, Sufiliği metalaştırırken, metalaşmış-yaşamı da sufiyaneleştiriyor. Post-modern Sufi edebiyat, Sufiliğin metalaşması ile meta sanat'ın sufiyaneleşmesinin kesişme noktasında yer alıyor.

Sufilik ve Grizu

Sufiliğin tarihsel olarak birbiriyle çelişkin iki ayağı olduğu söylenebilir: Birincisi, Selçuklu ve Osmanlı'nın etki ve nüfuz alanlarında, sınır boyları ve uç beyliklerinde, fetih güzargahlarında, Sufiliği gayrı-müslimleri islamlaştırma politikasında kullanması. İkincisi, bunun tersinden, hakim sınıfların "dirlik düzenlik"ine, mal mülk saltanatına, bağımlı reayalaştırılmaya, ezilmeye, katı ayrıksı din anlayışına karşı hoşnutsuzluk hareketleri olması.

Koyu mistik bir akım olan Sufiliğin tüm versiyonlarında fena fillahçılık (Tanrı aşkı içinde kaybolmak) ve evliya kültü, halk içindeki versiyonlarında mehdicilik vardır. Özü, Tanrıyı ve Tanrı'nın tecellisi olduğuna inanılan varlığı (insanı ve doğayı); nefsi kınayarak kendinden geçen bir aşkla sevmektir. Tasavvuf, şeriatın tevhid (Allah'ın ortak kabul etmez tekliği) ilkesinin şart koştuğu yaratan/yaratılan katı ayrım ve ayrıksılığını, yaratılanın yaratanın tecellisi olduğu koyu mistik inancıyla kapatmaya çalışır. Sufi, bu ikiliği ortadan kaldıracak insan-i kamil mertebesine ulaşmak için, şeriat, tarikat, marifet, kamillik gibi velayet sistemi kademeleri yolunda, nefs kınama, el etek çekme, çilecilik, cehillik gibi yöntemlerle yürüyen kişidir.

Melametilik, aslen Ahi teşkilatı içinde zemin bulur. Melamet, (tüm Tasavvuf versiyonlarında ortak olan) nefsin kınanmasıyla Tanrıya yakınlaşma çabasıdır. Melametilik, mevcut toplum içinde, herkes gibi görünen, öne çıkmayan, mütavazı bir yaşam süren, kendisinin ve ailesinin temel ihtiyaçları dışında çalışmayan, Tanrı aşkını ve adanmışlığını ise içinden ve gizli yaşayan bir meşreptir.

Kalenderilik, kendini mevcut toplumdan ayıran; mal mülk ve güç sahibi olmayı, mevcut örf ve adetleri, çalışmayı, evlilik ve cinsel ilişkiyi, kentleri, dünyevi olan hemen her şeyi Tanrıya ulaşma yolu önündeki değersiz bir engel olarak gören ve reddeden, dilencilikle gezgin yaşayan bir meşreptir. Kalenderi dervişler, mevcut toplumsal yaşam ve dünya nimetlerinden el etek çekerek, "yaşamın faniliği"ni, "her türlü dünyevi düzenin değersizliği"ni göstermeyi hedeflerler.

Kalenderilik Osmanlı beyliğinin kuruluşunda, gazilik teşkilatında, Bursa'nın fethinde önemli rol oynamış, hatta İstanbul'un fethine ve Yeniçeri Ocağı'nın kurulmasına bile katılmıştır. Ancak beyliğin imparatorluğa dönüşmesi, merkezi iktidarın güçlenmesi, bağımlı reayalaştırmanın dayatılması sürecinde (Selçukluya karşı olduğu gibi) Osmanlı'ya karşı da isyanlarda önemli rol oynamıştır. Kalenderilik Türkmen, Torlak vd aşiretler zeminindeki (bazıları gazilere, uç beyliklerine, daha geniş reaya ve ahi kesimlere, alt kademe sipahilere de yayılan), 14, 15, 16. yüzyıllar boyunca Babai, Bedreddini, Kızılbaş ve Celali isyanlarının hemen tümünde önemli rol oynamıştır. Bu isyanlarda sınıfsal, sınıf-kesimsel, etnik, dinsel çelişkiler iç içe geçer. Reaya ile hakim sınıflar, yerleşik tarım ile yarı-göçebe çobanlık, özerklik ile bağımlılık, Oğuz toprak soyluları ile Anadolu'ya sonradan gelmiş ve ikinci sınıf addedilen Türkmen vd aşiretler, devşirme kapukullarının iktidarda giderek güçlenmesine karşılık iktidardan dışlanan Türk toprak soylularının alt kademeleri, şer'i ulema ile halk tasavvufu, arasındaki çelişkiler...

Kalenderilik, sayısız kırım, idam, takibat karşısında 16. yüzyıldan itibaren, kuruluşuna zemin oluşturduğu başta Bektaşilik olmak üzere daha ılımlı Sufi tarikatları içinde eriyerek büyük ölçüde ortadan kalkmıştır. 16. yüzyıl Osmanlı'nın tarihsel bir dönemeç noktasıdır. Bir yandan isyanlar diğer yandan kırım, idam, sürgünler aralıksız sürer. Ancak bu ayaklanmalar askeri-tarımsal dirlik rejiminin çözülmeye başlamasında, Osmanlı'nın gerileme sürecine girmesinde önemli rol oynar. Pop-Sufilik endüstrisinde ve post-modern Sufilik edebiyatında ise Kalenderilik ya tümden yok sayılır, ya da en fazla liberal-anarşizme veya meczupluğa indirgenmiş "yapı-bozumculuk" kategorisinde yer verilir. Grizu'da da böyledir.

Günümüzün Batıya ve modern kentli orta/alt-orta sınıf ve kesimlere dönük Tasavvufta genellikle İslami icmanın İbn Arabi felsefesi ve Mevlevi yorumları esas alınır. Zaten Osmanlı Sufiliğinin ana damarını da Vahdet-i Vücud oluşturmuştur. Endülüslü Arap mutasavvıf İbn Arabi'yle dünyevi düzene ilişkin ne varsa bozulma sayarak reddetmeye varabilen önceki Tasavvuf anlayışlarından "Tanrı ne yarattıysa kabul edilmelidir"e doğru geçiş yapılır. İbn Arabi, batınilik yerine zahiriliği geçirerek, biraz inceltiği tevhid şartına dokunmadan ve böylelikle şer'i iktidar ve ulemayı rahatsız etmeyecek, oldukça pragmatist bir tasavvuf felsefesi geliştirmeye çalışmıştır.

Vahdet-i Vücud (tecellisi olan varlıkların Tanrı'daki birliği), varlıkların (çokluğun) tek'ten geldiğine ve ona döneceğine inanır. Her şey Tanrı'nın açığa çıkmasıyla oluşur, Tanrı'dan başka gerçek yoktur, der. Bu, Tasavvuf'un tevhidi incelterek onunla bağdaştırılmaya, uzlaştırılmaya çalışılan, hakim sınıfların iktidarını meşrulaştıran hegemonik yorumudur (İbn Arabi, Mevlana, vd). Birkaç adım ötesi ise Vahdet-i Mevcut'tur. Varlıklar bir'in ürünüyse, bir de mevcut olanların bütünselliğidir, der. Buradan, Tanrı varlıkların toplamı/bütünü ve kendisidir, anlayışına varır. Batınilik, maddi gerçeklikte, beş duyu ve akılla kavranamayacağını inanılan gizil olanı (kendini açığa vurmamış Tanrı'yı), derin (meditasyonal) hayallere dalarak sezmeye çalışma ve tefekkürdür. Vahdet-i Mevcut, Alevi-Bektaşi Tasavvufunun da temel halkalarından birini oluşturur.

Vahdet-i Vücud anlayışında, genellikle mevcut düzeni yıkma ya da iyileştirme gibi bir amaç yoktur. Genellikle onunla iç içe olan Vahdet-i Mevcut anlayışı ise, eski Asya mistik felsefelerine ve panteizme (kamutanrıcılık) daha yakındır. Burada varlığın (insanın ve doğanın) Tanrı'dan tecelli olduğu ve ona dönmesi gerektiği inancının, mantıki bir sonucu olarak, Tanrı'nın ve insanın birbirine içerili olduğu, ikisinin de kendi başına yetersiz (ya da çelişkili) olduğu, ve bu yetersizlikleriyle birbirine bağlanarak, bu döngüsellik içinde bir bütün oluşturduğu düşüncesine varılır. Tao, Zen Budizm, En-el Hak, hepsinde bu açık veya örtük olarak vardır.

Buradan devam edilip bir eşik daha aşılırsa, insanda "insan olma niteliğiyle insandan daha üstün bir şey olduğunu kabul eden" panteizm, yani En-el Hak, En-el Halk'a dönüşebilir. Ancak bunun koşulu eylemdir, Mehdiciliğin de devreye girdiği, insanların eylemi ile Tanrı'nın eyleminin bir olduğu ve birbirini bütünleyip güçlendirdiği inanç ve coşkusuyla, ekonomik-siyasal kriz, toplumsal isyan gibi koşullarda ortaya çıkan kitle eylemidir. Bu da, Ortaçağ'da kaçınılmaz olarak ütopik ve geriye, Altın Çağ özlemlerine dönük olsa da, ortaklaşacalık eğiliminden ayrışmaz.

Diğer taraftan panteizm, sömürülenlerin ve ezilenlerin eylem ve öfkesi ile bütünleşmezse, içe dönük düşe dalmayla bir la-mekan avuntusuna hapsolmaya dönüşür, ezenlerin din/tasavvuf anlayışından ayrışmaz.

Ortaçağda başka türlüsü mümkün olmayan din, mistisizm görünümü altındaki isyan ve mücadeleler, sınıf savaşımlarıydı. Ancak içe ve geriye dönüklükleriyle, insanın emeğini ve aklını ve/veya her türlü kültür ve uygarlığı tanımamalarıyla da tutucuydular. Felsefi olarak, Böehme, Bruno ve İbn Arabi'nin Spinoza, Spinoza'nın Hegel ve Feurbach, onların da Marx tarafından özümsenerek aşılması, işçi sınıfının ve tarihsel-diyalektik materyalizmin gelişimi ile birlikte, artık geride kalırlar.

Post-modernizm ise Sufiliğin ortaçağa geçiş ve ortaçağda üretim tarzları ve sınıf mücadelelerine ilişkin damarını sansürler. Onu dinler üstü, sınıflar üstü, çağlar üstü, medeniyetler üstü bir sevgi, barış, hoşgörü dini ya da liberal hümanizme uyarlar. Bugüne kadarki bilimsel bilgi birikimiyle bilinenleri de "yapı-bozum"a uğratmakta kullanır, mistisizm ile harmanlayıp neyin gerçek neyin kurgu olduğunu bilinemez bulanık tahayyüller hale getirir.

Pop-Sufilik endüstrisi, Sufiliği neoliberal öznelciliğe uyarlar ve onunla harmanlar. En başta mehdici, isyancı damar sansürlenir. Çünkü neoliberal kapitalizm ve post-modernist kültürü, dinsel, mistik biçimler altında bile olsa kurtuluş özlemine ve sınıf mücadelelerine tahammül edemez. Ortaçağ halk sufiliğinin koyu mistik kabuğu esas alınırken, daha radikal damarında var olan toplumsal-siyasal sınıf mücadelelerini, saltanat, teokrasi ve toprak düzenine karşı isyan ve mücadeleleri, ütopik de olsa ortaklaşacılık özlemleri ise sansürlenir.

Sufiliğin Tanrıyı arayış ve yolculuk izleği post-modern edebiyatın en sevdiği temalardan biridir. Genellikle benlik krizindeki roman kişilerinin (ya da yazarının) kendini arayışı ile iç içe geçirilir. Post-modern anlatıda tabii ki aranan hiçbir şey bulunamaz ve zaten aslında ne arandığı da belli değildir, post-modern yazar da size "nihai hedef hiçbir şeydir, ne arandığı da önemli değildir, gizemci yolculuk hüzün, ironi, haz doludur" der. Hasan Ali Toptaş'ın Bin Hüzünlü Haz anlatısı tipik bir örnektir. Yazar, aynı zamanda bir roman kişisi olarak anlatı boyunca Alaeddin'i arayıp durur. Alaeddin başkalarının onu gördüklerini söyledikleri yer ve biçimlerde kimi zaman bir masal kahramanı, kimi zaman bir fahişe, kimi zaman ilahi bir kişilik, kimi zaman yazarın kendisi olacak -mış gibi olur, ama tabii hiçbiri değildir, ya da keyfinize göre ne tür kombinasyonlar yapıyorsanız odur. Anlatı biter, halen Alaeddin'in kim veya ne olduğu, varolup olmadığı, neden arandığı, bütün bunların düş mü gerçek mi olduğu belli değildir. Bu da bir arayış, ama gerçeklik diye bir şey var mı, varsa bilinebilir mi, başkalarına aktarılabilir mi'yi nasıl bir muamma haline getirebilirim'in arayışı.

M. Oruçoğlu da Grizu'da, ne Sufiliğin ılımlı ve radikal damarları arasında bir ayrım koyuyor, ne Sufiliğin koyu mistik kabuğu ile toplumsal-maddi bağlamı arasına bir ayrım koyuyor, ne de işçi sınıfının gelişim süreciyle tasavvufilik arasında bir çelişkinin gelişimini koyuyor.

Muzaffer Oruçoğlu Grizu'da, 2000'li yıllarda Türkiye'de ve Batı'da kültür endüstrisinde ve küçük burjuva aydınlar arasında tam bir patlama yapan, sınıflar üstü bir sevgi dini olarak sunulan pop-Sufiliğin yoğun etkisinde kaldığı görülüyor. Birinci ciltte bir noktaya kadar anlaşılabilir görünen Cebeli tiplemesini, üçüncü cildin üçte ikisine kadar sündürmesi, her ciltte bir öncekinden daha fazla tasavvufi yarı-uyur bilinç-altı eşiği akışına ve Sufi derviş ya da ümmi benzeri kişilere yer vermesi, bir bütün olarak pop-tasavvufiliği romanın ağırlık merkezine yerleştirmesi, bunun göstergesi. Zaten bu mistik-tasavvufi iklim, en başından itibaren anlatının işçi boyutunu boğmaya, deforme etmeye, işçi romanı olmaktan çıkarmaya başlıyor. Tasavvufi zamansız mekansız döngüsellik gereği, tarihsel, toplumsal, sınıfsal dönüşüm ve gelişmelerin -zaten parçalanmış- edebi işlenmesini de iyice silikleştirip özensiz maket tarzı bir dekora indirgiyor.

Elbette, Osmanlı'nın bütününde olduğu gibi Ereğli-Zonguldak kömür havzasının Osmanlı döneminde Sufiliğin belli bir etkisinin olması mümkün. Havzanın yerlilerinin önemli bölümünü, daha önce Osmanlının burada iskana zorladığı, 19. yüzyılın ikinci yarısında aşiret yapıları büyük ölçüde çözülmüş olan Türkmenler ve Yörükler oluşturuyor. Dahası, Karadeniz'in sarp, ulaşılması zor dağlık ve ormanlık alanları, ta Selçukludan itibaren katledilen, takip edilen derviş ve abdalların sığınma ve gizlenme alanlarından biri olmuş.1880'lerde Ereğli'nin en uzak beldelerinden Güreli'ye yerleşmiş 3 Alevi köyü var. Devrek'te Alevi köyleri var. 1871'te Ereğli'ye bağlı Devrek nahiyesindeki Alevi köyü Adatepe merkezli mehdici isyan var (Adatepeli Kadın Evliyalar isyanı), vd. Romanda bunlar yok.

Kaldı ki, Osmanlı'da tasavvufi kültür, bazı araştırmacıların, kapitalizmin gelişmesini engelleyen başlıbaşına bir etken saydığı kadar yaygındı. (Sabri Ülgener, İktisadi Çözülmenin Ahlak ve Zihniyet Dünyası, Der Yayınları, İstanbul, 1991. Cem Doğru, Osmanlı Toplumunda Kapitalist-Girişimci Sınıfın ve İnsan Tipinin Oluşumunu Engelleyen Faktörler. Yıldız Teknik Ün. Sosyal Bilimler Fak.) Çünkü batıda hızla kapitalizmin gelişim sürecine uyarlanan, yeni bir çalışma ve düşünce disiplinini şekillendirmekte rol oynayan Kalvinizm gibi daha modern, ya da Methodizm gibi işçilere aşırı çalışma disiplinini kabullendirmekte kullanılan dini akımların tersine, batıni tasavvuf, kanaatkarlığı, yoksulluğu idealize eder ve erdem olarak görür. Bireyi, dış dünyayı ve tanrıyı mutlak bir vahdet aleminde eritip birleştiren içe dönük batıni-tasavvuf, dış dünyanın akılla ve emek-üretimle kavranılabileceği, ölçülebileceği, değiştirilebileceği düşüncesini reddeder. Nitekim 1923 İzmir İktisat Kongresinde Mustafa Kemal dahil, tasavvuf felsefesi ve kültürü şahsında kanaatkarlık, yoksulluk, çalışmama felsefesinin de sert biçimde eleştirildiğini, çalışma, zanaat sahibi olma, ticaret ve zenginliğe bolca övgüler yapılıp buna dair burjuva modernist eğitimin de geliştirilmesi gerektiğine vurgular şaşırtıcı değildir.

Ama kömür madeni havzasının 113 yıllık tarihini anlatma iddiasındaki 4 ciltlik bir romanın yarısını tasavvufi düşe dalma/tefekkür baloncuklarıyla doldurursanız, bu ne tarih ne de roman olur. Tasavvufu romanın ağırlık merkezine koyacak kadar önemli görüyorsanız, en azından bu büyük tarihsel dönüşüm sürecinde, işçi sınıfının oluşum süreçlerinde, sınıf mücadelelerinde oynadığı rolü, somut ve ikna edici biçimde gösterebilmeniz gerekirdi, yok. Burjuva cumhuriyetin dergahları, tekke ve zaviyeleri kapatmasının tasavvufi akımlar üzerindeki etkisi ve karşılığı ne oldu, yok. Kemalizm çok geçmeden neden yeniden Yunus Emre'yi, Mevlana'yı kendine uyarlayıp popülerize etti, yok. Yazar, yaptığının adını bile koyamıyor ki, tarihte oynadığı rolü koyabilsin.

İkinci büyük sorun da şu: Ereğli havzasında madenler ve çevresinde gelişen kapitalistleşmeye karşı yer verilen tasavvufilik, vahşice sömürülen ve ezilenlerin eylemi ve öfkesiyle bütünleşmiyor, bu yüzden düzen tasavvufundan ayrışmıyor. Cebeli'nin düşe dalış ve tefekkürlerinin panteizme yaklaşmasına karşın, toplumsal bir tepki değil, psikolojik haz kaynağı olarak, Mevleviliğe ve günümüz pop-tasavvufuna benziyor.

Üçüncüsü, çok sayıda roman kişisi nezdinde, madenlerle yaşanan yıkıcı dönüşüm, sömürü ve zulme karşı tasavvufi yaklaşımlar hoşnutsuzluk ve tepkileri de içermekle birlikte, bunlar mistisizm içinde boğulup gidiyor. Maden havzasındaki yıkıcı değişim süreçlerine karşı, eski halk geleneklerine yaslanan ve asıl bunlardaki tepki ve hoşnutsuzluk dinamiklerini canlandıran biçimler elbette mümkün. Ancak zihin bir kez ilahi ve gizemli şeylerle uğraşmaya başladı mı, başlangıçtaki bu (sömürülenler ve ezilenlerin sezgi ve tepkilerini içeren) çıkış noktasının kayıp gitmesi, gerçeklikten kenara çekilip orada sislerle kaplı ruhani alemlerde dolaşıp durmayı edilgen bir teselli, hatta keyif haline getirmek de mümkün. Yazar, mistisizmin bu tuzağına düşmekten kaçınamıyor.

Dördüncüsü, dini muhalefetin (resmi kurumsal din anlayışının dışındaki muhalif dini/mistik akımlar) işçi sınıfının oluşum sürecinde olumlu veya olumsuz bir rol oynamış olabilmesi için, bunun tek tek kişilerin inançlarının ötesinde, daha geniş köylü ve işçileşme sürecindeki ve işçileşmeye direnen kesimler içinde etkileşimin bir biçimi olması, vaizler, dervişler, dergahlar, cemaatler, tarikatlar gibi örüntülere sahip olabilmesi gerekir. (Bkz. E.P. Thompson, İngiliz İşçi Sınıfının Durumu.) Ancak bunları da romanda göremiyoruz.

Grizu'da eski toprak ağası Cebeli, ahırda yaşamayı seçen Cebeli'nin oğlu ve Kumru, eski imam Hibetullah, dilenci kadın, ücret almayı reddeden ve bu nedenle yediği dayaklardan sonra kaçıp mağarada yaşamaya başlayan maden işçisi Cuma, mevcut kurum ve değer yargılarını umursamayan kalender meşrep Zehra gibi çok sayıda tasavvufi kişi var. Kuşkusuz ağır sömürü, ezilme, savaş, kriz, yıkıcı dönüşüm koşullarında dünyevi olandan geri ve içe çekilme, mistisizm ve tasavvufa sarılma, eski geleneklerin canlanması, geçmişe özlem gibi tutumlar da ortaya çıkabilir. Kuşkusuz bir işçi romanında da bunlar yer alabilir. Asıl sorun nasıl yer aldıklarıdır.

Örneğin Cuma, ücret almayı reddediyorsa bu Sufiliğin dünyadan el çekme (veya bazı versiyonlarında paraya el sürmeme) tutumunun bir ifadesidir. Ve Cuma dayak yiyor, ücret alması dayatılıyorsa, asıl bu nedenledir. Ancak yazar, bundan hiç bahsetmiyor.

İkincisi, Sufiliğin içinde ve tarihinde daha radikal, eylemli, isyankar bir damar ve dönemler de varken, Grizu'da en içe kapalı, kenara çekilmiş ve çoğunlukla ılımlı biçimlerine yer veriliyor. Bayram hapisten kaçtıktan sonra, Zehra'yla birlikte yine dağlarda dolaşmaya başlamasına, madende ve köylerde onca zulüm olmasına ve türedi beyin silahlı çetesi kendi peşinde olmasına karşın, eline silah almayı reddediyor. Yazar düzen içindeki mevki veya durumlarından kenara çekilen veya itilen Cebeli, oğlu, Hibetullah gibi roman kişilerinin neden düzene karşı daha aktif bir tutum almadıklarına, veya bir dizi roman kişisinin daha kenara çekilmekle yetindiklerine, bir açıklama getirmiyor.

Düzenden, dünyadan el etek çekmek, kenara çekilmek, Hibetullah veya dilenci/derviş kadında olduğu gibi Tasavvufi görüşleri ve/veya hoşnutsuzluğu daha örtülü biçimlerde yaymak, özellikle baskıların yoğun, güç dengelerinin zayıf olduğu koşullarda bir halk Sufiliği geleneği olabilir. Ancak Grizu'da madenlerde ve maden köylerinde 1860'lerden itibaren gerçekleşen kolektif grev, direniş, isyanların bir çoğuna yer vermediği gibi, yer verdiklerinde de romanda ağırlık taşıyan bu tasavvufi kişileri göremiyoruz. Örneğin tasavvufi düşe dalma ve tefekkürleriyle Cebeli 3 cilt boyunca romanın merkezinde yer alıyor, 1908-1925 grevlerinde ise ortada hemen hiç yok veya kılını kıpırdatmıyor, havzadaki büyük açlık, kırım ve salgın hastalıkları bile Semiz Ali'den laf arasında işitiyor ve yine tasavvufi düşlere dalmak ve gönül gözüyle bakıp tefekkür yapmak dışında bir şey yaptığı yok, ama öncü işçiler yine ondan feyz almaya gidiyor!?

Bu gibi tuhaflıklar, yalnızca romanın kurgusunda büyük boşluk ve zayıflıklardan değil, yazarın tasavvufa ve gelenekçi tahkiye ve kültürelci-öznel antropolojiye duyduğu yoğun sempatiden ama doğal olarak bunları romanın asıl konusu gibi görünen maden işçileri hareketi ile bağdaştıramamasından kaynaklanıyor. Çünkü mesele, işçi sınıfı gözüyle mi bunlara bakıldığı, yoksa tasavvuf-gelenek gözünden mi işçiliğe bakıldığıdır. Yazar ikincisini seçiyor, işçi sınıfını tasavvufi bir bakış içinde eritiyor. Grizu'nun kapitalizme eleştirisi bizzat kapitalizmin oluşturduğu yeni temelden onu aşmaya, geleceğe doğru, sosyalizm ekseninden değil, (anarko-liberal halkçı bir biçim almış) tasavvufi temelden.

Maden havzasındaki üretim ve zorbalık sistemi gerçekliğinin içindeki uzlaşmaz toplumsal-maddi çelişki ve mücadelelerin (ve bunun merkezinde yer alan işçi sınıfının) tarihsel gelişim süreci yerine, bunu örten bir biçimde, bu gerçekliğin kenarına çekilen kişilerin eylemsiz, içe ve geçmişe dönük, mistik-ruhani ütopizmini öne çıkarıyor. Ortaçağ boyunca tek değişmez ve mutlak diye dayatılan düzen gerçekliğini, aklını, hatta her türlü kültür ve uygarlığı reddeden ütopik Altınçağ özleminin tarihsel bir anlam ve önemi vardır. Fakat üretim ve emeğin muazzam yığınsallaşma sürecinde, işçi sınıfı, bu eski biçimlerini aşmak ve yüzünü geleceğe dönmek zorundadır.

Çözülmekte olan eski egemen sınıf unsuru, Oblomovcu, asalak, hedonist, ömrü boyunca bir taş üstüne taş koymamış, hiçbir şeye emek harcamamış olan bu adamın, Cebeli'nin, maden işçilerine ve köylüye önderlik etmeye tatlı canını sıkıntıya sokmamak için ne niyeti ne mecali olmadığı halde, pek çok şeyin onun çevresinde döndüğü, pek çok durumun onun "gönül gözünden" yorumlandığı, dahası işçilerin, kadınların, delilerin, yoksulların, dilencilerin bir tür "ahir zaman peygamberi/mürşiti" haline getirilmesi, romanın başlıca kırılma noktası.

Cebeli, elini paraya, kire, kana bulaştırmamak, ve genellikle salt gönül desteğiyle köylü-işçilere arka çıkmakla, pek yüce gösterilmesine karşın, 3. ciltteki işçi öncüsü Cemal tarafından bile geride bırakılamayan, tarihsel eskimişliği, içi boşalmışlığı ile yerine yerleştirilemeyen bir kişi. Cebeli'de her türlü para, mülkiyet vbyi reddeder görünürken, kılını kıpırdatmadan baba mirasını ve karılarının hizmetkarlığını afiyetle yemeye devam ediyor, bir yandan da "herşeye gönül gözüyle bakmak", "tüm varlıklar birdir" vb gibi eski mistik ruhani felsefe paralıyor! Yazar ona yer yer "iş insanı bozar, yozlaştırır" vb gibi anti-kapitalist fikirler de yüklemeye çalışsa, ömürboyu asalak yaşamış bir toprak beyinin bedensel işten tiksinmesi ile bir işçinin ücretli kölelikten özgürleşme özlemi arasındaki dağlar kadar farkı siliveriyor.

Böylece, Cebeli 3. ciltte ölüyor ama, 4. ciltte adeta tüm karakterler (Recep, Cuma, Hibetullah, hatta Hurşit, vb) birer Cebeli hayaletine dönüşüyor!

Oblomov, Don Quisot ve... maalesef Cebeli

Gonçarov'un Oblomov'unda, en azından çözülen/çürüyen eski egemen sınıfın temsilcisi Oblomov'un kendini salmış tembelliği ve pofuduk yaşam ve hayalleri ile aşırı disiplinli, çalışkan, pozitivist, modernist, mühendis Shultz (yeni çağın temsilcisi) arasında çocukluk arkadaşlığı ve bağlılığı kadar keskin bir eski-yeni çelişkisi, bağdaşmazlığı kurulur. Cervantes'in Don Quisot'unda da, çoktan çözülüp gitmiş eski şan, şeref, bağlılık, görev, asillik, şövalyelik, platonik romansları hayalinde yaşatan Don Quisot'la sağduyu, kuru gerçekçilik, faydacılık, uyanıklığı vb. temsil eden Sanço arasında da hem eskinin kalıntısı biçimselleşmiş bir kişisel bağımlılık ilişkisi, daha çok da Sanço'nun bütün isteksizliğine karşın çılgın ihtiyarı kendi haline bırakmaya gönlünün razı olmamasıyla birlikte, keskin bir çelişki ve bağdaşmazlık vardır. Her iki romanda da, Oblomov-Shultz, Don Quisot-Sanço ilişkileri aynı zamanda tarihsel yükselen-çözülen sınıf temsilcileri arasındaki "karşılaşmaları" ve çelişkin ilişkileri ifade eder. Gonçarov ve Cervantes gibi dev yazarlar, çözülen sınıflara fazlacana sempatikleştirerek bir saygı duruşunda bulunsalar da, onların devirlerinin kapandığını ve gelişmenin yönünü ve yeninin temsilcilerini çok net biçimde göstermeyi ihmal etmezler. Bu yazarları büyük yapan, yeni durum (kapitalizm) karşısında eski ne kadar çekici görünürse görünsün, hayıflanma-hiciv karışımı bir eleştirellikle devirlerinin bittiğini, ve yerini bırakmakta olduğu yeninin ve gelişmenin yönünün de eskiyle net bir çelişki içinde ortaya konmasıdır.

Grizu'da ise Cebeli ile Kör Cemal gayet uyumlu bir eski ilişki iken, Cebeli ile işçi önderi İştirakiyun sempatizanı Cemal ilişkisi bir "sınıf karşılaşması" olarak konulamıyor. Mistik hedonist eski köy ağası Cebeli ile işçi önderi Cemal'in ilişkisi hem eskinin kalıntısına dayalı bir hatırşinaslık, ama asıl olarak da ileriye doğru sınıfsal bir gerilim, pastoral tasavvufilik ile proleter iştirakiyunculuk arasında bir bağdaşmazlık ve kopuş haline gelemiyor.

Oruçoğlu, anlatısında merkezi bir yer verdiği mistik tasavvufi Cebeli'nin bilinç akışları ve teferkürcülüğü gözünden, ağır sömürü ve eziyet altındaki madencileri, Tanrı aşkı yolunda çilekeş Sufi dervişlere benzetecek kadar, tasavvufilik ile kendinden geçebiliyor. Tasavvufi çilekeşlik ile işçi sınıfının oluşumunun ilk evrelerindeki işçi çilekeşliği arasındaki farkı bile anlamıyor. Sınıf oluşumu sürecinde dünyevi özlemden kopmuş ilahi özlem ile, ilahi özlemden kopmuş dünyevi özlem diyalektik gelişmesini kuramıyor.

Post-modern kendiliğindenci estetizmin ve hazcı uyuşturuculuğunun bir sorunu da bu: Oruçoğlu Cebeli'yi değil, Cebeli tasavvufi yarı uyur-uyanık bir "gönül gözü"nden maden işçilerini mistifiye ederek, yazmış. 2000'li yıllar pop-tasavvuf modası patlaması ile birlikte düşündüğümüzde, 1990'ların sonlarından itibaren ve 2001 kriziyle konum, vasıf, özerklik kaybı keskinleşen küçük burjuvazi/orta sınıfların ruh haline nostaljik-estetik bir masaj.

Aynı dönemlerde Bezgin Bekir gibi karikatür tiplerinin gördüğü ilgi raslantı olmasa gerek. Bezgin Bekir bu kesimlerden gördüğü ilgi üzerine adeta bir "sol evliya" katına yükseltilmişti. Cebeli tiplemesi, bir Oblomov karikatüründen çok, Bezgin Bekir karikatürünü andırıyor.

Post-modernizm, gerçeklik akıl ve eylemle kavranamaz, der: Yerine sezgi, iç görü, hissiyat gibi öznelci bulanık tahayyüller geçirilir. Toplumsal-maddi gerçekliğin yanılsatıcı algı biçimini kaldırmak adına, toplumsal-maddi gerçekliğin kendisi kaldırılmış olur!

Liberal-öznelci antropoloji ya da "antropolojik kapitalizm"

Muzaffer Oruçoğlu yoğun olarak antropolojiyle ilgilenen ve antropolojik bakış ve çalışmalarını sanata taşıyan bir sanatçı. Ancak antropolojiyi Marksist bir eksenden ele almıyor. Neoliberal kapitalizm ve post-modernizm ile birlikte antropolojide ana akım haline gelen dilsel, kültürel, öznelci antropoloji içinde kolayca eriyip gidiyor.

Neoliberal kapitalizm ve post-modern anlayış ile birlikte tarih bilimi, ekonomi-politik, siyaset ve sosyoloji sosyal-beşeri bilimlerden ve kamusal tartışmadan büyük ölçüde dışlandı. Yerine üst-kurmaca edebiyat, mikro-tarih ve kültürel-öznel antropoloji ikame edildi.

Neoliberal kapitalizmin antropolojiyi, küresel temelden sermaye birikim ve egemenliğin yeni gereklerine uyarlayarak yaygınlaştırması, liberal-öznel antropolojiyi köpürten asıl etken oldu. Neoliberal ideologlar ve Dünya Bankası gibi küresel mali oligarşik organların 90'lı yıllarda ortaya atıp yaygınlaştırdığı "sosyal sermaye", "kültürel sermaye" gibi mitler, ana akım vulger antropolojinin yeni misyonu haline geldi. Neoliberal iktisat, yarattığı insani çöküntü ve büyüyen tepkiler karşısında, öznel-antropoloji ve etno-metodoloji ile harmanlandı. Antropoloji neoliberal kapitalizmin bir insani vitrini olmakla kalmayacak, iktisat dışı görünen toplumsal-kültürel yaşam ve ilişkiler alanını sermaye birikimine soğurulmasını kolaylaştıracaktı.

Geleneksel ilişkiler, enformel ilişki ağları, aile, akrabalık, taşra, din, mitoloji, efsaneler, cemaat, yerel topluluk ve kültürleri "sosyal sermaye", "kültürel sermaye" olarak yeniden tanımlandı. Neoliberal kapitalist dönüşümün yaşandığı ülkelerde, geleneksel ilişkilerin hızlı çözülmesi, kitlesel isyanları artırıyordu. O zamana kadar kapitalist gelişmenin engeli sayılan geleneksel ilişki ve kültürler neoliberal kapitalizme içerilerek ve onun payandası, örtüsü ve tutkalı olarak yeniden organize edilmeliydi.

Yeni bir sarsıntılar çağına giren dünyada, antropolojiye, "nereden geldik nereye gidiyoruz, biz kimiz, neyiz" sorularını ve artan gelecek kaygılarını retrospektif nostalji ve sufli gündelik yaşam kaygılarıyla rehabilite ve manipule etme rolü veriliyordu.

Neoliberal kapitalist antropoloji başlı başına bir "alternatif yaşam tarzı" ve "kişisel gelişim" sektörü haline getirilmiştir. Orta sınıfların, beyaz yakaların, eğitimli emekçilerin, ruhsuz endüstriyel yaşamdan artan rahatsızlıkları ve gelecek kaygıları, giderek büyüyen bir "alternatif antropolojik yaşam tarzı" sektörüne dönüştürüldü. Fast food'a alternatif olarak geleneksel otantik köy yemekleri, bahçe içinde uzun yavaş toplu pazar kahvaltıları; endüstriyel tempoya alternatif olarak trafiğe kapalı yavaş yaşam alanları; yoga, zen, tao, sufilik, meditasyon, otantizm, egzotizm, mistisizm, tasavvuf, mitoloji, efsaneler, bahçe-balkon tarımı, doğa yürüyüşü, şiirsel hitabet, yüz yüze ilişki ve oyunlar, ... ve envai çeşit alternatif görünümlü yaşam etkinliğinin Türkiye'de de nasıl yaygınlaştığını biliyoruz.

Kapitalizme kökten karşıt ve daha gelişkin bir toplumsallaşma niteliği temelinden onu aşan bir proleter sosyalist mücadelenin inkar edildiği koşullarda, kapitalizm bu yeni ihtiyaçları da piyasa çeşitlendirmesine soğurmakta zorlanmıyor. Neoliberal antropoloji emperyalist kapitalizmi doğallaştırmakla kalmıyor, onun ürettiği insanlık-dışı bir dünyaya antropolojik ütopizm satıyor.

Kültürelci-öznelci antropoloji, her şeyin naylondan olduğu bir dünyada insanın sahiciliğinin nostaljik "eski/altın çağ"larda aranması, kapitalizmin onlarla ütopize edilmesi, insanın mega-şeyleşmişliğin eski "sahici-organikliğine" iç geçirmesi, insansız ve bilimsiz bir dünyanın "insan bilimi"dir. Kitlelerin ister "taş devri diyetleri", "takas-armağanlaşma", "antropolojik yaşam tarzı" biçimiyle ister "geleneksel kültür, cemaat, sufilik, din" biçimleriyle olsun, afyonudur.

Antropoloji, şeysel ilişkilere "insani, samimi, sevecen, candan, çocuksu, doğacıl" bir kılık geçirerek meşrulaştıran büyülü bir kavram gibi kullanılır. Şu pek havalı antropoloji kavramını, somut tarihsel-toplumsal ilişkilerin somut bilimsel-eleştirel analizi yerine, bilinç-altı, dil, inançlar, yaşam tarzı, cinsellik, mistisizm, vb. ile açıklamış gibi yaparak, mazur göstermekte kullanabilirsiniz!

Farklı çağlar, farklı üretim tarzları, farklı kültürlerin bir takım özellikleri, "daha iyi" görünenden alınıp diğerine uyarlanır. Geleneksel ve farklı kültürlerden, "kes" ve kapitalizme "yapıştır" kozmetik modası haline gelmiştir. Aynı şeyi sol kültürelci antropoloji de, eski halk kültür ve geleneklerinden aldıklarını bugüne yapıştırarak yapar. Modern ile geleneksel'in post-modern "eklemlenmesi", sermaye için yeni bir altın madenidir.

Neoliberal kapitalizm, "geleneksel topluluk" kavramını, getirip "modern toplum" (aslen işçi sınıfını parçalayarak) yerine ikame etti. Neoliberal siyaset, toplumla değil, neo-korporativist yerel cemaat ve kimliklerle yeniden tanımlandı. Sosyal hak ve güvencelerin tasfiyesiyle, istihdam ve yoksulluk yönetimi de aynı zamanda bir kar aracı haline getirilen "merhamet"çi, "hayırsever", "gönül gözlü" neo-cemaat politikalarına kaydırıldı. Postmodern antropolojinin, "kültürler arası birbirini dinleme, 'öteki'ne karşı duyarlık, hoşgörü, diyalog, çok seslilik" söylemlerinin neoliberal kapitalist yönetişim biçimi olarak nasıl kullanıldığını biliyoruz. Burada sorun her şeyin basitçe kültürel özerkliğe, dışlananların gözünden dünyaya bakışın ise nostaljik popüler kültür versiyonuna indirgenmesidir.

Toplumsal anlam ihtiyacı, insanın gerçek toplumsallaşma, toplumsallaşarak özgürleşme ve özneleşme ihtiyacıdır. Neoliberal kapitalizm ve öznelci kültürel antropolojisi ise ne yapar? Bir antropolojik "manalar" pazarı açar, şu eski güzel insani-sevecen-doğacıl rüyalar diye satar.

"Antropolojik-kapitalizm"in sol versyonları da yaygınlaşmakta gecikmedi. Ortaya geleneksel halk kültürleri ile kapitalizmi, kullanım değeri ile kapitalist soyut değer fetişizmini, mistik inançlar ile neoliberal öznelciliği, pre-kapitalist cemaat ile burjuva demokrasisini birbirine katıştıran, geleneksel tahkiyeci "antropolojik kapitalizm" fantazileri çıktı.

Toplumsal gerçekçi edebiyat tarih ve toplum bilimlerinden beslenir ve onları beslerken, post-modern edebiyat kültürel-öznelci mikro-antropolojiye doğru çekildi. Başlıca iddiası, modern toplum bilimlerinin ötekileştirip dıştaladığını ileri sürdüğü, farklı olan'ın gündelik, kültürel anlamlandırma çerçevelerini gündemleştirmekti. Böylece kenara itilmiş ve farklı olanların kültür ve yaşam tarzları, gerçekliğin eşdeğerlikli bir bileşeni olarak serimlenebilecekti. Ama yerli kültürlerini daha inceltilmiş bir piyasalaştırmanın, kapitalizme nostaljik pansumanlaştırmanın ötesine geçmedi. Tüm yapabildiği, toplumsal-maddi ilişki ve süreçlerden kopardığı kültür, simge seçmecilerinden öznel imgelemler kurgulamaktı. Böylece post-modernizm antropolojiyi de, antikacılığa ve anektodculuğa, öznelciliğe ve nostaljiye doğru daraltıp yozlaştırdı.

"Elveda proletarya" antropolojisi ve Grizu

Batıda 90'lı yıllarda yaygınlaşan "elveda proletarya"cı antropoloji de bunun biçimlerinden biridir. İngiltere'de maden işçilerinin 1980'li yıllardaki büyük mücadeleleri ve yenilgilerinden sonra, yaygınlaşan bu tür post-modern "işçi" antropolojisi yazınının tipik bir örneğinin eleştirisine kulak verelim:

"Dawson toplumsal sınıfı neredeyse tümüyle performatif ve sembolik kimlik işaretlerine indirger. Yazısının sonunda Dawson, kömür madeni kasabasının ölümünü yansıtan yaşlı ve ölüme yaklaşmış bir grup insanın resmiyle başbaşa bırakır: Doğal, kaçınılmaz ve tatlı-acı; bu ölüm ve aidiyet şaireneliğinin çıktığı ekonomik, politik, ideolojik koşulların yalnızca bir hayal ürünü olduğunu varsayar. Dawson için bu madenci kasabası sakinlerinin en önemli karakteristiği, kendi uçucu kimliklerini maddi dünyanın ötesinde hayal etme yetenekleridir. Rapport ve Dawson gibi akademisyenlerin yaptığı, tarihsel olarak tanımlanmış toplumsal sınıfın nesnel tanımından yenilgi ve yıkım koşullarında toplanmış semboller, hayallerle özgürleşmekti! İngiltere ve Amerika işçi sınıfının uzun süreli ve köklü mücadelelerde, sendikal ve siyasal örgütlenme biçimlerinde ve kültüründe yatan bilinç formları antropolojik ve tarih yazınında bir çırpıda ortadan kayboldu ve yerini tikel ve kendinden menkul bireysel ve grupsal aidiyetlerin

muğlak ağlarına, ve anonim yerellerin ve tarih-dışı çevrelerden türetilen mekansızlaştırılmasına ve zamansızlaştırılmasına bıraktı. Ne de olsa böyle muğlak ve yersiz yurtsuz ortamlarda işçi sınıfının sessizliği, büyük mücadele dönemlerine oranla daha az dikkat çekiyordu." (Dawson, Andrew 1998 The Dislocation of Identity: Contestations of 'Home Community' in Northern England. In Migrants of Identity: Perceptions of Home in a World of Movement. Nigel Rapport and Andrew Dawson, eds. Pp. 207-224. Oxford: Berg.)

Oruçoğlu, elbette "elveda proletarya" demiyor. Ama Türkiye'de işçi sınıfının/maden işçilerinin tüm o büyük acıların ve sefaletin içinden oluşum ve genel olarak yükseliş eğiliminin yaşandığı bir tarihsel döneme, günümüzdeki yenilgi ve geleneksel işçi sınıfının çözülme döneminden bakarak ikisini birbirine karıştırıyor.

İkincisi, tarihsel olarak tanımlanan ve mücadele içinde şekillenen sınıf bilinci formlarını bölük pörçükleştirip anlaşılmaz hale getirerek, *"tikel ve kendinden menkul bireysel ve grupsal aidiyetlerin muğlak ağları", "muğlak ve yersiz-yurtsuz sessiz tasavvufi düşe dalışlar", "tarih-dışı bağlantısız mikro-olaylar"* ile içe içe geçirirken, eklektizmin ötesine geçemiyor. 4 ciltlik, 1200 sayfalık, maden işçilerinin 113 yılını kapsayan romanda, yer verdiği birkaç büyük kitlesel grev ve direniş anektodu dışında, maden işçilerini tarihsel özne olmayan, sınıf da olamayan dağıtık bir "çokluk"a, liberal-öznelci antropolojiye hapsediyor.

Post-modernist antropoloji ve siyaset anlayışında olduğu gibi, üretim alanı ile üretim-dışı yaşam alanı birbirinden kopartılıyor. Üretim toplumdan, gündelik yaşam ve kültürden soyutlanıyor. Grizu romanında bunu, romanın kişi kadrosunda öne çıkarılan ve en geniş yer tutan bir dizi -özellikle de tasavvufi- kişinin üretimle ilişkisi olmamasından görüyoruz. Roman kişi kadrosundaki çoğu kadın'ın ise, havza yaşamının merkezine oturmuş madenlerle duygusal, düşünsel planda da bir ilişkisi olmadığı gibi, ne köyde ne kentte üretim ve emek süreçleriyle bir ilişkisi görülmüyor. Bu şekilde, romandaki gündelik yaşam ve kültür boyutu, üretim ilişkilerinin dışına kaydırılıyor. Boşlukta bir kültürel-öznel antropoloji alemi yaratılarak, romanın ağırlık merkezine oturtuluyor. Böylece, kapitalist üretim süreci, üretim-dışına çıkarılmış roman kişi kadrosunun gündelik yaşamı ve hayal aleminde adeta yok sayılarak "çözülmüş" sayılıyor! Aynı durum, yine post-modernizmde tipik olduğu gibi, yaş, cinsiyet, ulus, etnisite, kimlik, kültür gibi sorun ve çelişkilerin, kapitalizmin temel çelişkisinin dışına çıkarılmasında görülüyor.

Romanın, tarih ve toplum bilimsel nesnel gerçekliğe dayalı açıklayıcı yönü ile öznelci-tasavvufi antropolojiye dayalı üst kurmaca yönü farklı kanallardan akıyor. Yazar ikisinin içsel diyalektik bağıntılarını kuramadığı için, kültürelci-öznelci mikro antropolojiye yer açmak için, tarihsel-edebi gerçekliği de parçalayıp anektodlara indirgemek zorunda kalıyor. Çünkü nesnel tarihsel gerçeklik üzerinden yapılan edebi kurgularla, kültürelci-öznelci antropolojiden türetilen üst kurmaca birbirini çökertiyor. Böylece eski tarz toplumcu gerçekçilik ile liberal-öznel antropolojinin toplamı, daha zenginleştirilmiş bir toplumsal-eleştirel edebi gerçeklik bütünlüğüne değil, biri ötekini geçersizleştiren dağıtık, ekletik, bulanık, gevşek, bir edebi gerçeklik intiharına dönüşüyor.

Bir İngiliz gezgin, havzaya ilişkin gözlemlerinde, Fransız maden şirketinin yaptırdığı ve rahibeler tarafından işletilen hastanede tedavi olan Anadolu'dan gelmiş işçilerin, hayatlarında ilk kez beyaz çarşaflara uzandıkları zamanki ruh haline özellikle vurgu yapar. Bu durum, günümüzde Soma'da yaralı maden işçisinin ambulans sedyesine yatırılırken "çizmelerimi çıkarayım mı?" diye sorması, Zonguldak'ta maden işçilerinin iş kıyafetleriyle halk otobüsünün boş koltuklarına oturmayıp ayakta gitmesi gibi durumlardan da bildiğimiz gibi, bugün de devam ediyor. Sınıfsal bir gündelik yaşam antropolojisi açısından hayati önemde bu gibi pek çok gözlem ve anlatım, yazılı havza tarihinde olduğu halde, romanda ne bunları ne de sınıfsal eksenden bir gündelik yaşam edebi-antropolojik derinleşmesini görebiliyoruz.

"İnsanın genel geçer incelenmesi diye şeyleştirilen antropoloji, gerçekte krizdeki insanların krizdeki insanlar tarafından incelenmesidir. ... Antropolog kendine yabancılaşmasıyla yüzleşmezse, bunun

köklerini araştırıp anlamazsa, kendi içinde bulunduğu durumu, insanı nesneleştiren kapitalizmin durduraksız eleştirisini derinleştirmezse, kendini -incelediği, bn- başkasında, başkasında kendisini anlayamaz ve hatta farketmez bile." (Stanley Diamond, Reinventing Anthropology, MI: University of Michigan Press, 1969/1999)

Oruçoğlu'nun yapamadığı şey işte bu. Osmanlının yarı sömürgeleştiği dönemlerinin, kapitalizmin modernist döneminin en beylik çizgileri üzerinden eleştirilerini yapıyor, fakat kendi içinde bulunduğu neoliberal kapitalizm ve post-modernizmin köklü bir eleştirisini yapmamış olduğu için, incelediği kriz ve dönüşüm süreçleri ve insanlarını, maden işçilerini de anlamıyor. Neoliberal kapitalizm koşullarında insanın, işçinin, devrimcinin, aydının, sanatçının yaşadığı kriz ve kendine-yabancılaşmanın çözümü değil bir biçimi olan tasavvufu, post-modernizmi, liberal-öznelci antropolojiyi de, "incelediği" tarihsel kriz ve dönüşüm dönemine giydiriyor. Böylece yarattığı "sempatik" Cebeli karakteri Oruçoğlu'nun "kendi-başkası" oluyor ama, asıl kendi-yabancılaşmasıyla yüzleşmediği, kendini eleştiremediği için de, bu söz konusu dönemin maden işçilerine yabancılaşmanın, "sempatik" kılınmış bir biçimi olmaktan öteye gitmiyor.

Oysa Marksist bir antropoloji de vardır.Marksist antropoloji, teorik-ampirik, bilimsel-pratik, tarihsel-mantıksal bütünlüğe sahip tarihsel-diyalektik materyalist antropolojidir. Toplumsal-maddi üretim ve yeniden üretim, güç ve egemenlik ilişkilerini, kültürü, iç bağıntılarını kurarak, iç çelişkilerinin tarihsel gelişimi ve sınıf mücadeleleri doğrultusundan dinamik bir bütün olarak ele alır. Kültürelciliğe ve mikro-gündelikçiliğe düşmez. Kaba materyalizm, idealizm, öznelcilik ve görecilik ile sınırlarını net çizer. Ama kültürü, gündelik yaşamı, bireylerin her günkü yaşamlarındaki ilişki ve deneyimlerini de ihmal etmez. Kuşkusuz insanların maddi yaşamlarını üretir ve yeniden üretirken birbiriyle girdikleri toplumsal (sınıfsal) ilişki ve mücadeleleri temele koyar, bu temel olmadan Marksizm de olmaz. Çünkü hangi tarihsel dönem, toplum, sınıf veya kesimi alırsanız alın, bu temel ilişkiler ve bu çerçevedeki özdeneyim ve mücadeleler derinlemesine incelenmeden kültür ve gündelik yaşam örüntüleri de anlaşılamaz. Kültür ve öznellik, bu ilişkiler, mücadeleler, deneyimler çerçevesinde tarihsel olarak oluşur, öğrenilir, yeniden üretilir ve değiştirilir. Grizu, tarihsel materyalizmden kaçışın romanı olduğuyla kalıyor.

Gündelik çalışma ve yaşam ile sınıf kültürü ilişkisi

Zonguldak-Ereğli kömür madeni havzasındaki köylerin tarihine baktığımızda, aşiret yapısının olmadığını, ancak çoğu köyün varolan veya sonradan göçen birkaç geniş aile tarafından oluşturulduğunu, ortak köy mülkiyeti biçimlerinin kalıntılarının da olduğunu, Zonguldak çevresinde sonradan oluşan köylerde toprağın buraya yerleşen birkaç geniş aile içinde ve arasında, kendi aralarında paylaşılıp, bunun daha sonra resmi mülkiyet olarak tanındığını, fakat tüm köylerde toprağın imece usulüyle ekilip biçildiğini görüyoruz.

Zonguldak havzası köy ve/veya mahallerinde yakın dönemlere kadar süren, geçmişi epey eskilere gittiği tahmin edilebilecek, 1950'lerde gecekondu mahallelerinin oluşumuyla yeniden canlanan, bir gelenek vardır. Dini bayram günlerinde birbirine yakın maden işçisi köyleri ya da mahalleleri üçe bölünür. Bayramın birinci günü birinci grup (köy veya mahalle) hazırlıklarını yapar, kurban bu grup içinde biraraya gelen aileler tarafından kesilir, diğerleri bir hazırlık yapmaz ve birinci grup tarafından topluca ağırlanır. Bayramın ikinci günü, ikinci grup kurban kesmeyi ve diğerlerini ağırlamayı devralır, ve bu nöbetleşe bayram ağırlama ve muhabbetleri, dayanışmayı güçlendiren ve maden işçiliğine uyarlanmış bir gelenek olarak 3 gün boyunca sürer.

Romanda köylerdeki ve mahallelerdeki bu gibi dayanışma, yardımlaşma, paylaşım gelenekleri de, madenlere, maden işçiliğine nasıl taşındığını da, nasıl dönüştüğünü de hiç göremiyoruz.

Yer altı ocaklarındaki gündelik çalışma süreçlerinde, sınıf dayanışması, normları pratiklerinin oluşumu da – göçük sırasında arkadaşlarını kurtarmak için kendi yaşamını tehlikeye atan bir işçi örneği dışında- yok.

Şimdi romandan çok tipik bir post-modernizm örneği verelim. Bir maden işçisi yemeklerini ortaklaştırarak, ortak yer sofrasında paylaşarak yemelerini öneriyor. Bu çoğu okur tarafından hemen alınıp kolayca anlamlandırılacak bir sınıf kodu. Fakat yazar ne yapıyor? Başka bir işçiye, "olmaz, birisi az yer, diğeri çok yer, haksızlık olur" diye itiraz ettiriyor. Tartışma sonuca bağlanmadan bitiriliyor. Eylem yok. Bu sözde "çoklu bakış açısı" ve "tercihi okura bırakarak, okuru romana katmak" diye cilalanır. Gerçekte yapılan, tarihsel bir sınıf kodunun, ortadan kaldırılmasıdır. Burada aynı şeyi farklı biçimde anlamlandıran iki farklı "dil", aynı kavramın (ortak yemek) "çok değerlikli" hale getirilerek, bulandırılması var. Üstelik bu kişiler birbiriyle bir toplumsal ilişki içinde bile görünmüyor; ortaklaşmıyorlar veya ayrışmıyorlar, sadece iki bakış açısı, karşı karşıya da değil yan yana konuluyor, hepsi bu! Pek de "demokratik", ortaya konan şıklardan birini tercih etmek okurun "tercihine" bırakılıyor. Burada da bu "görüşler", sorundan, ihtiyaçtan, nedensellikten koparılıyor.

Gerçek bir işçi romanı olsaydı, örneğin bu iki görüşü çarpıştırır, 5 dk'lık bir çay molasının bile mücadelelere konu olması gibi, en basit görünen sınıf kodlarının dahi sınıf mücadelesindeki anlam ve önemini göstermeye çalışırdı. Yazar ise, en bilinen ve doğru da olan bir sınıf kodunu, "çoğul bakış açısı/göreli eşdeğerlilik" adı altında, parçalayıp yok ediyor.

Başka bir örnek: Grizu katliamı yaşanmış, ortalık kan revan, ceset, ateş, çığlık içinde... Doğal işçi öncüsü olarak sunulan Hurşit, sevgilisiyle aşkını yaşamaya gidiyor. Hem de aynı bölüm içinde, yağdan kıl çeker gibi kolay geçişlilikle kan revan acı öfkenin yerini aşk meşk alıveriyor. Kan ve ceset içinden birden aşk mevzusuna geçiveriyoruz!? Veya grev ve civciler fantazisi! Veya mühendisin teknik gerekliliklerden bahisle farelerin zararından bahsetmesi üzerine, bir işçinin farelerin "önem ve anlamı" üzerine nutku!

Hepsinde yapılan aynı şey: Sınıf kodlarını "göreli çok değerlilik" adı altında, kuşku uyandırarak yapı bozumuna uğratmak. Yapılan tercihi okura bırakarak "okuru romana katmak" değil, okurun kafasındaki kolektif sınıf belleğini tasfiye etmektir! Görüşler arasında herhangi bir görüş, değerler arasında herhangi bir değere indirgemek, aslında çözüp itibarsızlaştırmak. Çok parçalılık, "hem/hem de"ci görecilik ve belirsizlikteki öznesizlik-amaçsızlık. Çünkü post-modernizm her türlü ortak kodu -sınıf normları dahil- kalıplar içine sıkıştırılmış bireyin özgünlüğünden mahrum kılınması olarak görür; bunun yerine, "anarko-liberal hayat"ı geçirir; ne olsa gider!

Böylece merkeze karşı merkezsizliği, sistematiklik yerine bulanıklığı, bütün yerine parçaları, organize etmeye karşı dağıtıklığı, evrensel olana karşı kıyıda köşede kalanı öne çıkaran post-modernizmin, gerçekleri dil üstünde kaydırmacılığı buna uygundur.

Köylerden gelen yeraltı işçilerinin, kışları, döküntü barakalarda 50-60 kişilik gruplar halinde sıkış tepiş kaldıkları, buradaki ocaklarda yemekleri de kendilerinin yaptığı ve birlikte yediği uzunca bir dönem var. Bu barakalarda ne konuşulur, dertleşilir, paylaşılır, bazı ortak çalışma ve yaşam normları nasıl oluşur, hiçbirini romanda göremiyoruz. Gecekondu mahallelerinin ortaya çıkması (ya da kent içinde kalan köylerin mahalleye dönüşmesi) ile, gecekondulardaki işçi ve ailelerinin sosyal yaşamını, sınıfsal mekan-politiğin sınıf dayanışmasının oluşumundaki yerini yine göremiyoruz.

Her günkü "olağan" emek süreçlerinde, adım adım oluşan kolektif işçi normları vardır. Örneğin işçiler her dönemin çalışma koşulları ve kendilerine yapılan muamele konusunda, neyin meşru/neyin gayrı meşru olduğuna dair bazı ortak normlar geliştirirler. Buna uymayan işçilere -diyelim ki sözlü veya sözsüz çalışma standardına uymayan, çok hızlı çalışan işçilere, ya da idare veya başçavuşlarla işbirliği, yalakalık yapan işçilere- müdahale ederler.

Yine dedikodu gibi mekanizmalarla başçavuş/ustabaşıları birbirine düşürmek, bazı yöneticileri, mühendisleri, başçavuşları mimlemek, işletme/çalışma içinde bunlara karşı bir şey yapamıyorlarsa, dışarıda kendilerine, mallarına mülklerine, ailelerine zarar vermek de bu pratikler arasındadır. Romanda birinci ciltte Bayram'ın kendini vahşice dövdürerek sakatlayan başçavuştan intikam için dağa çıkmasını, bir de üçüncü ciltte öncü işçi Cemal'in bıçkıhaneyi yakması gibi bireysel tepkileri görüyoruz. Oysa romanın ele aldığı dönemler boyunca, bazıları adli tutanak ve mahkeme kayıtlarına yansımış, bu gibi epey çok sayıda organize işçi eyleminin olduğu biliniyor.

Romanın post-modern ağırlıklı karakterinin yarattığı en ağır sorunlar: 1- İşçilerin gündelik yaşam ve kültürünü, madenlerin tüm havzayı şekillendiren üretim ve çalışma ilişkilerinden kopartarak, rastlantısallaştırması ve keyfileştirmesi. 2- İşçilerin gündelik yaşam ve ilişkilerini, bir sınıf bilinç ve kültürünün oluşumunun olanaksız göründüğü biçimde, tek tek kişilere ve kopuk kopuk anektodlara doğru atomize etmesi.

Oysa gündelik yaşam ve ilişkilerde de sınıf kültürü ve normlarının oluşumu, çalışma ve yaşam alanında örgütlü olunduğunda daha güçlü biçimde, bunun olmadığı durumlarda ise hem mevcut üretim ve çalışma ilişkilerinden, hem de çeşitli kendiliğinden kolektif mücadele biçimlerinden beslenen, bir dizi ortak fikir ve duygu, alışkanlık ve normları içerir. Sınıf kültürü oluşumu, gündelik yaşamda tek tek kişilerin basit toplamına indirgenemez. Çalışma sürecinde olduğu gibi gündelik yaşamın, beslenme, barınma, ulaşım, sağlık, dinlenme, aidiyet, cinsellik, yaş, komşuluk, akrabalık, hemşehrilik, ulus-etnisite, dostluk, arkadaşlık, saygı ve kabul görme, güvenlik gibi pek çok boyutu arka plandaki sınıfsal üretim/yeniden üretim ilişkileri ve mücadeleleriyle bağlantılı mücadele pratiklerini içerir. Çalışma alanında olduğu gibi yaşam alanında da, dayanışma, yardımlaşma, paylaşım, birlik, özveri pratikleri rastlantısal veya kişisel tercihten kaynaklı basit bir anektodlar toplamı değil, sınıfsal iç örgüye sahip bir bütün oluşturur. Gündelik yaşam alanı da işçilerin sınıf oluş pratiklerini, dahası kendilerini sınıf olarak gerçekleştirme çaba ve pratiklerini içerir.

İşçilerin kolektif grev ve direnişleri ise her durumda, durgunluk dönemlerinde de, işçilerin kolektif belleğinde ve gündelik yaşam ve kültüründe önemli rol oynamaya devam eder. Kuşaktan kuşağa aktarılır, yaşayanlar yaşamayanlara anlatır, grev ve direnişler ve öncüleri efsaneleştirilir. Unutulmaya yüz tutan eski grev ve direnişlerin kolektif belleği, her hareketlenme döneminde yeniden canlanır. Romandaki işçiler ise tuhaf biçimde "balık hafızalı". Asgari bir sınıf bilinç ve kültürünün bile ayrılmaz bileşeni olan kolektif mücadele belleğinden yoksun kılınmışlar. Bırakalım havzada yaşanmış sayısız isyan, grev ve direnişi, 1908-1925 büyük kitle grevlerini bile sonrasında hatırlayan, konuşan, genç işçi kuşaklarına anlatan işçi göremiyoruz!

İşçilerin "kabul görme" tutkusu gündelik işçi kültürünün ayrılmaz bir bileşenidir. Tümüyle hiçe sayılan dönemlerde bu, işçilerin dilek ve şikayetlerini "yukarıya" iletme ve bir nebze işçilere kulak verir görünen yetkilileri destekleme çabasından grev ve direnişlerle kabul ettirme mücadelelerine; işçi sınıfının da belli bir rol oynadığı sistem ve rejim değişimi dönemlerinde yeni sistem veya rejimin kurucu bileşeni olarak haklarıyla birlikte işçi ve sınıf olarak tanınma çabası; sözler vaatler tutulmadığında özgücüyle gerçekleştirme çabası; bunlardan edinilen özdeneyimlerle daha devrimci biçimlere yönelme... İlkinin bir parçası dışında romanda bunları da göremiyoruz.

Post-modernizm üretim ve sınıflardan kopardığı gündelik yaşam anektodlarını tantanalı "şoke etme" ve "radikallik" gösterileri biçiminde kullanmaya çalışsa bile, gündelik yaşam alanında öznel-kültürelci olanın ötesine geçen kökten ve bütünsel devrimci bir eleştiri yapamaz. Özünde ironik kabulcülüğü üreten bir yılgınlık ideolojisinin ötesine geçemez.

Yazar, evliyken aradığı aşkı maden işçisi eşinde bulamayınca köyün delisi ile birlikte olan, sonra dağa kaçıp Bayram ile birlikte olan Zehra, ya da evliyken çingene sevgilisiyle aşk yaşayan Hurşit gibi bir iki anektod üzerinden, cinsel ilişkiler konusunda, pek bir "radikal" görünmeye çalışıyor. Ama kömür madeni havzasının, daha başlangıç dönemlerinden itibaren doğurduğu üretim, yeniden üretim ve gündelik yaşam ilişkileri çerçevesinde, bu "bireysel cinsel radikallik" gösterilerini çok geride bırakan bir yaygın "radikalliğe" sahip olduğunun farkında bile değil!

"Günümüzde, Zonguldak Kenti'nde cinsel sapma, entest ilişki suçları ve doğumları, erkek ve kız çocuk tacizleri veya tecavüzleri, eş cinsel taciz ve tecavüz suçlarının diğer illere göre daha fazla olduğu bazı gazetelerde üstü kapalıda olsa yazılmaktadır. Bu tip vakalar zevahiri kurtarmak için görmezden gelinmeyerek, daha bilimsel ve daha derinlemesine incelenerek Zonguldak maden işletmeciliğinin ilk dönemlerine kadar inilip, bunun neden ve niçini bilinmeli..." (Erol Çatma, Zonguldak Kent Tarihine Kısa Bir Yaklaşım.)

Havzada "evlilik dışı" kadın-erkek ilişkileri, fiili çok eşlilik, eşcinsel, ensest ve kadınlara taciz ve tecavüzlerin, bugün olduğu gibi romanda ele alınan dönem boyunca, ülke ortalamalarının epey üstünde olduğu bilinmektedir. Nedeni tamamen havzadaki üretim ve çalışma sistemidir. Havza nüfusunda erkeklerin oranı her daim kadınlardan fazlasıdır. Bazı dönemler dışarıdan çalışmaya gelen/getirilen erkeklerle yüzde 54 ve hatta daha üstüne bile çıkar. Münavebeli olarak madende çalışan erkekler arasında, tarımsal işleri ücretsiz aile emeği ile yürütmek için, nadir olmayan çok-karılılık bu eşitsizliği daha da büyütür. Münavebeli çalışma, erkek işçileri 15 gün-1 ay boyunca, farklı illerden getirilen geçici erkek işçileri 3 ay veya daha fazla evlerinden koparır. Yeraltında başka insan yüzü görmeden, boğucu sıcakta bazen yarı çıplak 14-16 saat çalışma, işçi pavyon ve barakalarında daracık yerde yataksız döşeksiz 6 erkeğin yan yana bazen 60 erkeğin yan yana üst üste yatmak zorunda kalmaları, farklı cinsel etkileşim biçimlerini de doğurur. Maden işçisi eşleri ölen ya da sakat ya da kronik hasta olan binlerce dul kadının durumu da ayrı meseledir. Sistemin münavebeli ve geçici işçiler için, yaptırdığı fuhuş evleri, fuhuş kadar evlilik dışı ilişkileri (ve ağır zührevi hastalıkları) yaygınlaştırır ve meşrulaştırır, vd.

Ve hepsi bir yana, Engels'in İngiltere'de İşçi Sınıfının Durumu'nda vurguladığı gibi, içki ve aşırı cinsellik düşkünlüğü, aşırı ezici çalışma ve yoksunluk koşullarında, işçilerin adeta biricik zevk ya da içinde bulunduğu koşulları unutmaya çalışma biçimi haline gelebilir.

İşçi sınıfının ezici çalışma ve yaşam koşullarının cinsel ilişkiler bağlamındaki sonuçlarına ilişkin, Engels'in İngiltere'de İşçi Sınıfının Durumu'nda ve Marx'ın Kapital'inde önemli gözlem ve çıkarsamalar vardır. Hatta Marx ve Engels'in bu gözlemlerine dayanarak, 1850'li yıllara kadar Avrupa'da işçi sınıfında aile ve evlilik kurumunun ortadan kalktığına/kalkacağına dair bazı erken öngörüleri bile vardır. Romanda ise şöyle bir değinilen fuhuş evlerinin, ve pek "şoke edici" olduğu düşünülen bir iki "yasak aşk" ve ironize edilmiş "dullar" anektodu dışında, sosyal ve cinsel yaşamdaki yaygın etkilerini, ve bunun üretim, yeniden üretim ve çalışma ilişkilerindeki temellerini bulamıyoruz.

Kömür madeni işçileri arasında, sefaletin en ağır dönemleri dahil içki-sigara çok yaygındır. Ocaktan çıkar çıkmaz "geçmiş olsun" kabilinden sigaralar yakılır. Sigara-içki aynı zamanda bir dostluk ve paylaşım aracıdır. Sigarası olan olmayana verir ve hesabını tutmaz. İçki ise, ocaklara ilk kez giren genç işçilerde korku ve endişeyi bastırmak, ocaklara alışmak için daha yaygındır, sonra alışkanlık haline gelir. Ocaklara alkollü girmek, yasak olduğu halde alkol zulalamak, arada bir stresi gevşetmek için bir iki fırt çekmek çok nadir sayılabilecek bir durum değildir. Daimi işçiliğe ve aileleriyle birlikte kalmaya geçilince, ya da işçi sınıfının güçlendiği ve gündelik yaşam ve ilişkiler bağlamında da belli sınıf normları oluştuğunda, içki ve belirttiğimiz cinsel ilişki biçimleri azalsa da, adeta kültürel bir şekillenme haline gelmiş biçimleriyle, ortalamanın üzerinde seyretmeye devam eder. Romanda bunların da çoğunu, arka plan derinliğini göremiyoruz.

Maden işçileri içinde, birbirlerine karşı değil ama, idarecilere, başçavuşlara, kontrolörlere karşı masum hile ve yalanlar, son derece meşrudur, ve işçilerin birbirinden, genç işçilerin deneyimlilerden ocaklarda ya da işçi kahvelerinde öğrendikleri, bir enformel öz savunma pratiği ve becerisidir. Gerçek işçiler şöyle anlatıyor: *"Bazı insanlar yalanı hobi gibi kullanır, biz kendimizi kurtarmak için kullanırdık. Yaptığımız hatalardan dolayı ceza almamak için yalan söylerdik. Dört dörtlük yalandan çekindiğim de yoktu."* Romanda yok.

Maden işçisi köy ve mahallerinde işçi kahveleri, bakkallar, haftada bir de olsa camiye giden işçiler açısından cuma namazları, cenazeler, düğünler, bayramlar ikili bir işlev görür. Bir yandan bakkalların tefeciliği, kahvelerde içki kumar gibi olumsuz eğilimler, diğer yandan ise madenlerin, ekonomik ve siyasi durum ve gelişmelerin, kimin ne yaptığının tüm enformasyonu buralarda döner. Bu yüzden bu gibi müşterek mekan veya etkinlikler, işçilerin gündelik yaşam, iletişim ve kültüründe, tutum ve alışkanlıklarının şekillenmesi ve değişmesinde çok önemli bir rol oynar. Bu önemi, örneğin İkinci Mükellefiyet döneminde işçi cenazelerine ailesi dışında katılımın yasaklanmasından bile görebiliriz. Romanda 1923 grevinde işçilerin irtibat merkezi haline gelen bir kahve dışında, ne boylu boyunca işçi kahveleri sokağını, köy ve mahalle kahve ve bakkallarını, camileri, öfke ve tepkiye dönüşen cenazeleri, düğünleri, bayramları göremiyoruz.

Maden işçileri arasında, maden şirketlerinden yapabileceği ölçüde, kendisi için kullanım değeri veya satıp 3-5 kuruş ücretine katkı için, aşırmacılık çok yaygındır. Yaşadıkları vahşi sömürü ve zulüme karşı gayet meşru, hem de kolektif bir hak olarak görülür. Ağır cezai yaptırım konusu olmasına karşın demiryolu nakliyatı sırasında vagonlardan düşen kömürleri toplayıp kaçmaktan, yeraltı yerüstünde işe yarar veya para eder bir dizi şeyi aşırmak, hiçbir zaman engellenememiş, maden işletmelerinin devletleştirilmesiyle, daha da yaygınlaşmıştır. Hatta madenci kent ve kasabalarında, bu işin bir paralel piyasası bile oluşmuştur. İşçilerin maden işletmelerinden sistematik olarak aşırdıkları kömür, odun, gazyağı, benzin, dinamit, eşya ve araç gereç gibi ufak tefek şeyledir. İşçiler için kolektif-fiili bir hak olarak gördükleri, ihtiyaç teminidir. Romanda yok.

Romanda, maden işçileri arasında yeraltı emek süreçlerinde, bol ataerkil küfürlü ve şakalaşmalı diyaloglara yer veriliyor. Ama gerek yeraltında gerekse gündelik yaşamda bu küfür ve şakalaşmaları da bir sınıf temeline oturtulmuyor. *"Küfür ne zaman 'sınıf kültürü'nün bir parçasıdır? (...) Ancak bu türden pratikler gerçekten de bir dayanışmaya ya da gizli-açık direnişe hizmet ediyorsa ancak o zaman bir sınıf kültüründen bahsedilebilir. Maden işçileri arasında şaka yollu küfürleşme, atomizasyonu önlemek, işin stresini atmak, iyi arkadaş olduğunu ve hatta aralarındaki dayanışmayı göstermek amacıyla kullanılır. Küfür, bir nevi birlik hissini güçlendiren bir işleve sahiptir.*" (Rahşan İnal, "Yeraltının Kalem Kılavuzu": Ahmet Naim. Emekçileri Okumak içinde.)

Kömür havzasında, işçiler arasında, bir yanı Laz kültüründen gelen, ama daha çok havzanın çok sert çalışma ve yaşam koşulları, eziyet ve çelişkilerinden doğan bir ironi, mizah, şakalaşma geleneği kuşkusuz vardır. Ancak maden işçisi kültüründe, en çetin koşullarında bile kendini gösterebilen bu mizah ve neşe, roman yazarının post-modern yaklaşımında olduğu gibi basitçe bir "ciddiyet karşıtlığı"nın ifadesi değil, kendilerini vahşice sömüren ve ezenlere karşı bir gizli-açık, doğrudan-dolaylı sınıf dayanışması, direnişi, kendini sınıf olarak gerçekleştirme biçimi, veya bu yönlü mesaj ve kodların ifadesi olarak asıl anlamını kazanır. İşçiler bazen içinde bulundukları en ağır koşulları makaraya sarmayı bir dayanışma ve ayakta kalma biçimi haline getirirken, bazen da, o koşullarda bulunmayan birinin gülüp geçeceği bir durumu son derece ciddiye alıp onur meselesi haline getirebilirler. Romanda ise en trajik ve travmatik olayların bile "ironileştirilme" hali, az sayıda anektod dışında, çoğunlukla sınıf kini ve dayanışmasını içermeyen, bir sınıf kültürünün de ifadesi olmayan post-modern aydın hafifliğinin ötesine geçmiyor.

Zonguldak maden işçilerinde, en azından Cumhuriyet dönemi boyunca -1980'lere kadar- güçlü bir dini iman ve ibadet anlayışı yoktur (1950'li yıllar Demokrat Parti döneminde din-tarikat faaliyetleri işçiler arasında artmakla birlikte, daha sonra sınırlandırılmıştır.) Pek dini olmayan, daha ziyade çalışma ve yaşam koşullarına uyarlanmış, maden işçisi kültürünün bileşenleri olan inanç ve efsaneleri vardır. Bunların başında, 100-150 yıl öncesinde olduğu gibi günümüzde bile birçok yeraltı maden işçisinin inandığı cin'ler gelir. İnanmayan da ağızdan ağıza yayılan efsanelerle, yeraltında aşırı zor, stresli ve tehlikeli koşullarda yaşadıklarıyla – havale geçirme yeraltı işçileri arasında oldukça yaygındır- inanır hale gelebilir. Bunun nedenleri arasında, ocakların kuytu, karanlık, tekinsiz, tehlikeli atmosferi; en gözü kara ve deneyimli işçiler bile, içten içe bir tedirginlik yaşamaya devam ederler-, ocaklarda ölümlerin sıklığı ve bunların yarattığı travmalar; bir çok maden işçisi ocaklarda ölenlerin ruhlarının ocaklarda dolaştığına inanabilir-, ve ocaklarda yalnız kalmanın tehlikeyi artırmasıdır; yeraltında her an her şey olabileceğinden yalnız kalmak tedirginliği artırır, yalnız yürürken en deneyimli işçiler bile bir anda arkalarından bir şey geliyor sanıp ürpererek gayrı ihtiyari dönüp dönüp arkalarına bakabilirler. Havale geçirme ve kabus görme, cin korkusu, özellikle yeraltında yalnız çalışırken, yürürken veya uyunduğunda, yaygındır. (Fatih Ömek, Taşkömürü maden işçilerinde dini hayat/Zonguldak Kozlu Örneği, Ankara 2011) Ancak maden işçilerinde cin-peri gibi inançların da, ağır ve tehlikeli çalışma koşul ve travmalardan, yeraltında oldukça sık geçirilen "havale" nöbetlerinden, ve bir de, yeraltında yalnız kalmaya karşı bir etken olmasından maddi temeli açıktır.

Bir de 1954 yılından bir tarihsel belgeye yer verelim. Zonguldak Maden-İş Sendikası, münavebeli maden işçilerinin "boş zamanlarını nasıl değerlendireceğine" yerel kapitalistlerin isteği sonucu el atmaya karar verir ve İstanbul Üniversitesi İktisat Fakültesi'nden profesörlerin olduğu bir heyet çağırarak, bir rapor hazırlayıp önerilerde bulunmasını sağlar. Mesele, münavebeli işçilerin ocaklarda çalıştıkları dönemlerindeki çalışma dışı zamanlarında çarşıya inmemeleri, para harcamamalarıdır, bu da yerel kapitalistleri ve çarşı eşrafını müteessir etmektedir. Münavebeli işçilerin "boş zamanlarını" spor, sinema, konser, eğlence, dershane, kurs, okuma-yazma ve meslek öğrenme gibi şeylerle geçirmesi, hem üretkenliği artıracak hem de yerel kapitalistlere yeni kar kapıları açacaktır. Ayrıca CHP'nin Halkevlerini kapatmış olan Demokrat Parti, söz konusu boşluğun işçileri "sakıncalı" meşgalelere yönlendirmesinden kaygı duymaktadır. Yoksa işçilerin "boş zamanlarını" değerlendirme konusu için neden iktisat profesörüne başvurulsun? Profesörümüzün raporundan:

"Mahallinde yaptığımız tetkikler hususiyle münavebeli işçilerin mühim bir kısmının okuyup yazmadan mahrum bulunduklarını,

ancak otuz yaşının altında bulunanlardan bir kısmının yeni harflere vakıf bulunduğunu, boş zamanların israf edildiğini, işçi kahvehanelerinde yevmî gazetelerin mevcut olmadığını, buna mukabil çoğu hiç bir fayda temin etmeyen, üstelik kafalarda bir takım batıl itikatların yerleşmesine yol açan kısmen uydurma dinî kitapların satıldığını göstermiştir. Bol bol rastlanan bu dinî broşürler arasında bilhassa Mızraklı İlmühal, Ahırzaman Peygamberleri, Kerbalânın İntikamı, Bin Bir Hadis, Müslümanın Din Kitabı, İslâm Dininin Esasları, Tanrı Buyrukları, Kur'an ve İslâm, Din dersleri, Necatülmümin, Mevlüt, Bekri Mustafa ve Hazreti Ali adlı risaleler zikre değer. Bizzat sendika idarecilerinin söylediklerine göre, takriben % 95 ini okuyup yazma bilmiyenlerin teşkil ettiği bu kütle işten çıktıktan sonra uyku zamanına kadar mevsimine göre, ya soba başında, yahut güneş karşısında pineklemekte ve tam manasiyle melânkolik bir atmosfer içinde yaşamaktadır. Kumar nadirdir. Fakat kütlenin boş zamanlarında (uyku ve yemek zamanı da dahil takriben 15 saat) esaslı bir meşgalesi yoktur. Para harcamazlar, iş yerinden 15-20 dakika mesafedeki çarşıya inmezler, şehre gitmezler, umumiyetle çekingendirler, ücretlerini alırken imza etmesini bilmediklerinden mühür kullanırlar. Binaenaleyh yukarıda da işaret ettiğimiz gibi, sendika idarecileri işçilerin mümkün olduğu kadar bol para sarfetmelerini istemektedirler.(...) Mevzubahis ettiğimiz kültür tesis ve tedbirleri sahasında elde edilecek büyük, küçük her muvaffakiyetin, işçi prodüktivitesi ve randıman tezayüdü şeklinde tezahür edeceği, iş kazaları ve devamsızlıkları azaltacağı muhakkak ve aşikârdır." (Prof. Dr. Orhan Tuna, Ereğli Kömür Havzasında İşçilerin Boş Zamanının Değerlendirilmesi Meselesi. Kronik. 1954.)

Dikkat edilsin: Raporun başlığı, İşçilerin Boş Zamanlarını Değerlendirmesi, değil, İşçilerin Boş Zamanının da -yine sermaye ve devlet tarafından değerlendirilmesi! Köyden gelen münavebeli işçilerin madenlerde çalışırken, çarşıya inmemesi, ücretlerini harcamaması, kendi içlerine kapalı yaşamaları, adeta göçmen işçi davranışı gibidir. Romanda bunları dahi göremiyoruz.

Romanda yeraltı maden işçilerinin cin inancına dair -arka planı olmayan- birkaç anektod dışında, belirttiğimiz maden işçilerinin gündelik çalışma ve yaşam kültürünün en bilinen bu gibi özelliklerinin çoğu yok, varolan birkaçı da bir bütün oluşturmayan, üretim süreci ve yaşam alanındaki sınıf oluş ve mücadeleleri ile bir bağıntısı kurulmayan, öylesine "keyifli veya hüzünlü ilginçlikler" olarak yer verilen, tikelci an'lar olarak var. Bu yüzden, romanın maden işçileri ve havza ahalisinin çeşitli kesimlerinden kişilerin gündelik yaşam ve kültürünü kurgulama iddiası, post-modern boşlukta kurulan bir eğlencelik fantaziler toplamına dönüşüyor.

Sermaye birikiminin mutlak genel yasası

Yazarın öznel tarz ve tercihi; yıkıcı dönüşüm karşısında toplumun çatlaklarına ve kenarlarına doğru itilen/çekilen ama bir direniş de göstermeyen kesimleri (mistikler, deliler, dilenciler, takıntılılar, nihilistler, bezginler, aşırı safdiller, vd) arasında gezinip durmasından kaynaklanıyor.

Kuşkusuz, işçi sınıfının oluşum süreci hiçbir zaman, işsizlerden, dullardan, yetimlerden, sefillerden, mistiklerden, berduşlardan, serserilerden, lümpenlerden, ayyaşlardan, melankoliklerden, dilencilerden, fahişelerden, cinsel fetişistlerden, sakatlardan, çaresizlerden, bezginlerden, düşkünlerden, kafaca ve ruhça da köleleşmiş olanlardan, akli olarak yozlaşmışlardan, yeni durum ve koşullara uyum sağlayamayanlardan, delilerden, qırıxlardan, umutsuzlardan, tutunamayanlardan, aşırı safdillerden, toplumun çatlak ve kenarlarına doğru itilenlerden bağımsız değildir.

İşçi sınıfı bu kesimlerden bir duvar ile ayrılmaz. Bir kısmı zaten işçi sınıfının içindedir, bir kısmı dirsek temasında olduğu yakın çeperindedir. Düzenin bu kesimlere karşı tutumu da farklı biçimler alabilir. Bu kesimler düzen ve mülkiyet açısından bir sorun ve tehlike olarak görüldüklerinde, bastırıp dışlayabilir, belli kesimlerini çalıştırma için disipline etmeye çalışır.

Osmanlı'da kent yoksulları, işsiz güçsüzler, dilenciler, gezginlere ilişkin düzenleme ve müeyyideler, bu kesimlerin hızla yaygınlaşmaya başladığı 2. Abdülhamit döneminde yoğunlaşmıştır. Kent yoksulluğu ve dilencilik, 1890'daki bir nizamname ile ilk kez suç kapsamına alınmış ve sürgün ve 1-3 ay hapis cezaları getirilmiştir. 2. Meşrutiyetle (1908) birlikte, işsiz güçsüzlere ilişkin suç tanım ve kapsamını çok genişleten, "tembelliği, avareliği, çalışmamayı suç ve hırsızlık olarak değerlendiren, 6 aya kadar hapis, 2 yıla kadar sürgün cezaları getiren kanunlar çıkartıldı. Tatil-i Eşgal Muvakkat Kanunu iyi bilinirken, onun hemen öncesinde çıkartılan ve onu bütünleyen "serserilik" hakkındaki kanun nedense bilinmez. Örneğin, 2 aydan fazla grev yapan ya da işsiz kalan işçiler de serserilik kanunundan suçlu kapsamına alınır.

Bu kanuna göre, çalışmaya fizik bir engeli olmadığı halde çalışmayan toplumsal düzeni ve ahlakı bozmuş sayılır. Ayrıca herkes yaşamını sürdürmek için üretime katkıda bulunmakla mükelleftir, bunu yapmayan potansiyel suçlu ve hırsız muamelesi görür. Çalışan yoksul nüfusu bile potansiyel suçlu kapsamına alan kanun, zabite de gündelik yaşam ve ahlak üzerinde kontrol ve baskı yetkisi verir. Kanunun ruhu, tastamam, kapitalizmin çalışmayı ve işi bir "zorunlu vatandaşlık yükümlülüğü ve ödevi" ve en geniş kapsamıyla kent yoksullarını ve mülksüzleri bir "ıslah ve terbiye" aracı olarak görmesidir. (Nadir Özbek, Osmanlı İmparatorluğunda Dilencilere Yönelik Devlet Politikaları ve Kamusal Söylemin Değişimi, İBB, 1 Haziran 2009) Romanda bunları da göremiyoruz.

"Bunlar, kapitalist üretimin olmazsa olmazları arasında yer alırsa da, sermaye, bunun büyük kısmını, kendi omuzlarından kaldırıp, işçi sınıfı ile alt-orta sınıfın omuzuna yüklemenin yolunu çok iyi bilir. (...) İşçi sınıfının düşkünler tabakası ile yedek sanayi ordusu ne kadar yoğun olursa, resmi yoksulluk da o kadar yaygın olur. Bu, kapitalist birikimin mutlak genel yasasıdır." (Marx, Kapital Cilt 1)

Ancak bu da sınıf mücadelesinin doğrudan alanı ve konusudur. İşçiler bir sefilliğe itilmişler yığını içinden mücadelelerle bir sınıf olarak oluşup geliştikçe, diğer emekçi kesimler ve tabakalar nezdinde saygınlığı ve otoritesi arttıkça, bu kesimlere de mücadele ve yaşam enerjisi aşılar, yeniden eğitir ve saflaştırır. İşçi sınıfının ortak çıkarlarına ve mücadelesine zarar veren veya karşısında yer alanları da safra olarak atar. Çalışanlarla işsizlerin birleşik mücadelesi, işçi sağlığı ve güvenliği, çalışma saatlerinin kısaltılması, sağlık, eğitim, sosyal güvenlik, sendikal ve siyasal mücadeleleri de, işçi sınıfının içinde ve dışında olan bu kesimleri ortadan kaldırmasa bile bir ölçüde sınırlar. Bu yüzden işçi sınıfının kendi içindeki ve dışındaki bu kesim ve tabakalarla ilişkisi, işçi sınıfının gelişim düzeyi açısından bir turnusol kağıdı gibidir.

Grizu'da sınıf mücadelesinin, sınıf gelişiminin bu çok kritik yönünü de bulamıyoruz. Yazar, işçi sınıfının oluşum süreci ile bu tabakalar arasındaki ilişkiyi, işçi dinamiklerini bu kesimlerin çözünük, istikrarsız, umutsuz yaşam ve düşünce tarzına doğru dağıtarak ve onların içinde eriterek, kuruyor. Birkaç işçi önderi ve grev-direniş anektodunun dışında, romana asıl bu kesimlerin dağınık psikoloji, felsefe, yaşam tarzını estetize ederek hakim kılıyor.

Sınıf ve cinsiyet sorunu

Romanda kadın işçi yok. Oysa madenlerde en azından Osmanlının son döneminde bir çok cephede savaşa girmesi ve asker ihtiyacının zaten var olan emek kıtlığını büyütmesi gibi nedenlerle, belli kanunlarla kadınların da emekgücüne ücretli kadın asker olarak dahil edildiği biliniyor.

Ethem Çavuş'un hatırladığı bazı kadın maden işçisi isimleri: "*Adalı Sultan, Topçu Emine, Kırdıkaçtı Zülfiye*" (yerüstü ameleleri), ve en ünlüleri "*her sabah şafakla kandili yakıp şalvarının kemerine azığını yerleştiren ve eline aldığı madenci bastonu ile ocağa dalan Gülsüm Hatun*"... Oruçoğlu romanında, deli kadının düşünde kocasının madende öldüğünü görüp ocağa inmesini "olay" haline getiriyor ama o madenlerde çalışmış olan kadınlardan tek kelimeyle bahsetmiyor!

Romanda kadın işçilere yer verilmediği gibi, kadınların köy emeğine (tarla, hayvancılık, odun, su taşıma, vd), ev emeğine, yeniden üretim emeğine de yer verilmiyor.

Evliyken aradığı aşk ve sevgiyi maden işçisi Kör Cemal'de bulamayıp köyün delisiyle birlikte olurken köylü tarafından basılınca, dağa kaçıp Eşkıya Bayram'la birlikte olup onunla hareket etmeye başlayan Zehra, kendisini zorla götürüp tecavüz etmek isteyen köy beyini öldüren Kumru, dilenci kadın, öncü işçi Hurşit'in aşk yaşadığı Çingene kadın, romandaki başlıca kadın tiplemeleri. Madenci eşi olan kadınlar ise eşlerine ve misafirlerine çay kahve servisi yapıp arada bir söylenmek dışında bir şey yapmıyor?! Madenci dullarına şöyle bir değinilip geçiliyor?! İntihar eden kadınların resimlerinden koleksiyon yapan 3 karılı bir adam üzerinden, havzadaki kadın intiharları bile post-modernleştiriliyor. Oysa havzada kadın intiharlarındaki artışın en önemli nedenlerinden biri, ikinci mükellefiyet döneminde jandarmanın firari maden işçilerini teslim olmaya zorlamak adına rehin aldığı eş ve kızlarına taciz ve tecavüzlerin yaygınlığı iken, bu da romanda yok.

Romanın kadına bakış açısı çok sorunlu. Kadın/erkek emeği arasında toplumsal cinsiyetçi işbölümünü sorun olarak bile görmüyor. Bu işbölümünün madenler temelinden, sanayi/tarım emeği işbölümüyle iç içe geçip, hangi yönde nasıl değiştiği de görülmüyor. Madenlerin havzadaki üretim kadar yeniden üretim sürecini de nasıl şekillendirdiği, kadınlara biçilen işlevin artık, köy emeğinin yanı sıra, kapitalist kömür madenlerine ucuz emek gücü üretmek olduğu görülmüyor.

Kadını erkeğin sevgisine, aşkına, şefkatine, romantizmine muhtaç ve salt bunun arayışında olan tek yanlı bir varlığa indirgiyor. Bunlar elbette her daim ataerkinin kalaslık duvarına çarpan ihtiyaç ve özlemlerdir ama, romanda kadın sorununa onca yer ayrılmasına karşın, kadınların erkeklere arada bir ıhlamur, kahve, yemek servisi yapmak ve arada bir söylenmek dışında hiçbir emek süreci yokmuş, madenlerle bir ilgileri yokmuş, kadın salt duygusal bir varlıkmış gibi davranılıyor. Kadına biraz inceltilmiş ve lütfeder de onun sevgi, şefkat, romantizm arayışını kabul edermiş gibi görünen ataerkil bakış açısının ta kendisi. Her işçi ailesinde 4-5 çocuk, bunları kim doğuruyor, giydirip yediriyor? Tarlayı süren, hayvanlara bakan, odun kesip toplayan kadın, üstelik erkekler madende olduğu ve köye geldiklerinde de sıklıkla mecalsiz, hasta veya sakat oldukları için, köyde daha önce erkeklerin yaptığı pek çok işi yapan da kadın, ve kadın emeği görünmezleştiriliyor!? Kadınlara ilişkin bir kaç bireysel isyan ve eylem anektodu da (bölgede daha 1871'de kadınların önderlik ettiği bir isyan, madende çalışan kadın işçiler yokmuş gibi), "kadınlara lütfedilmiş" gibi görünüyor. Roman bütünü içinden, toplumsal sınıf-toplumsal cinsiyet ilişkisi tarihsel-diyalektik materyalist temelden ve dinamik bir tarzda kurulmadığından çöküyor.

Zonguldak kömür madeni havzası ve edebiyat

Zonguldak-Ereğli havzası, Türkiye'nin sınıf mücadelesi, ekonomi-politik, siyaset ve uluslar arası ilişkiler tarihinde oynadığı önemli rol kadar, edebiyat alanında da Cumhuriyet tarihinde önemli bir rol oynamıştır. Çok sayıda tanınmış şair, öykücü, romancı ve sayısız yerel amatör edebiyatçı çıkarmıştır. Bunlar arasında havza doğumlular olduğu gibi, uzun süre Zonguldak'ta kalanlar da vardır. Zonguldaklı ya da Zonguldak üzerine kitabı olan roman, öykü, oyun, deneme, anı yazarı ve şairlerin toplam sayısının 150'nin üzerinde olduğu bilinmektedir.

İlk akla gelenler: Şairler Behçet Kemal Çağlar, Rüştü Onur, Muzaffer Tayip Uslu, Kemal Uluser, Orhan Veli Kanık, Oktay Rıfat, Behçet Necatigil, İlhan Berk, Mehmet Yılmaz Karaibrahimoğlu, Maksude Çubukçu, Kadriye Canlı, İbrahim Yıldız... (Zonguldaklıların da sahiplenmediği Zonguldak'ta İş Bankası müfettişliği yapan Necip Fazıl'ı saymıyoruz!)... Özellikle şehirde öğretmenlik yapan Behçet Necatigil'in çevresinde oluşan yerli genç edebiyatçılar Rüştü Onur, M. Tayip Uslu, Kemal Uluser grubu, şehrin edebiyat yaşamını canlandırmakla kalmaz, İstanbul ve Ankara'daki edebiyatçılarla yoğun mektuplaşmaları, ve tabii Nazım Hikmet (Memleketimden İnsan Manzaralarında maden işçilerine dair parçalar), Fazıl Hüsnü Dağlarca, Ceyhun Atuf Kansu, Orhan Veli ve İlhan Berk'in Zonguldak üzerine şiirleri, şehrin ve kömür madeni işçilerinin Türkiye edebiyatı, aydınları, gençleri, işçileri içinde daha fazla gündemleşmesine önemli katkıda bulunur. Şehrin özelliği edebiyatı da "kömür karası"yla, "soluk benizli işçileri"yle, sınıf çelişkilerin keskinliğiyle damgalamasıdır.

Romancılar, öykücüler ve anılar: Burhan Cahit Morkaya (Patron), Ahmet Refik Sevengil (Çıplaklar), İrfan Yalçın (Ölümün Ağzı), Hamit Kalyoncu (Kömürde Açan Çiçek, Kömürün Kara Çığlığı: Ağıtlar), Mehmet Seyda (Yanartaş, Zonguldak Hikayeleri), Kadir Tuncer (Güneşe Hasret), Metin Köse (Mükellefiyet, Göl Dağı), Ahmet Naim Çıladır (Yeraltında 45 Sene, Bir Yudum Soluk), Levent Ağralı (Göçük), Behçet Kalaycı (Kıvırcık-Genç Bir Madencinin Öyküsü), Nahid Sırrı Örik (Eve Düşen Yıldırım, Kırmızı ve Siyah), Osman Atilla Poshor (Fener'in Çocukları), Kadir Tuncer (Aguilla Barbara Kıvırcık), Kadri Yersel (Madencilikte Bir Ömür), Osman Yalçın (Zonguldak), Yakup Ertosun (Zonguldak Kıvırcıkları), Ali Bahadır (Yola Dökülen Yıllar), Saffet Can (Emin Dayı), Claire Sheridan (Sade Türk Kahvesi), Ziya Mısırlı (Işıksız Yaşantılar), Zihni Anadol (Kırmızı Gül ve Kasket), Savaş Büke (Buralarda Yaşanmaz ki Birader), Türkan Karahasan (Kömürleşen Kumsalda Türkü Söyleyenler, Baret ve Mızrap),

Şehrin edebiyat üzerindeki çekim gücü aslen iki etkene bağlanabilir. Birincisi, havzanın kapitalist ekonomideki stratejik önemi nedeniyle, Fransız maden şirketinin, ardından Kemalist rejimin, yer üstünde ilk modernizasyon ve kültürel (demiryolu, liman, elektrik santrali, hastane, sinema, halkevi, Fener ve Yayla mahalleleri, vd) yatırımlarına konu olması. 1920'lerde Türkiye'ye Fransa'dan gelen 4 piyanonun üçü, 1930'larda ise Türkiye'deki 3 tenis kortundan ikisi havzadaydı. Henüz Ankara'da bile elektrik yokken, Zonguldak Kozlu termik santrali üzerinden elektriğe kavuşmuştu! İkincisi ve daha önemlisi, şehirdeki acıların ve mücadelelerinin büyüklüğü, sınıfsal çelişkilerin keskinliği...

Nazım Hikmet, Vala Nurettin ile birlikte, Cumhuriyet öncesi mütareke döneminde, Düzce'den Zonguldak'a geçer, ve işçiler ile kapitalistler arasındaki devasa uçurumu ilk kez burada sarsılarak farkederler. (Zekeriya Sertel, Mavi Gözlü Dev Nazım Hikmet ve Sanatı, Cem Yayınevi, Doyuran Matbaası, İstanbul, 1977, s. 87)

Nazım'ın bu ilk büyük sınıf derslerinden birini aldığı Zonguldak maden işçileriyle düşünsel-duygusal bağı ömrü boyunca kopmaz. Memleketimden İnsan Manzaraları'nda Zonguldak maden işçileriyle ilgili bölümler de vardır. Ölümünden bir yıl önce, 1 Ağustos 1962'de, Bizim Radyo'da Ereğli mitingi ve Zonguldak maden işçileri sendika kongresi ile ilgili konuşur ve şunları söyler:

"Soru: Önümüzdeki hafta Zonguldak Maden-İş Sendikası toplanacak. Bu kongre etrafında konuşmak ister misiniz?

Yanıt: Elbette ve sevinçle ve büyük umutlarla bu kongreyi şimdiden kendi adıma ve izin verirseniz, Bizim Radyo adına selamlarım.

Soru: Kongrenin önünde duran belli başlı meseleler nelerdir size göre?

Yanıt: Bu sorunuza karşılık vermek için, rastgele bir gazete röportajından bir takım satırları okuyalım: "Zonguldak'ta ölümle karşı karşıya, ölmeyecek kadar ekmek parası kazanan 40 bin maden işçisi çalışıyor... Bunlardan on bini devamlı, otuz bini münavebeli çalışır... 8 saatlik çalışmaya giren yeraltı işçisi, bir ekmek ve taş haline gelmiş bir parçacık helva yer. Bu onun sekiz saatlik çalışması sırasındaki kalorisidir... Zaten ekserisinde ciger diye bir şey yoktur. Verem, maden işçileri arasında salgın bir hastalıktır. İşçilere idare ayakkabı ve şayak kumaştan elbiseyi bile artık vermemektedir. Yeraltında çalışma şartları berbattır. Emniyet tertipleri alınmamıştır." İşte o röportajdan rastgele birkaç satır. Bu satırlar bile bize Kongrenin önünde duran ana meselelerin neler olduğunu gösteriyor: İş ücretlerinin çoğaltılması, çalışma emniyet tedbirlerinin alınması için kongrede kararlara varılıp bu uğurda amansız savaşmak... Bunların yanında, sağlık tesisleri, servisleri, hele münavebeli denilen işçilere insanın yaşayabileceği, haysiyetli ve normal bir insanın yaşayabileceği mesken ve yemek içmek tesislerinin kurulması uğrunda savaşmaya karar vermek de kongrenin önünde duruyor.

Soru: Peki, size göre bu kongre böyle kararları alacak mı? Aldığı kararların gerçekleşmesi için sendika savaşacak mı?

Yanıt: Yalnız belli başlılarını saydığım isteklerin gerçekleşmesi için kongre karar almazsa ona bir sendika kongresi adı verilemez. Yalnız burada çok önemli saydığım bir iki noktaya dokunmak istiyorum. Gazetelerde çıkan haberlere göre, bundan önceki Maden-İş Kongresine katılan delegeler sendikaya kayıtlı 37 bin maden işçisini temsil etmek iddiasındaymışlar. Fakat bu delegelerin gerçek maden işçileriyle bir ilgileri yokmuş. Çoğu kontrolör, puantör gibi adamlarmış. Gerçekten maden işçisi olan birkaç delege, bu hali protesto edince, kapı dışarı edilmişler adeta. Yine gazetelerde çıkan haberlere ve röportajlara göre yeraltında çalışan işçilerden çoğunluğunun, o zamanki kongreden haberleri bile yokmuş. Sendika başında bulunanlar, haftada bir kere olsun ocaklara inip işçilerle temas etmezlermiş zaten. Çeşitli gazete ve dergilerden aldığım bu haberlere bir kısa haber daha katacağım. Onbeş gün önce çıkan bir dergiden aldığım haber şu: Ereğli mitingine Zonguldak işçileri de büyük bir kitleyle katılmak istedi. Fakat Zonguldaklı sendika liderleri aşikar şekilde mitingten yana değildi. İşte şimdi bütün bu olaylardan sonra, sorunuza karşılık vereyim: Önümüzdeki hafta Zonguldak'ta toplanacak Maden-İş Sendikası Kongresine yine yalnız puantörlerle, kontrolörler filan gelecekse, bu kongreden hiçbir gerçek sonuç beklenemez. Kongreye, maden işçileri, hele yeraltında çalışanlar, en demokratik şartlar içinde kendi delegelerini yine kendileri gibi işçiler arasından seçip göndermelidir. Sendika üyelerinin ezici çoğunluğunu puantörler, kontrolörler filan değil, madeni bizzat çıkaranlar teşkil ediyor. Kongre her şeyden önce onların kongresi olursa, hem dertler ortaya gereği gibi konmuş olur, hem de alınan kararların gerçekleşmesi için geniş işçi yığınları, gerektiği zaman, seferber edilebilir. Sözüm, sendika liderlerinin başı üstünden aşarak gerçek maden işçilerinin kulağına erişirse, kongreye yeni arkadaşlarını, kendileri gibi çalışanları, kendi benzerlerini seçip göndermek için ellerinden geleni yapsınlar! Bu çeşit demokratik bir seçime gitmezse sendika idarecileri, onlara kafa tutsunlar. Bu bir...

Gelelim ikinciye: Yılın belirli günleri ocakta, belirli günleri tarlada çalışan maden işçileri, işçi sınıfıyla emekçi köylünün arasındaki kardeşliğin kuvvetlenmesine yardım edebilir. Bundan dolayı kongrede işçi-köylü kardeşliğinden de söz edilmeli. Bu iki...

Gelelim üçüncüsüne: Zonguldak sendika liderlerinin şu şanlı Ereğli mitingine aşikar surette gönüllü olmadıkları, bu mitinge kimisinin zoraki katıldığı haberi de doğruysa, bu haberle, bundan önceki kongrenin mahiyeti ve liderlerin haftada bir olsun ocaklara inmedikleri gibi haber ve olaylar da bir araya toplanınca, bana öyle geliyor ki, önümüzdeki kongrede tam bir işçi sendikası kongresi olabilirse, sendika liderleri sıkı bir hesaba çekilecek. Ve bu sıkı hesabı onlardan, gözlerinin yaşına bakmadan istemek, Zonguldak maden işçilerinin yarınları için, yakın bir gelecekte hiç değilse biraz insanca çalışabilmek ve yaşabilmek imkanlarının gerçekleşebilmesi için şarttır."

Sovyetler Birliği'nde bulunan Nazım, 1962 radyo röportajında, aynı dönem için Grizu romanının maden işçileri için sunabildiğinden çok daha fazla bilgi sunuyor. Daha önemlisi, Grizu romanında olmayan bir devrimci ruh sunuyor!

Muzaffer Tayyip Uslu, ince hastalıktan genç ölen arkadaşı şair Rüştü Onur'un ardından kaleme aldığı "Rüştü'ye Dair" yazısında Zonguldak'tan "insanları yorulmadan sokakları yorulan şehir" diye bahseder. Bunun nedeni, 2. mükellefiyet döneminde jandarmanın yakaladığı maden işçisi firarileri, sokaklardan ve şehrin tek ana caddesinden ite kaka, eziyet ede ede geçirerek sözde ibret ve korku salmaya çalışmasıdır.

Yalnızca Nazım değil, Zonguldak'ta çeşitli dönemler kalmış olan İlhan Berk, Orhan Veli gibi bir çok aydın ve sanatçı, sınıf farklılık ve çelişkilerinin sertliğini ve keskinliğini ilk kez Zonguldak'ta fark etmiş ve bunu eserlerine yansıtmışlardır.

Yalnızca tanınmış edebiyatçılar tarafından değil, Zonguldak'ta yerel-amatör işçi-emekçi edebiyatı diğer pek çok şehre göre nicel-nitel olarak daha zengindir. İşçi siyasetinin ve katılımının önünün hep tıkandığı yerde, Zonguldak'lı maden işçisi ve emekçilerin, (fiili grev ve direnişlerle birlikte) kendini ifade etme yollarından biri de edebiyat haline gelmiştir. Dahası Zonguldak maden işçileri ve havzası üzerine en bilinen romanlar, anılar, belgelerin yanı sıra, bu oldukça zengin yerel edebiyat da maden işçilerinin, havzanın/şehrin tarihi, mücadeleleri, kültürü, duyguları, gündelik yaşamı üzerine oldukça zengin malzeme sunuyor.

"Kültürel-edebi antropoloji" ise, işte buyurun. O işçi şiir ve öykülerinin bir teki bile, Oruçoğlu'nun 4 cilt-1200 sayfada yanından bile geçemediği maden işçisi yaşamının daha fazlasını anlatıyor! Oruçoğlu, Zonguldak üzerine bilinen romancı, öykücü ve şairleri incelemiş olabilir, ama okuduklarının da gerisine düştüğü gibi, asıl genel olarak bilinmeyen Zonguldaklı maden işçilerinin ve çocuklarının yerel edebiyatını incelemeyerek, boşluklarını büyütmüş. Emek tarihi ile emek edebiyatı arasındaki bağ kopunca, roman da hem toplumsal emek hem de toplumsal edebiyat bağlamından kopmuş.

Post-modern tarih anlayışı

Post-modernizm, tarih anlayışının ağırlık merkezini ele alınan dönemin temel yapıları, ilişki ve süreçlerinin incelenmesinden, kültüre ve mikro gündelik yaşam deneyimlerine; özsel karakteristiklerinden farklılığa; merkezinden kenarlarına (marjinler) doğru kaydırdı. Tarihi bütünsel hareket ve değişim süreçleri yerine, birey ve grupların mikro öyküler toplamı olarak ele almaya başladı. Tarihsel nesnel açıklama ile öyküleştirilmiş öznel anlatı; gerçek ile kurmaca arasındaki fark, ikinciler lehine kaldırıldı. Modern tarihçilik öncesi ortaçağın seyahatname, vakaıname, söylence gibi biçimlerine geri dönüldü. Post-modern tarihçi, ele aldığı dönemden sadece seçmece ve bütünden kopartılmış bazı ipuçları, belirtiler, simgeleri alıp bunlar üzerinden bir takım keyfi, öznel kurgu-öyküler türetiyor, ama bunların ne kadar gerçeğe uygun olup olmadığıyla da ilgilenmiyordu.

Post-modernizm zaten, geçmişte yaşanmış tarihsel dönüşümlerin iç tutarlılığa sahip bilimsel bir açıklamasının yapılabileceğini en baştan reddediyordu. Tarihsel gerçek diye bir şeyin olmadığını veya bilinemeyeceğini veya aktarılamayacağını iddia eden post-modern mikro tarihçiliğin, bu "olmayan gerçekliğe" ışık tutmak gibi derdi de yoktu ki, "kenara çekilmiş/itilmiş" insanlar tarafından nasıl algılandığını ortaya koyabilsin. Dağınık simgesel sistemler ve kod dizilerinden oyuncul spekülatif öyküler ve retorik türetmekten öteye geçemedi. Tarihin özsel, içsel, genel bağlamından kopartılıp rastlantısallaştırılmış mikro gündelik yaşam spekülasyonları, tarihsel gerçekliğin alabildiğine değersizleştirilmesine ve antikacılığa yozlaştırılmasına yol açtı.

Post-modernizmin geçmişle şimdi arasındaki ayrım ve karşıtlığı ortadan kaldırıp bunları keyfi ve rastlantısal biçimde iç içe geçirmesi, kişinin geçmişiyle geleceğini tutarlı biçimde bir araya getirmesini olanaksız kılar. Geçmiş, bugünün ve geleceğin anlaşılmasına zenginlik katan bir tarih bilinci olmaktan çıkarılarak, hüzünlü ve keyifli bir seyirliğe dönüştürülmüş bir ölü imgeler koleksiyonuna indirgenir.

Tarihin kavranabilir bütünselliği parçalanarak bilinemezliğe çevrildiğinde, şimdi'nin anlamı da; sınıf gibi özneler ve mücadele dinamiklerine göre tanımlanmış bir tarihsel moment olmaktan çıkarılmış olur. Rastlantısal an'lar toplamına indirgenmiş bir yamalı bohçaya dönüşür. Sınıfsallık anlar içinde herhangi bir an'a, tarih belli hareket yasaları ve eğilimleri olmayan olumsallığa ve rastlantılar toplamına indirgenir. Tarihçi E.H. Carr'ın da vurguladığı gibi, tarihin bütünsel kavranışı yerine olumsallıklar üzerine uzun uzun spekülasyonların geçirilmesi, sınıfsal-toplumsal mücadelelerdeki yenilgi dönemlerinde ağırlık kazanan bir eğilimdir. Tarihi bir bütün olarak kavramanın olanakları ortadan kaldırıldığında, onu dönüştürmenin olanakları da ortadan kaldırılmış olur. Geriye nostaljinin, kültürün, gündelik yaşam ve rastlantısallığın gizemli dehlizlerinde dolaşıp durmak kalır.

Post-modern mikro-tarihçilerin ana teması, feodalizmden kapitalizme geçiş sürecinin çeşitli evrelerinde bunun kırsal kesimdeki etkisi oldu. O ana kadar bozulmamış olduğu varsayılan "geçmişin sesleri"ni kılavuz alan bir imgelem; çözülen geleneksel kırsal kültür için meditasyonal bir hissiyat yaratılmaya çalışılır. Bunun, kapitalizmin,1970'lere kadar gelişiminin bir biçimiyken engeli haline gelen modernizmi; din, mistisizm, gelenekle uzlaşarak ve ittifak kurarak post-modernizme doğru çözüşünün bir izdüşümü olduğu açıktır.

Post-modernizmin feodalizmden kapitalizme geçiş süreçlerine yoğun ilgisinin asli nedeni, modernizm tarafından dışlanan ve bastırılan kapitalizm-öncesi din, kültür ve geleneklere "itibarını iade etmek" ve bunları neoliberal kapitalizmle yeniden harmanlanabilir hale getirmektir. Üretim tarzları arasındaki geçiş sürecine, iki kültür/iki yaşam tarzı arasında, her türlü tarihsel gelişim anlayışına kuşku uyandırarak, gelenek tarafından bakar. İkinci bir nedeni de, geçiş süreçlerinin karmaşıklığının, kuramdan yoksun post-modernist parçalılık, belirsizlik, bulanıklık tekniklerine elverişli bir av alanı olmasıdır. Geçiş süreçlerinin tarihsel-sınıfsal belirlenimselliği ortadan kaldırılmış olur.

Orhan Pamuk, *"Benim için tarih günümüz için anlamlandırılması gereken bir dünya değildir, yalnızca bir imge deposudur. Bu hazineden işime yarayacak ne varsa çekip kullanabilirim diye düşünürüm. Tolstoy ya da Stendhal gibi tarihte olup bitenlerin anlamı nedir diye düşünmem. Bu yüzden de tarihsel gerçeklerin altında ezilme tehlikesine düşmem."* der. Çünkü post-moderniste göre gerçeklere karşı sorumluluk ve netlik, amaç ve misyon bilinci en tahammül edilmez ("ezici") şeylerdir. Böylece tarih bir puzzle gibi oyun-eğlence alanına dönüştürülür. Grizu yazarının, Zonguldak-Ereğli tarihine, kendi kurmacasına bir "sol" dekor ve imge deposu olarak yaklaşımı da, bundan çok fazlası değil.

Tarihi, bir tarih bilinci ve belleği kazandırmak/inşa etmek için değil de, Holywood'un "tarih" filmleri gibi bir "dekor" olarak ele almak, post-modern tarihsel bellek tasfiyeciliğinin karakteristiğidir. Post-modern romancıların en elverişli oyun alanının (Umberto Eco, Orhan Pamuk, Elif Şafak, vb) tarih olması, iki işlevi birden görüyor: Tarihsel mücadele birikim ve değerlerinin tasfiye edilmesi ve tarihin de piyasalaştırılması.

Grizu'da tarih: Kara delikler

Tarihe "bilimler bilimi" denir. Çünkü tarihi, özellikle de eşitsiz, düzensiz, kesintili ve çatışmalı geçiş/dönüşüm süreçlerinin tarihini kavramak için, yalnızca ele alınan süreçte öne çıkan olayları, öne çıkan belli kişileri vb bilmek yetmez. Üretici güçler/üretim ve yeniden üretim ilişkilerini, güç, iktidar ve egemenlik kurum ve ilişkilerini, sınıfsal-toplumsal öznelerini ve mücadelelerini, bu temellerden gündelik çalışma, yaşam ve yönetim örüntülerini, kültürünü-sanatını, zaman-mekan algısını, dokusunu, ve bunlardaki iç ve dış çelişkilerin ve mücadelelerin gelişim ve dönüşüm dinamiklerini bilmek gerekir.

Tarihsel romanlar deyince de, Anna Seghers'in, *"bir toplumu anlamak için yalnız ekonomisini, siyasetini bilmek yetmez, büyük tarihsel romanlarının olması ve bunların dikkatle incelenmesi gerekir"* sözüne atıfta bulunmak gerekir.

Büyük tarihsel romanlar, doğası gereği, ele alınan tarihsel süreç ve uzamın bilimsel bir incelemesine dayanmalıdır. Olabildiğince geniş, ayrıntılı, nesnel bilgi, belge, tanıklık toplanması, kütüphane ve arşiv çalışması, saha araştırması, dönemin ruhuna nüfuz etmeyi sağlayacak gazete, dergi, araştırma, edebi ürünler, ve halk içinde kuşaktan kuşağa aktarılan kolektif belleğin toplanması, sistematik incelenmesi. Roman bilim değildir, ama tarih bilimdir.

Büyük tarihsel romanların genellikle büyük tarihsel dönüşüm süreçlerini, karmaşık, sarsıntılı, çatışmalı durumları ele alması ve yeniden canlandırması, yeniden anlamlandırması, sistematik-bütünsel tarih çalışmasını gereğini yakıcılaştırır. Büyük tarihsel romanlar da sistematik bir tarih bilimi çalışması ile dönemin iç dinamik ve hareketine nüfuz etmeye çalışan ve onu yeniden üreten edebi-estetik kurgu ve yaratının kesişme noktasında yer alır. Romancı topladığı malzemeyi romanının amacına göre yeniden işleyebilir ama, en azından, nesnel, sağlam, bütünsel ve bilimsel bir tarihsel arka plan hakimiyetine sahip olduğu güvenini okura verebilmelidir. Tarihin ele aldığı dönem ve konusunun karanlık veya yanlış bilinen noktalarına dair de hem inceleme-araştırmaya dayalı hem de dönemin ruhuna ve yaşanışına ilişkin sosyo-edebi atmosfer ve bilgi üretme yeteneğini iki yönden gösterebilmelidir. Söz konusu olan işçi sınıfının oluşum ve mücadele süreçlerinin sembollerinden biri olan maden işçileriyse, bu özen gereği iki kat daha artar.

Grizu Romanı en başta bu açıdan çok büyük boşluklar taşıyor. Çünkü sorun, maden havzasının tarihine ilişkin araştırma boşlukları kadar, işçi sınıfına ve tarihine bakışta düğümleniyor. Grizu, tarih anlayışı itibarıyla da post-modernizmin belirgin etkilerini yansıtıyor.

Grizu'daki, kömür havzasının mücadele tarihine ilişkin boşluklara bir bakalım:

1- *"Uzun bir süre Osmanlı Devleti'ndeki 'ilk grev'in 1872'de 500-600 tersane işçisinin yaptığı eylem olduğu sanılagelmişti. Oysa araştırmalar, 1863'te Ereğli kömür madenlerinde bir grev örgütlendiğini ortaya çıkardı."* (Yavuz Selim Karakışla, Sosyalizm ve Toplumsal Mücadeleler Ansiklopedisi, 55. Bölüm, s. 1799. İletişim yay., 1988.) 1863'te çıkarılan Maden Nizamnamesi ve 1868 tarihli Ereğli Maden-i Hümayun Nizamnamesinde, işçilerin işyerlerini terketmelerini yasaklayıcı düzenlemeler, bu dönemlerde grevler olduğuna işaret ediyor. İlk grevin Ereğli kömür havzasında örgütlenmiş olmasının düşüncesi bile insana heyecan verirken, kömür havzası tarihini konu edinir görünen ve 19. yüzyılın ortalarından başlatılan Grizu romanında bu ilk grevin olmaması, büyük bir eksiklik.

2- Adatepeli Kız Evliyalar İsyanı olarak bilinen, halk isyan ve direnişi, 1871. Adatepe, Ereğli kazasına bağlı Devrek nahiyesinde yer alan bir Alevi köyüdür. Dönem kapitalüsyonlarla yerel pazarları dolduran "Frenk malları"yla köylerdeki el tezgahı dokumacılığının yıkıma uğradığı, ağır vergilerin yıkımı büyüttüğü, bir kriz dönemidir. Nitekim 1864-73 döneminin Avrupa'da da Polonya, İrlanda, İspanya, İtalya ayaklanmaları ve Paris Komünü ile bir devrimci sarsıntılar dönemi olduğunu bilmekte yarar var. Osmanlı'da ise 1871 Adatepe isyanını, 1872'de İstanbul'da tersane, telgrafhane, demiryolu grevleri, 1873-75 tersane grevleri izlemiş, 1876'da İstanbul'da feshane, darphane, fişekhane fabrikaları, tersaneler, tramvay ve demiryolu, Kocaeli'de demiryolu, İzmir'de dokuma işçilerinin grevleriyle, binlerce işçinin katıldığı ilk büyük grev dalgasına dönüşmüştü. 1876'da kısa süreli (ardından büyük bir baskı dalgasının geleceği) ilk Meşrutiyet ilanında, el tezgahı dokumacılarının isyanı ve ardından gelen grev dalgasının etkisi belirgindir.

Adatepe'de Dudu Hatun rüyasında, bu toplumsal-siyasal kriz ve öfke koşullarının bir dolayımı olan ilahi şeyler görür. Uyandığında başta yakın arkadaşı Esma Bacı olmak üzere köylüsünün de kendisini izlediği biçimde, kendini mehdi ilan eder. Evini yıktırıp yerine bir türbe ve dergah yaptırarak, Frenk kumaşlarına, bunları satan tüccar ve eşraf kesimlerine, devletin saldığı vergiler ve zulme karşı bayrak açar. Özü itibarıyla "*(Osmanlı zulmünden) kaçanlara selamet, duranlara (köylüye) bereket saldım. Salgını (vergileri) kaldırdım. Yezitlere lanet, Frenk kumaşları haram*" tarzındaki ajitasyon, Ereğli, Bolu, Kastamonu'dan başlayıp Ankara ve Sivas'a kadar yankılanır. Köy, başta Bolu-Kastamonu yöresinin en namlı eşkiyası Pazvantoğlu olmak üzere, Osmanlı zulmüne başkaldıranlar, zulümden kaçanlar, dervişler, müritler ile dolup taşar. Esma Bacı öncülüğünde Ereğli, Gerede, Bolu merkezleri basılarak, Frenk kumaşları yakılır, yağmalar yapılır, hapishaneler boşaltılır. Etekleri tutuşan Osmanlı bölgeye karadan ve denizden asker, top sevk eder, bölge Ereğli, Alaçatı'dan başlayarak muhasara altına alınır. Adatepe köyüne doğru direniş giderek büyür ve aylar sürer. Osmanlı ordusu aylar sonra Adatepe'ye girer, türbeyi yakar, Dudu Hatun ve Esma Bacı'yı da köye getirerek idam eder. (Sadri Ertem, Çıkrıklar Durunca. Hamit Kalyoncu, Kömürde Açan Çiçek.) Ereğli ve Bartın kömür havzasını da kapsayan, bölgede derin bir iz bırakan, halk efsanelerine ve iki romana konu olan bu isyan, kömür havzasının 113 yıllık tarihini ele alan Grizu romanında değinme kabilinden bile yok! Oysa bölgede yıkıcı kapitalist dönüşümün dinamikleri, yarı-sömürgeleşme ve ilkel birikim süreçleri zeminindeki sınıfsal, toplumsal, siyasal, kültürel sarsıntı ve mücadelelerle gerçekleşen dönüşümün önemli bir uğrağı.

3- Çınarlı'da (Bartın) 1878'te 5 işçinin öldüğü bir maden çöküntüsü yaşanıyor, ve işçiler madene girmiyor. Tahkikat yapması istenen merkez, Bartın Kaymakamlığına çektiği telgrafta "*ecel-i kaza, mukadderat-ı ilahi*" deyip "*imalata devam etmek üzere amelenin de nasihatle tedibi*"ni, yani zorla çalıştırılmasını istiyor. Romanda yok.

4- "*1894 yılında devletin madencilerin hayatını hiçe saydığını gösteren ünlü bir olay meydana gelmişti. İşçiler çalıştıkları madenin metan gazıyla dolduğunu görünce işlerini bırakıp köylerine kaçmışlardı. Buna karşılık, maden nazırı jandarma yollayıp, işçileri/köylüleri evlerinden ve tarlalarından zorla getirtmiş, işbaşı yaptırmıştı.*" (Donald Quateart, Maden İşçilerinin Hayatı: 1870-1920/Başlangıç Niteliğinde Bazı Gözlemler) Romanda bu olay, madencilerin sadece ocakların dışına çıkması biçiminde veriliyor. Binlerce madenkeşin ocakların dışına çıkıp beklemesi ile, bunu topluca firar ederek köylerine dönmenin meşruluk vesilesi yapması arasında ciddi bir fark vardır. Bu aynı zamanda, tarihe bir olumsallıklar/rastlantılar yorumsaması ve "imge deposu" olarak bakmak ile sınıfsal-toplumsal çelişkiler ve belirlenimsellik dolayında bakmak arasındaki farktır. Bir tarihsel romanda, yazarın yaşanmış ve sınıf oluşum ve mücadelesinin kolektif belleğine mal olmuş gerçekleri, kendi "üst-kurmaca"sına uymuyor diye, keyfi biçimde değiştirme hakkı var mıdır?

5- 1895'te Ereğli Maden-i Hümayun işçileri, uzun süredir ödenmeyen ücretleri için greve gider. (Taner Güven, Zonguldak Kozlu'da Kömür Madenciliği: İşletmecilik ve Çalışma Hayatı (1848-1921), Zonguldak Bülent Ecevit Üniversitesi yay, 2015) Romanda bu grev de yer almıyor.

6- Grizu'nun 3. cildinin ilk bölümleri, İkinci Meşrutiyetin ilan edilmiş olması ile başlıyor ve havzadaki 1908-13 grevlerinden parça bölük anektodlarla devam ediyor. Yaratılan izlenim, İstanbul'da birilerinin Meşrutiyet ilan etmesiyle, maden havzasındaki işçilerin örgütlenme, grev hakkına sahip olabildiği! Kusura bakılmasın ama bu tuhaf yaklaşım, günümüz TKP'sinin işçi ve emekçilerden kimsenin haberdar olmadığı halde kendilerine bir takım haklar lütfeden "Devrim" filmine benziyor! 1908 öncesinde 1902'de başlayan 1904-1908 döneminde yoğunlaşan, Selanik, İstanbul, Kavala, Manastır, Üsküp, Edirne'de grevler yaşandı. Bunlar arasında en büyüğü, Selanik'ten başlayıp yayılan 10 bin kişinin katıldığı tütün işçileri greviydi. Ücretlerin ödenmemesi temel meseleydi, ancak grevlerin gayrı-müslim özel sermaye işletmelerinde ve Osmanlı devletine ait işletmelerde aynı dönemde gerçekleşmesi önemlidir. Grev dalgasının bir diğer tarihsel mesajı işçi sınıfını yoğun baskı ve yasaklarla büyük ölçüde susturan Abdülhamit rejiminin artık işçi sınıfını kontrol edemez hale gelmiş olmasıydı. İkinci Meşrutiyet ilanının hemen öncesi aylarda bir grev dalgası daha yaşandı.

1904-5'te İzmir, Diyarbakır, Trablusgarp'tan başlayıp 1906-7'de Osmanlı'nın her tarafına olduğu gibi Karadeniz'e yayılan (ağır vergilere, tefecilere, yerel idarecilere, yer yer toprak ağaları ve istibdata karşı) kent, kasaba, köy isyanları dalgası vardır. Bu eylemlerin bir çoğunda yoksul halkın karaborsacı esnafa saldırıp dükkanlarını yağmaladığı, fırınları basıp un tüccarlarını dövdükleri, köylülerin kendilerini soyan tefeci tüccarlara ve toprak ağalarına saldırdıkları görülür. 1907-8'de ise bu kez Hatay ve Üsküp'ten başlayıp her tarafa yayılan, Balkanlarda bastırılamaz hale gelen asker isyanları yaşanmıştır.

Kömür havzasında ve köylerinde bu dönem bir isyanın olduğuna dair bir kayıt yok, ancak Balkanlar, İstanbul, Ege, Kürdistan, Yemen, Beyrut'a kadar yayılan isyan dalgaları bağlamında, Kastamonu'ya kadar dayanan isyanlar ve yerel yöneticilerin merkeze havza işçilerine bazı kırıntı hakların tanınması için çektiği telgraflar düşünüldüğünde, havzada İkinci Meşrutiyet öncesi yıllar ve aylarda en azından bir kaynaşmanın yaşanmış olduğu açık.

Kaldı ki bu isyan ve direniş dalgası çok uluslu bir karaktere sahipti. Bir dizi yöredeki isyan ve direnişlerde Türkler, Balkan halkları, Ermeniler, Rumlar, Kürtler, Türkmenler, Arapların yakın ya da iç içe bulunanları omuz omuza mücadele ediyorlardı. Erzurum, Sivas, İstanbul'da kadın eylemleri ve hak talepleri de önemlidir.

Dolayısıyla, 2. Meşrutiyet ya da Jön Türk Devrimi denilen yarım kalmış burjuva devrimi, İstanbul'da birilerinin yaptığı basit bir saray darbesinden ibaret değildir, Osmanlının merkezinde ve dört bir yanındaki işçisi, köylüsü, esnafı, zanaatkarı, askeri ve memuru, ezilen ulus ve ezilen cins mücadeleleri de önemli rol oynamıştır. Bu, elbette aşağıdan bir halk devrimi değildi, ancak yaygın kitle eylemleri dalgası Osmanlı iktidarını ciddi biçimde yıpratmış ve zayıflatmıştı. Eylemler, büyük ölçüde, saraydan radikal bir kopuş niyeti olmayan askeri ve siyasi devlet bürokrasisi, ticaret burjuvazisi ve İttihat ve Terakki'nin çizdiği ve sık sık ketlediği sınırlar içinde kalsa da, bu sınırları yer yer zorlar ve aşar. (Kömür havzasına 1906'da hem madenlerde çalıştırılmak için hem de bu yörelerdeki isyanlara karşı bir nevi sürgün yeri olarak, Dersim, Sivas, Erzurum ve Doğu Karadeniz bölgelerinden getirilenler de bu süreçte farklı bir bağ içerir.)

Meşrutiyet'in hemen sonrasında az çok kapitalistleşmiş

tüm kent ve bölgelere yayılan ve 1908 Ağustos-Eylül-Ekim aylarında doruğa çıkan ve İttihatçıların çok geçmeden getirdiği Tatil-i Eşgal Muvakkat Kanununa (grev, örgütlenme yasak ve kısıtları) karşın grevlerin devam etmesi ise, işçilerin yalnızca önceki düzene birikimli tepkisini değil, bizzat Meşrutiyet öncesinde kat etmeye başladığı sınıf dayanışması, örgütlenmesi ve bilinç mesafesini gösterir.

Üstelik Osmanlı'da 1908; Rusya'da 1905, İran'da 1906-1911, Meksika'da 1910, Çin'de 1911'de yaşanan yarım kalmış burjuva devrimler dünya-tarihsel zincirinin bir halkası, emperyalist kapitalist dönüşüm ve işçi-köylü ayaklanma ve hareketleriyle kaynayan dünya kazanının bir parçasıdır. Osmanlı'daki 1904-1908 eylemleri, Balkanlar, Karadeniz ve Doğu üzerinden Rusya ve İran'daki devrimlerin de önemli etkilerini içerir. Bu burjuva devrimlerin tamamı birkaç yıl sonra kesintiye uğradı, restorasyon, karşı-devrim gibi biçimlerle sonuçlandı. İttihatçılar da (Alman emperyalizmine yedeklenerek) emperyal, yayılmacı, ırkçı, şovenist, dinci, despotik, soykırımcı, işçi-düşmanı hezeyanlar ile 1908 öncesini aratır hale geldiler. Ancak yine tümünün ortak bir noktası, bir yandan kapitalizmin gelişimini hızlandırırken, diğer yandan köhnemiş imparatorlukları yeniden büyütmek hayaliyle bunun önüne daha büyük engeller dikmeleri; korkunç yıkım, sefalet, katliam ve savaşlarla, çelişkileri büyütmüş olmalarıdır.

Meşrutiyet öncesinde, havzadaki işçilerin konuşmalarında, düşünce, ruh hali, bakış açılarında, ilişkilerinde, mücadelelerinde ne nasıl mayalandı, değişti, bunlar gündelik yaşam ve ilişkilerine nasıl yansıdı, yok. Romanda genel olarak, tarihsel-toplumsal ve diyalektik süreç kavrayışından yoksunluk, tarihsel dönemeç noktalarının da işlenmesindeki baştan savmalık belirgin. Böylelikle; Jön Türk devrimine doğru giden sınıfsal-toplumsal iç çelişki ve mücadelelerinin tarihsel gelişimini, havzanın da bu yönde 1908 öncesi sağladığı sınıf mücadelesindeki iç birikim ve dinamiklerini yok sayıyor, tek kelimeyle, tarihi kırıyor ve fraktalleştiriyor. Havzanın en kritik 1908-1923 dönemecini de anlaşılmaz hale getiriyor.

7- 1908-19 döneminde, 4'ü Ereğli Madenleri, 2'si Kozlu, 2'si Gelik madenleri olmak üzere tam 9 maden işçisi grevi vardır. 1909 yılında işçilerin kırdıkları küreklerin yenisini kendilerinin almasını şart koşan Fransız Ereğli Şirket-i Osmaniyesi, işçilerin grevi üzerine aynı gün bu dayatmadan vazgeçmiştir. Gelik maden işçileri, hastane inşasının parasının kendilerinden kesilmesine, eksik iş bahanesiyle ücret kesintilerine, kırılan kazmaların kendilerine aldırılması ve iş cinayetlerine karşı greve gittiler (1909, 1910, 1922). Gelik'in bu dönemde havzadaki işçi hareketinin lokomotifi olduğu, Şirket-i Osmaniye'nin grevlere karşı götürü yöntemini başlattığı biliniyor. (Tamer Güven, age) Romanda bu grevlerin sadece birkaçı öncesiz veya sonrasız bölük pörçük anektodlar olarak yer alıyor. Kırılan kazma-küreklerin işçilere aldırılmasının dayatılmasına karşı grevler de yok!

8- Romanda İkinci Meşrutiyet ilanı sonrası Ereğli havzası grevlerinden sadece birkaçı bölük pörçük verilirken, Osmanlı çapındaki 1908 grevleri dalgası ise hiç yok. Osmanlı çapında 100 binden fazla işçinin grevler dalgası (bazı emek tarihçilerini buna bir merkezi ve yöneticisi olmayan "genel grev" olarak tanımlar, örn. Zafer Toprak) Kavala'da tütün işçilerinin başlattığı, tüm işçiler ve esnafın katılımıyla kent genel grev genel direnişi, Selanik'te askerin emre karşı gelip grevlere müdahaleyi reddetmesi, Samsun'da tütün rejisi işçileri ile reji nezarethanesi arasında 2'si ağır 8 kişinin yaralandığı silahlı çatışma, İzmir-Aydın demiryolu grevinde jandarmanın süngü hücumuyla bir kişiyi öldürmesi üzerine grevin sertleşmesi, işçilerin telgraf tellerini kesmesi, depoları yakması, grev kırıcıları derdest etmesi ve İzmir'deki askeri birliklerin çaresiz kalması üzerine İstanbul'dan sevkedilen ordu ile grevin bastırılabilmesi, gibi işçi sınıfı tarihinde iz bırakmış pek çok olgu değinme kabilinden bile yok.

9- 1. Dünya savaşı sırasında maden işçileri arasında Ereğli Şirketi'ne karşı öfke büyüyor, yer yer eyleme dönüşüyor. Zonguldak'ta Rus hava bombardımanın ardından, Gelik'ten yüzlerce maden işçisi ellerinde kazma, keser, ateşli silahlar ve büyük bir öfkeyle, EKİ yönetim merkezini basmak ve yetkilileri öldürmek amacıyla, Zonguldak'a doğru yürüyüşe geçiyorlar. (Aktaran: Daniel Quateart, age) *"Bu girişim ancak güç kullanılarak önlenebildi ve bölgede sıkıyönetim ilan edildi."* (E. Attila Aytekin, Tarlalardan Ocaklara Sefaletten Mücadeleye: Zonguldak-Ereğli Kömür Havzası İşçileri 1848-1922, Yordam Kitap, 2007) Romanda yok.

10- 1917'de Rusya ordusu Erzincan ve yöresine kadar gelmişti. Ancak Rusya'daki 1917 Devrimiyle birlikte Bolşevik Rus askerleri (asker üniforması içindeki Rus işçi ve köylüleri) devrim, halk yönetimi, konsey ajitasyon ve propagandası yaparak Erzincan ve yöre halkıyla kaynaşmış, Ekim Devrimi'nden sonra Erzincan'ın yönetimini kurulan halk şurasına bırakarak çekilmişti. Erzincan'da Kürt, Ermeni, Türk emekçiler de kardeşleştikleri Rus askerlerini, şehirdeki idari binalara kızıl bayraklar çekerek uğurlamışlardı. Bu hareket Erzincan çevresindeki Erzurum, Bayburt, Sivas ve Dersim'e kadar yankılandı ve etkiledi. Ancak Bolşevik askerlerin çekilmesinden sonra zayıflayan konseyde Erzincan delegelerinin bir kısmı Saray'a bağlılık bildirince, Konsey merkezi Dersim'e taşındı. Saray bu bölgelerdeki Şura hareketini Ocak 1918'de bastırabildi. Türkiye tarihindeki tek emekçi konseyi deneyiminin romanda olmaması büyük bir boşluk. Oysa, Mustafa Kemal'in Anadolu'ya gelmesi bile, Erzincan-Dersim Şurasından sonra Anadolu'da Bolşevik etkisi ve Şura hareketlerinden korkan İngiliz emperyalizminin bir Osmanlı komutanının bölgeyi teftiş ve ek önlemler gerekiyorsa alınması için gönderilmesini istemesi ile olmuştu. Mustafa Kemal daha sonra çöken İttihatçılardan devşirdiği kadrolarla birlikte Anadolu'da başlayan yerel ulusal hareketlerin organizasyonuna girişmekle birlikte, Erzincan Şurası'nın (ve Dersim'in desteğinin) Anadolu'daki gölgesini asla unutmayacak, gücü ele geçirdiği her yerde, her türlü sosyalist, sol ve ezilen ulus mücadelesinin "kökünü...", Koçgiri, Pontus-Rum, Mustafa Suphi, Yeşil Ordu, Halk Zümresi, Halk İştirakiyun Fırkası'ndan başlayarak "... amansızca kazımaya" çalışacaktı! Romanda yok.

11- 1921'de henüz milli savaş sürerken, Ankara hükümeti, Ereğli maden kömürü havzasına özel, maden işçilerine kısmi haklar tanıyan bir iş kanunu çıkarır ve güdük bir yardım kurumu olan Amele Birliği'nin kurulmasını öngörür. Bazı emek tarihçilerinin Cumhuriyet'in daha kurulmadan önceki ilk iş ve sosyal yardım kanunu olarak tanımladıkları kanun, aslen Ereğli maden işçilerinin 1908'den itibaren mücadelelerinin bir sonucudur. Ancak asıl işlevi, maden işçilerinin bağımsız sendikalaşmasını engellemek ve Bolşevik Devrimin etkilerinden uzak tutmaktır. Romanda bu kanun, 1921-23 döneminde bu kanun ve Amele Birliği çerçevesinde, maden işçileri, Fransız Ereğli maden tekeli ve Ankara hükümeti arasındaki üçlü güç ilişki, denge ve mücadeleleri de yok.

12- Romanda 1923 itibarıyla Ereğli-Zonguldak havzasında tek grev veriliyor. Oysa 1923'te Ereğli'de bir değil, kısa aralıklarla yapılan tam 4 grev vardır. Cumhuriyet ilanından hemen önceki aylarda yapılan bu 4 grevin sonuncusu, hiçbir ekonomik istem içermez, havzadaki Fransız emperyalist maden şirketinin havzadaki varlığına son vermeyi amaçlayan, sınıf dinamiklerini de içeren antiemperyalist ve doğrudan siyasal bir niteliğe sahiptir. Kemalist hükümet tarafından zorla bastırılır. Romanda yok. Türkiye çapındaki 1923 grevleri dalgası da romanda yer almıyor.

13- 1925 yılında yine en büyüğü Zonguldak kömür madeni havzasında olmak üzere, Türkiye çapında toplam 32 bin işçinin katıldığı 10 grev vardır. 1925-29 dönemi grevleri, Takrir-i Sükun koşulları altında yürütülmeleri, madenler, demiryolları, tramvay, limanlar, telgraf gibi en kritik ekonomik-sınai alanlarda gerçekleştirilmesi, alt düzey memur ve zanaatçıların da örgütlenme ve mücadele girişimlerini kapsaması, Kemalizm'in "Türkiye'de hiçbir biçimde sınıf kavgası yok" doktrinin daha ilk elden iflasına yol açması, bazı grevlerin çarpışmalara dönüşmesi, İstiklal Mahkemeleri, tutuklamalar ve kanla bastırılmış olmaları (liman ve demiryolu grevlerini bastırmak için gönderilen askeri birlikler grevci işçilere ateş açmıştı), bu grevlerin ardından Kemalist rejim kendi denetimi altında tutmaya ve faşist bir örgüte dönüştürmeye çalıştığı en ılımlı Amele Teali Cemiyeti'ni bile en ufak özerklik eğilimi gösterdiğinde 2 kez kapatmış olmasıyla, tarihsel bir öneme sahiptir. (Bkz. A. Şnurov, Türkiye Proletaryası.) Romanda yok.

14- 1930'ların sonlarına doğru kömür madeni şirketleri, işçiler ve emek-gücü piyasası üzerinde hakimiyetlerini sınırlayan amele çavuşluğu sistemini tasfiye ederek işçi alım bürosu sistemini dayatıyorlar. Amele çavuşlarının başını çektiği işçiler, büyük bir tepki ve direnç geliştiriyorlar. Maden şirketlerinin bu uygulaması bu direnç karşısında kısa sürede çöküyor. Romanda yok.

15- 1930'ların sonlarına doğru maden şirketinin ücretleri düşürme girişimlerine karşı da madenlerde büyük bir tepki dalgası daha ortaya çıkıyor. Romanda bu dahil, ücret mücadeleleri yok.

16- 1930'ların ikinci yarısında Zonguldak'ta termik santral, antrasit (asfalt) ve kok fabrikaları, merkez tahlisiye istasyonu, Karabük'te ise Zonguldak kömürüne dayalı demir-çelik fabrikaları kurulur. 1941-43 "büyük amenajman projesi" ile, Zonguldak ile Kozlu, Asma, Çaydamar, Çatalağzı, Armutçuk demiryolları, merkez atelye, ambarlar, hangarlar ve yeni lavuarlar yapılır. 1945-50'de tüm havzaya yol, su, elektrik şebekeleri döşenir. 1948-56'da "üçüncü amenajman projesi" kapsamında, yeraltı ocaklarında ana lağımlarda çelik bağ, ayaklarda çelik direk ve sarma kullanılması, elektrikli lokomotif (troley) ve 5 tonluk vagon kullanılması, tek zincirli konveyör kullanılması ile basınçlı hava enerjisi ve buna bağlı olarak martopikör ve matoperferatör kullanılması gibi teknolojik yenilemeler yapılır. Yeni lavuarlar, kömür yükleme tesisleri, havai hatlar, termik santral, kok ve briket fabrikası, oksi-asetilen fabrikası kurulur, merkez atelyesi imalat tesisine dönüştürülür. Zonguldak limanı ve demiryolları genişletilir. 1960'de Ereğli Demir-Çelik'in yapımına başlanır, 1962'de Bartın Çimento fabrikası tamamlanır. Bu aynı zamanda havzada sanayileşmenin; bir kutupta entegre sermaye yoğunlaşmasının diğer kutupta işçi yoğunlaşmasının yeni düzlemidir. Romanın ilgili son cildinde, toplam binlerce işçinin çalıştığı yeni tesis ve altyapı inşaatı işçilerinin, demiryolu, liman, termik santral işçilerinin, kok, antrasit, asetilen, tuğla, çimento fabrikası işçilerinin, demir-çelik fabrikası işçilerinin durumunu ve maden işçileriyle ilişkilerinin ne olup olmadığını göremiyoruz. Bu gelişmelerin madenlerde üretim ve emek organizasyonunu, işçi bileşim ve bilincini, 50'li yılların ikinci yarısından itibaren ve 60'lı yıllardaki havzadaki işçi hareketlerini nasıl etkilediğini göremiyoruz.

Kömüre dayalı Karabük Demir Çelik, "fabrika kuran fabrika" olarak bilinir ve demir-çeliğe dayalı sanayinin gelişiminde rol oynar. Zonguldak bu yatırımlarla daha entegre bir sanayi kenti haline gelirken, Kardemir de sonraki dönemlerde binlerce kişilik montaj ekibiyle, Afşin Elbistan Termik Santralleri, PETKİM, Seydişehir Alüminyum, Karakaya Barajı, Fırat Köprüsü, Pendik, Taşkızak ve Alaybey Tersaneleri, Erdemir ve İsdemir demir-çelik fabrikaları, TRT ve PTT anten kuleleri, çay, şeker, çimento fabrikaları, Etibank işletmeleri, askeri tesislerin inşasında kilit rol oynamıştır. Kömürden başlayarak, bu üretim ve emeğin daha ileri toplumsallaşmasına geçiş safhaları da romanda yer almıyor. Üretimin ve emeğin toplumsallaşma ve entegrasyon düzeyindeki ilerlemeye karşın, önemli ölçüde Fransız emperyalist kapitalist maden şirketi dolayındaki mücadeleler içinde şekillenmiş Ereğli-Zonguldak maden işçileri ile adeta Kemalist Cumhuriyetin bir "toplum mühendisliği projesi" çerçevesinde şekillenmiş Kardemir işçisi arasındaki belirgin farklılıklar, Türkiye işçi sınıfı tarihini anlamak açısından oldukça önemlidir. (Bkz. Ali Karatay, Karabük Demir Çelik: Bir İşçi Kentinin Hikayesi. İletişim yay. İstanbul. 2018)

17- İkinci Mükellefiyet döneminde, muhtarlara getirilen, zorunlu çalışma kapsamında olanların listesini yapıp teslim etme yükümlülüğü var. Muhtarlar işçi başına komisyon aldığından, bunu şevkle uygularken, mükellefiyet kapsamında olmayan yaşlıları bile yazarken, kendi çocuk ve akrabalarını rüşvetle kayırıyorlar. Ancak bu uygulamaya direnen muhtarlar da var. Taban basıncı ve tepkisinin etkisiyle köylüsünü veya mahallelisini korumaya çalışan bu muhtarlar, listeleri geciktirerek, vermeyerek, ya da eksik vererek, kaymakam ve yerel bürokrasinin haksızlıklarına karşı protesto dilekçeleri hazırlayarak, direniyorlar. Örneğin 1943'te Safranbolu'da 67 muhtar, Ulus köylerinde 7 muhtar, zorla işe alım uygulamasına direndikleri için ağır cezalara çarptırılanlar arasında. (Nurşen Gürboğa, Mine Workers, the State and War: The Ereğli-Zonguldak Coal Basin as the Site of Contest, 1920-1947, Boğaziçi Üniversitesi, 2005) Grizu'da yok. İkinci Mükellefiyet, Zonguldak genelinde kaldırılmadan 1.5 yıl önce, Ulus ilçesinde kaldırılır. (Dr. Rebii Barkın, Mükellefiyet Mevzuunda Bir Açıklama, Günün Sesi, 1956) Bunda, Ulus'ta Mükellefiyete karşı direnişin daha kolektivize ve güçlü olmasının rolünü tahmin etmek zor olmasa gerek. Grizu'da yok.

18- İkinci Mükellefiyet döneminde, yaygın firarlar ve kendini sakatlamalar kadar, mükellefiyete hiç uymama, iskan yerini değiştirme, Kanunun istisnai durumlar, yaş sınırları, başka yerde çalışma gibi açıklarını ve sınır bulanıklarını kullanma; kendine uyuz ve tifüs gibi hastalıkları bulaştırma, sağlık ve EKİ personeline rüşvetle hastalık raporu ve izin alma, sabotaj, maden şirketlerinden kömür, dinamit, gıda gibi malzemeler aşırma; özellikle ekim ve hasat zamanları madenleri topluca terkedip köyüne gitmeyi doğal hakkı olarak görme, bitkinliğin yanısıra mümkün olan her an kazmayı bir yana atıp çalışmama ve iş yavaşlatma, dilek özlem ve tepkilerini dile getiren türkü ve şiirler, gibi geniş bir enformal direniş ve ihlaller repartuarı var. (Erden Atilla Aytekin, Workers of the Ereğli-Zonguldak Coal Basin 1848-1922, Bilkent Üniversitesi, Haziran 2001. Murat Metinsoy, Gündelik Yaşamda Sınıf Mücadelesi ve Direniş: Türkiye'de İkinci Dünya Savaşı Sonrası Sosyal Politikaların Gelişiminde İşçi Sınıfının Rolü, İktisat Siyaset Devlet Üzerine Yazılar içinde, Bağlam y. 2006)

Mükellefiyet ve Milli Koruma Kanunu koşullarında açlık, kıtlık, iaşe, salgın hastalıklar, barınma, ulaşım sorunları ve bunlara karşı tabandan istem ve girişimler laf arasında bir iki malumat dışında edebi olarak işlenmiyor.

Burada önemli olan, işçilerin kendilerine zorbalıkla dayatılanlara karşı olabilecek her türlü fiili ihlal yöntemini son derece meşru görmesi ve işçiler ve yerel halk arasında ilişki ağlarının bu tarzda işletilmesinde de bir konsensusun bulunmasıdır. Bunlar tek tek ele alındığında önemsiz görünse de, toplamda kanun ve otoritelerin aşındırılmasında birikimli bir etki yaratır. Yerel makamlara, devlet partisine, onların yerel toplantı ve kongrelerine sayısız biçimde iletilen kolektif şikayet, tepki ve talepler de, arka planda bu hergünkü enformal itaatsizlik, ihlal, firar pratiklerinin toplam ve birikimli etkisiyle, üretkenliği düşürmesiyle, havzada dolaşmaya başlayan tepki potansiyelini göstermesiyle bir yaptırım gücüne sahip olabilir. Grizu'da bu yöntemlerin çoğu da yer almıyor ve kolektif şikayet ve talepleriyle iç bağıntısı kurulmuyor.

19- İkinci Mükellefiyet döneminde, Dr. Sabire ve Hulusi Dosdoğru'ların Zonguldak'ta maden işçileri sağlığı için verdikleri mücadele. Havzadaki işçi ve halk sağlığına ilişkin çalışma ve mücadeleleri, Türkiye'de toplum sağlığı ve işyeri hekimliği konularında öncü olarak kabul edilmektedir. EKİ Gelik işçi dispanserinde çalışırken, Tan gazetesinde, Eylül-Kasım 1945 döneminde 15 yazıları, 1946'da TSEKP'in Sendika dergisinde takma adla yazıları yayınlanır. Çalışmaları ve yazıları havzada ve İstanbul'da yankı yaratır. Baskılarla Zonguldak'tan uzaklaştırılırlar, Hulusi Dosdoğru 1946-47 yıllarında iki kez tutuklanır, 1951 tevkifatı ve 6-7 Eylül olaylarında gözaltına alınır. Ömürleri boyunca muayenehanelerine gelen, üzerlerinden onların sağlık reçeteleri çıkan hastalarına bile baskı yapılır. (Sabire/Hulusi Dosdoğru, Sağlık Açısından Maden İşçilerimizin Dünü Bugünü, BDS yay. 1990) Romanda yok.

20- Havzada İkinci Mükellefiyetin hemen her açıdan başarısızlığını burjuva faşist düzenin bir çok yetkilisi bile kabullenmek zorunda kalıyor. Rejimin maden işçisine "ancak askeri olarak disipline edilebilecek ilkel, cahil, aptal, tembel köylü" diye bakışı, maden işçisinin ve havza ahalisinin sergilediği direnç ve hak bilinci karşısında dumura uğruyor. Burjuva faşist düzen emperyalist savaş sonrasında mükellefiyeti birkaç yıl daha sürdürmeye çalışsa da, maden işçisini ve havzayı artık mükellefiyet ile yönetemez hale geliyor. İşçiler ve yerel kanaat önderleri, yalnızca mükellefiyetin kaldırılmasını değil çalışma koşul ve sürelerinin iyileştirilmesi, sendikal örgütlenme özgürlüğü, tazminat, emeklilik, sosyal haklar gibi kolektif sınıfsal hak taleplerini de ileri sürüyorlar. Yok.

21- İkinci mükellefiyetin sonlarına doğru ve sonrasında maden işçileri çok kısmi ücret ve sosyal hak kazanımlarına karşın mükellefiyet yıkımını asla unutmazlar. 1950 seçimlerinde, işçilere izin verilmediği halde, yaygın ve nisbeten siyasi denebilecek fiili iş bırakma eylemi gerçekleşir. Binlerce işçi iş bırakarak ve yakalanmamak için dağlardan, ormanlardan geçerek, oy vermeye gider. Yok.

22- Demokrat Parti'nin yasaya koyduğu yerel asgari ücret tespit komisyonlarını hayata geçirmemesi, Zonguldak Maden-İş'in başvurularını reddetmesi, havzada tüm 1950'lere yayılacak bir mücadele konusu haline geldi. 1958 krizi sırasında Sendika, Ankara'ya Zonguldak'ta asgari ücret komisyonu kurulması istemiyle bir heyet gönderdi. Heyette, 12 yaşında yerüstü işçisi olarak EKİ'de çalışmaya başlamış, 1946'da DP'ye katılarak Balkaya Ocak Başkanı olmuş, daha sonra Sendika genel başkan yardımcılığına kadar yükselmiş Mehmet Alpdündar da vardı. Heyet, yalnızca asgari ücret komisyonu değil, toplu iş sözleşmesi ve grev yapma hakkı, iaşe bedellerinin artırılması, yıllık ücretli izin ve madenlerde emeklilik yaşının 50'ye indirilmesi gibi maden işçisi taleplerini Sanayi Bakanına iletti. Reddedilince Ankara'da bir basın toplantısı yaptı: "Zonguldak işçisi kolektif mukavele ve grev hakkı istiyor" diye gazetelerin baş sayfalarına çıkması ve yarattığı yankı üzerine, Çalışma Bakanı, Zonguldak'ta asgari ücret tespit komisyonu kurulmasına izin vermek durumunda kaldı. Ancak sendikacılara yoğun baskı yapıldı ve maden işletmesi, komisyonun tespit ettiği asgari ücreti uygulamaya koymadı. Sendika bunun üzerine yine Alpdündar'ın başkanlığında bir heyet gönderdi, yine reddedildi ve tehdit edildi. Alpdündar, bir basın toplantısı daha yapıp fiili iş yavaşlatma restiyle karşılık verdi: *"Memleketimizde grev yasaktır, fakat iş başında randıman verilmemesi yasak değildir. Artık o zaman her halde işçinin isteğinin aksine karar verenler yeni bir çare arayacaklardır. Biz ihsan ve lütuf istemiyoruz, sadece sudan, havadan ve ziyadan mahrum olarak sarf ettiğimiz emeğin karşılığını istiyoruz. Ve bunu alacağız."* dedi. Bu açıklama DP Hükümetini çıldırttı ve Alpdündar madendeki işinden atıldı. 1959'daki sendika kongresinde işçi delegelerinin 3'teki ikisi Alpdündar'ı desteklemesine karşın, Hükümet, Zonguldak Valiliği ve polisin yoğun baskı, hile ve entrikaları ile, DP'nin adayı kazandırıldı. Alpdündar, DP'den ayrılarak CHP'ye geçti. 27 Mayıs Darbesinden sonraki ilk kongrede Sendika başkanı seçildi.

Havzadaki ilk toplusözleşme ve işçiler için ucuz satış malları mağazasının açılmasıyla, işçilerin geçim koşullarında kısmi iyileştirmeler sağlandı. Ancak Alpdündar, aidatları 4 kat artırarak ve profesyonel sendikacılığı başlatarak, o dönemin valilerinde bile olmayan lüks arabalarıyla dolaşarak berbat bir geleneğin de başlatıcısı oldu. Sendika içi çatışmalar yine kızıştı. 1964'de olağanüstü kongre isteyen ve yerel şubeleri de kapsayan bir muhalefet oluştu. Asıl ucuz satış mağazasından ve sendikanın güçlenmesinden rahatsız olup güç birliği yapan Adalet Parti'li ve CHP'li yerel egemenler ve işçiler üzerindeki mutlak otoriteleri sarsılan başmadenci, başçavuşlar vb muhalefetin başını çekiyordu. Alpdündar'ı Zonguldak Valisi'ni harekete geçirip icra kuruluyla yönetimden düşürdüler.

1965 grevini tetikleyen liyakat zamları konusunda, TİP yerel örgütü ve Alpdündar çevresinden işçilerin birlikte hareket ettikleri, toplantılar yaptıkları, bildiriler dağıttıkları biliniyor. Kuşkusuz Grev, kömür işçileri içinde yılların birikiminin sonucudur. Ancak, Alpdündar'ın 1966'da Zonguldak Maden-İş'ten ayrılarak Türk Maden-İş Sendikasını kurmasının da zeminini oluşturmuştur. Bu sendika 1967'de DİSK'in kurucuları arasında yer aldı. 1968'de EKİ ile TİS görüşmelerinin tıkanması üzerine maden işçileri 3 günlük fiili grev ve eylemler gerçekleştirdi. Alpdündar ve 9 işçi "grev tahrikçiliği ve yasadışı beyanname dağıtmaktan" tutuklandı. Türk Maden-İş Sendikası ve TİP üyesi 100 maden işçisi işten atıldı. Romanda 1958-59'da Alpdündar çevresinde gelişen sendikal muhalefet ve kongreye dair bir anektod dışında, öncesi ve sonrası ile bu süreç de yer almıyor. (Bkz. Mustafa Yüce, Mehmet Alpdündar'ın Zonguldak Kömür Havzası İşçi Hareketleri İçindeki Yeri. Zonguldak Sempozyumu Bildirileri, 2014. Bülent Ecevit Ün. Yay. No: 11.)

23- Romanın bitirildiği 1965 Kozlu büyük grevi öncesinde, 1962'de Ereğli'de Demir-Çelik fabrikasının Morrison gibi büyük ABD tekelleri tarafından yürütülen inşaatı çerçevesinde büyük işçi-işsiz eylemleri yaşanır. Erdemir Demir-Çelik fabrikasının inşası, havzanın içinden ve dışından çok sayıda işsizi Ereğli'ye çeker. İnşaat işçilerinin ve atılan işçilerin ve işsizlerin eylemleri atar. Türk-İş Ereğli'de bir miting yapacak olur, devlet baskısıyla vazgeçer. Ankara'yı 1962'de sarsan "açların yürüyüşü"nün öncülerinden "Fukara Tahir" adıyla bilinen Yapı-İş Sendikası başkanı Tahir Öztürk, Ereğli'de mitingin yapılacağını duyurur. Jandarma miting öncesi işsizleri zorla toplayıp kamyonlarla Ereğli'nin dışına atar. Buna karşın işçiler, işsizler, bir kısmı kum kamyonlarına doluşarak bir kısmı dağlardan yürüyerek sabah Ereğli'ye girip Yapı-İş şubesi önünde toplanırlar. Binlerce işçi ve işsiz, "Kapitalist zihniyete paydos", "Tahditsiz grev istiyoruz", "Asgari ücret", "İş, ekmek" gibi dövizlerle Hükümet Meydanı'na yürüyüp, Ereğli tarihinin en büyük işçi mitinglerinden birini yapar. Ertesi gün Morrison, mitinge katılan 150 işçiyi atınca, meydanda toplanıp büyüyen bir işçi işsiz kitlesi şantiyeye yürür. Bir karşılık çıkmayınca büyük bir işçi ve işsiz kitlesi, dikenli telleri yıkıp şantiyeyi işgal eder. İşçilere saldırmayı göze alamayan jandarma komutanının aracılığıyla şirket İstanbul'daki merkezinde Yapı-İş'le görüşmeyi kabul etmek zorunda kalır. O görüşmede sonradan adı "Morrison Süleyman"a çıkacak olan Morrison'un Türkiye temsilcisi Süleyman Demirel de vardır. Romanda Ereğli'deki 1962 büyük işçi eylemleri ve bunun Zonguldak'taki yansımalarının olmaması, 1958-59 Zonguldak Maden-İş Sendikası tabanındaki mücadeleler ve 1965 büyük Kozlu grevi arasındaki kritik tarihsel bağlantı halkalarından birini daha kopartıyor.

24- Maden işçiliği, özellikle yeraltı kömür madeni işçiliği, görece dışa kapalılığı, maden işçiliğinin kuşaktan kuşağa aktarılması, çalışma ve yaşam koşullarıyla diğer toplumsal sınıf ve katmanlardan daha keskin çizgilerle ayrışması ve dışlanması, sürekli kötü muamele ve aşağılamaya maruz kalması, yaşanan ortak acıların büyüklüğü, büyük çaplı yığın emeği olması, çok ağır ve tehlikeli çalışma koşullarının iş deneyimi paylaşımını, birbirini kollama ve dayanışmayı zorunlu kılması, gibi nedenlerle, sınıfsal olarak kolektif karakter, dayanışma ve militanlığa en yatkın işçi kesimlerindendir. Dahası, yalnızca kuşaklar boyunca hafızalarda yer eden büyük, militan, kitlesel grevler değil, çok çeşitli direniş biçimleri maden işçisinin gündelik yaşam, bilinç ve kültürünün ayrılmaz parçasıdır. Grizu'da birkaç kolektif grev anektodu var, ama yalnızca anektod olarak. Gündelik yaşamdaki sınıf pratikleri ise romanın iç dokusu haline dönüşmüyor.

Bunlar, Romanın tarihsel, sınıfsal altyapısını kaydıran çok büyük boşluklar. Edebiyat ve eleştiri kuramcılarından Pierre Macherey, edebi bir yapıtın söyledikleri kadar söylemedikleriyle yazarının ve yazdığı dönemin bakış açısı ve ideolojisiyle bağlantılı olduğunu ortaya koymuştur. Buna göre bir metnin bakış açısı ve ideolojisi, ele aldığı tarihsel-toplumsal dönemin gerçeklerine ve ruhuna dair yazdıklarından çok yazmadıklarında, sustuğu yerlerde kendisini gösterir. Edebiyat eleştirmenin de asıl konuşması gereken, ilgili metnin kararttığı alanlardır. Grizu'da bu büyük boşluklar, çoğu bir zemine dayanmayan, kültürel, dilsel, imgesel, mikro-gündelik yaşamsal plandaki üst kurmaca öykücükleri köpüğü ile örtülüyor. Orhan Pamuk'un dediği gibi, *"tarihsel gerçekler altında ezilmemek"* adı altında, tarihsel gerçekler eziliyor, büyük bölümü yok sayılıyor.

Tarihsel gerçek sınıf mücadelelerinin önemli bir bölümü budanarak edebi yaratıcılığa yer açılabileceği sanılıyor. Bu, post-modernizmin; özgür hayal gücü ve yaratıcılığın; tarihsel-toplumsal gerçekliğin sınıf mücadeleleri deneyimlerini içeren iç gelişim sürecine nüfuz etmekte değil, gerçekliğin kıyısından köşesinden türetilen soyut-öznel meta (üst) kurmacalarda olduğu anlayışının bir ifadesidir. Oysa gerçekliğin tarihsel-diyalektik materyalist bilgisi, kavranışı ve iç hareketi olmadan yapılacak üst kurmacalar, gerçekçi yaratıcı kurguyu ifade etmez. Yalnızca gerçekliğin bazı kesitlerinin anektodlar olarak içine serpiştirildiği, öznel-keyfi bir kurmacayı ifade eder.

Gerçekten yaşandığı bilinen irili ufaklı sayısız maden işçisi kolektif direniş ve eyleminin, havzadaki sınıfsal ilişki biçimleri ve değişimlerde, işçi sınıfının oluşumunda, bir işçi bilinç, kültür ve dayanışmasının gelişiminde, dahası madencilerin ve havza ahalisinin gündelik yaşamında, toplumsal-edebi gerçekliği işlerken, nicel ve nitel olarak daha örgün bir yer tutması beklenir. Çünkü irili ufaklı sayısız grev, direniş, isyan ve itaatsizlik biçimi, üretim ve iktidarın sınıfsal güç ilişkileri üzerinde etkide bulunmakla kalmaz, işçinin gündelik bilinç, yaşam ve ilişkilerini de etkileyip yeniden şekillendirerek bunların dönüşümünde kritik bir rol oynar. Kaldı ki çalışma alanının dışındaymış gibi görünen gündelik yaşam ve ilişkiler de; zaman ve mekanın şekillenişi ve kullanımı, beslenme, barınma, ulaşım, iletişim, sağlık, eğitim, cinsellik ve tabii siyaset de, sınıf mücadelesinin birbirine ve üretim ve emek ilişkilerine bağlı alanlarıdır.

Bir anda ve dış bir etkenle patlamış görünen büyük grev, isyan, direniş hareketleri, gerçekte yıllar boyunca alttan alta mayalanmaların ürünü olarak ortaya çıkar. Mevcut sömürülme ve ezilme koşulları altında, gündelik sınıf pratikleri (dert ortaklığı, duygudaşlık, dayanışma, belli sınıfsal düşünce, tutum ve davranışların yaygınlaşması, sermaye ve idareye karşı kırmızıçizgilerin şekillenmesi, işçiler içinde bir çıkar ortaklığı ve sermaye ile çıkar karşıtlığı anlayışı) ilmek ilmek örülür. Oysa Grizu'da, bir yandan kömür havzasındaki işçi ve emekçi grev, isyan, direnişleri tarihine dönük büyük boşluklar, diğer yandan gündelik sınıf pratiklerinin işlenmesindeki büyük boşluklar, daha ilk ciltten itibaren romanı kevgire dönüştürüyor. Madenlerde en bilinen, 1908 ve sonrası birkaç büyük greve ise, bazıları öncesiz bazıları sonrasız parça anektodlar olarak yer veriliyor.

Türkiye'de küçük burjuva sol ve aydınlar arasında on yılların eskitemediği ana akım bir anlayış, Türkiye'de bir işçi sınıfı karakterinin hemen hiç gelişmediği, işçilerin az sayıda birkaç büyük grev kesiti ve dağınık bireysel tepkiler dışında, herhangi bir sınıf bilinci ve kültürü belirtisi göstermeyen uysal emek-gücü olduğu yönündedir. Türkiye'deki işçi sınıfı ve tarihine de, Batı'daki proleterleşme süreçlerinden umutsuz bir sapma olarak bakılır. Roman bu yaklaşımlardan ayrışmıyor.

İşçi sınıfının serbestçe gelişmesinin önündeki engeller

Marksizm, işçilerin çalışma, yaşam, yönetilme koşullarına, bunlardaki değişimlere, bu çerçevedeki acılarına, özdeneyim ve mücadelelerine büyük bir önem verir. Farklı sermaye birikim evreleri çerçevesindeki üretim ve emek organizasyon biçimleri, fabrika mevzuatı, idari düzenlemeler, yasalar, çalışma süreleri, ücretler, cezalar, dayaklar, borçlar, iş cinayet ve hastalıkları, işçilerin beslenme, barınma, ulaşım, sağlık, eğitim, fizyolojik mental moral kültürel koşulları, yaş, cinsiyet, ulus, etnisite, göçmenler, dine dair özgül durumlar, kriz ve savaş durumları, işsizlik, sefalet, dullar, yetimler, sakatlar, sayrılılar, dilenciler, muhtaçlar, lümpenler, ... Engels'in İngiltere'de İşçi Sınıfının Durumu, ilk işçi sınıfı/kent etnolojisi olarak kabul edilir. Marx'ın yapıtlarında (Kapital, 1. Enternasyonal belgeleri, 18 Brumaire, vd) işçi sınıfının çalışma, yaşam, yönetilme koşullarını ve bunlardaki (sermaye birikiminin biçim ve evrelerine, mücadelelere bağlı) değişimleri somut olarak değerlendirdiği, çalışma, işgününün kısalması, örgütlenme, geçim, zaman, işbölümü, özerklik, sağlık, barınma, sosyal ve idari haklar, toplanma, örgütlenme, grev, genel oy haklarına... ilişkin geniş ve derin bölümler vardır.

Marx, Kapital'in 1. Ciltinin önsözünde, bunları *"işçi sınıfının serbestçe gelişmesinin önündeki yasal olarak kaldırılabilir bütün engellerin kaldırılması"* mücadelesi kapsamında değerlendirir (ve tabii devrim ve sosyalizm amacına bağlar). Bundan anlaşılması gereken, 1- Gelişen kapitalist ilişki ve egemenlik biçimlerinin, prekapitalist ilişki ve despotizm biçimlerinin işine gelen yanlarını muhafaza ederek ve bunlarla iç içe geçirek, işçinin acılarını ve köleliğini iki kat artırması. 2- Kapitalizmin işçiyi toplumsal varlık/sınıf olarak görmemesi, tüm işlevi sermayenin en hızlı biçimde büyütülmesi için azami çalışma, benzin alır gibi iyi kötü yemek yeme ve gelecek emek-gücü kuşaklarını üretme olan iş araçlarına indirgemesi, bunun dışında hiçbir sınıfsal, sosyal, siyasal hak ve özgürlük tanımamasıdır. Marx, işçi sınıfının (nicel ve nitel) gelişim derecesine göre kendi önüne konulan bu ağır engelleri eninde sonunda kaldıracağını, ancak burjuvazinin bu engellerinin ne kadar yoğun ve uzun sürdürdüğüne göre, bu mücadelenin de o kadar şiddetli biçimler alacağını, vurgular.

Şimdi kömür havzasında prekapitalist engellerin ilk eldeki biçimlerine bakalım: 1- Maden şirketleri ücretleri ayni olarak ödüyordu. İşçiler ihtiyaç duymadıkları bu malları yarı fiyatına geri satmak zorunda kalıyor, böylece düşük ücretlerin yarısı daha gasp edilmiş oluyordu. 2- Osmanlı devleti maden şirketlerinin ürettiği tüm kömürü alıyor, küçük bir kısmını nakdi olarak ödüyor, geri kalan karşılığında da maden şirketlerine civar köylerin mültezimliğini veriyordu. Böylece hem patron hem mültezim hem tefeci haline gelen maden şirketleri köylüyü zor kullanarak haraca kesip borçlandırıyor, madende çalışmak zorunda bırakıyor, "borç esareti"ne alıyor, ücretlerini de büsbütün keserek, hatta ücretsiz çalıştırıyordu. (Sina Çıladır, Zonguldak Havzasında İşçi Hareketlerinin Tarihi 1848/1940, Ankara: Yer altı Maden-İş, 1977, s.31. E. Atilla Aytekin, Tarlalardan Ocaklara...) Ocak işletmecisi kapitalistin aynı zamanda bu temelden köy mültezimi ve tefecisi olarak, hem tarımsal artı-emeğe (artı-ürüne) el koyması, hem de işçiyi borçlandırarak madende çalışmak zorunda bırakması, aslında daha ilk mükellefiyet resmen başlamadan, onun (serbest olmayan emek/zorla çalıştırmanın) bir/ön biçimidir. Kapitalist ve feodal sömürü biçimlerini birleştiren bir ilkel birikim biçimidir. Ancak daha bu ilk dönemde bile, tarımın madene (genellikle ayni ödenen ücretleri düşürmenin ötesinde) nasıl tabi kılınmaya başladığını görürüz. 3- Osmanlı devleti havzada üretilen tüm kömürü, kendi belirlediği fiyattan alıyor, maden şirketlerine kendisi dışında kömür satışını yasaklıyordu. 4- Dilaverpaşa Nizamnamesi, Ereğli'nin 14 nahiyesine mükellefiyet (zorla çalıştırma) getiriyor, Ereğli dışından maden işçisi çalıştırmayı yasaklıyordu.

Başlangıç döneminde, ocaklarda çalıştırılanlar gözünde ocaklar, adeta yarı-feodal toprak sisteminin bir uzantısı gibidir. Düşünce tarzı ve direniş biçimleri de tarımsal gelenekler eksenindedir. Madenlerdeki çalışma sisteminin dehşeti bir yana, tarımın mevsimsel döngüleri, zaman kullanımı, kısmi özerkliğiyle bağdaşmaması da sorundur ve direnişlere yol açmıştır. Örneğin tarımsal ekim ve hasat döneminde fiili iş bırakma ve firarların yaygınlaşması (bunun mükellefiyet dönemlerinde bile devam etmesi) bunun bir ifadesidir. Maden havzasında işçi sınıfının oluşum ve gelişim biçimi açısından: Köy/tarım başlarda esas, madenler ek ve borçlar veya mükellefiyet gereği isteksizce yapılan bir iştir. 19. yüzyılın son çeyreğinden başlayarak giderek madenler esas hale gelir ve tüm havzayı buna göre yeniden şekillendirirken, köy madenlerin bir uzantısı ve lojistiği olmaya devam eder. Bu maden işçisinin en azından 20. yüzyılın başından itibaren "köylü" ya da "premodern köylü-işçi" olduğu anlamına gelmez, zaten havzadaki 1908-1925 dönemindeki isyan, direniş ve grevler de sınıflaşma düzeyini yeterince gösterir.

İlk mükellefiyetin, yarı-sömürgeleşme ve savaş ekonomisi kadar "emek kıtlığı" ile ilişkisi vardır. (*"Emek kıtlığı 19. yüzyıl Osmanlı toplumunun tümü açısından adeta haykıran bir gerçekti"*. Oğuz Oyan, Feodalizmden Kapitalizme Osmanlı'dan Türkiye'ye. Yordam y. İstanbul, 2016. s317-320.) Mükellefiyet, aynı zamanda, emek kıtlığının, madenlerde çalışmak istememenin ve direnişin zorla çözümü hem de bu kıtlığın ücretleri yükseltme eğiliminin zorla bastırılmasının bir ifadesiydi.

Toprak rantı da bir etkendir. Kömür topraktan çıkartılır, dolayısıyla artı-değer üretimi içinde rant payı vardır. Havzada 19. yüzyılın sonlarından itibaren kapitalist üretim tarzının belirleyici hale gelmesine karşın, prekapitalist ilişki kalıntılarının daha uzun sürmesinin bir nedenidir. Osmanlı devletinin toprak mülkiyetinin sahibi olma sıfatıyla el koyduğu rant payı, küçük maden şirketlerini normal koşullarda kar edemez hale getirir. Başlangıçta maden şirketlerine köy rantlarının/mültezimliğinin devredilmesi, ücretlerin ayni ödenmesi, aynı zamanda bunun sonucudur. 1858 Arazi Kanunnamesi ise, önemli sınırlamalara karşın toprakta özel mülkiyete yaklaşan hakları tanıyarak, toprak rantının bir bölümünü maden şirketlerine bırakmaya başlar. Kapitalist üretim ilişkilerin hakim olmaya başlamasıyla, toprak rantı kapitalize olur. Ancak toprakta özel mülkiyet hakkının tam tanınmaması, devlet ile şirketler arasında çekişme konusu olmaya devam eder.

Bir diğer etken kömür madenlerinde makineleşme ve teknolojinin çok düşük ve geri olması nedeniyle, emeğin sermayeye biçimsel tabiiyeti ötesinde gerçek tabiiyetinin sağlanamaması ve emek disiplinin zor ve mükellefiyet ile tesis edilmeye çalışılmasıdır.

Bu durumda Ereğli kömür havzasında, sermaye, piyasa, işgücü piyasası dahil (ilkel birikim biçimleri dışında) hemen hiçbir şey "serbest" değil demektir. Hatta başlangıç döneminde madenler askeri-tarımsal hassa sistemin adeta bir uzantısı gibi görünür. Maden işletmecileri/mültezim/tefecilerin yer yer aynı kişiler olması (ki aynı zamanda çoğu Osmanlı devletine borç veren Galata bankerleridir), angaryadan doğru bir tür toprak köleliğini kapitalist üretim tarzı içinden yeniden üretir gibidir.

Burjuva-küçük burjuva modernist (ve bunun etkisi altındaki solda), kapitalizmin gelişimi ile "serbest" ücretli emeğin ve liberal demokrasinin de otomatikman gelişeceği inancı yaygındır. Gelişmiyorsa bu ya "çarpık kapitalizm"e ya da kapitalizme "dışsal" addedilen emperyalizm, faşizme, yarı-feodalizme vb yorulur, ve mücadele "düzeltilmiş/ideal kapitalizm ve demokrasi" ütopizmine kaydırılır. Bu vesileyle işçiler de, "gelişmemiş" köylü-işçiler gibi görülerek, demokratik halk mücadelesinin herhangi bir alt-bileşenine indirgenir. Oysa serbest ücretli emek piyasasının gelişimi, hele ki Marx'ın söylediği anlamda işçi sınıfının sınıf olarak serbest/bağımsız gelişimi ve siyasal demokrasinin gelişimi, kapitalizmin (sermaye birikiminin) gelişmesinin otomatik sonuçları değildir. Sermayenin büyüyen üretim artışı ihtiyacının yanı sıra, sınıf mücadelesi sorunudur. İşçi sınıfının sınıfsal oluşumu tam da bu sınıfsal/siyasal gelişim mücadeleleri içinde gerçekleşir.

Romanda ücretlerin ayni ödenmesine ilişkin anlamlı bir anektod var. Fakat ücretlerin ayni ödenmesinden nakdi ödenmesine geçişin neden ve nasıl gerçekleştiğine dair hiçbir şey yok! Bu da romanın tarihsel süreç yoksunluğunun, parça anektodlar toplamı karakterinin bir örneği. İlk bakışta basit bir ayrıntı gibi görünebilir, ama ayni ücretten nakti ücrete geçiş bile, sermayenin yoğunlaşma ve üretkenlik sorunu olduğu kadar sınıf mücadelesi sorunudur, işçi sınıfının oluşumunda bir adımdır. Bu süreçleri ortaya koymazsanız, bu ilerlemenin ardındaki sınıf oluşum/mücadelelerini de görünmez kılarsınız. İşçiler ayni ücreti, arka planında da borç köleliği ile birlikte, düpedüz toprak köleliği ve soygun olarak, gayrı-meşru olarak görür, işi de olabildiğince ağırdan almasıyla, çalışmak istememesiyle, maden şirketlerin emek kıtlığı krizi büyür.

Kömür havzasında Hazine-i Hassa döneminden (1848-65) donanmanın artan kömür ihtiyacıyla birlikte daha modern kapitalist üretimin başlangıcını oluşturan Bahriye Nezareti dönemine (1865-96) geçişle, maden şirketlerine iltizam verme sistemi kalkar. Çünkü iltizam ve tefecilikten kazanan küçük şirketler, kömür üretimini artıramadıkları ve artırmayı pek umursamadıkları gibi, işçi ve köylülerin keyfi haraca kesilmeye, borçlandırılmaya karşı tepkileri de artmıştır. (Örneğin 1871 Adatepe isyanında vergi sorunu da vardır.) Üretimde yine artış olmayınca, Osmanlı devleti, kömür tekelini kaldırarak, maden şirketlerinin ürettiklerinin bir kısmını (yüzde 40'ını) dışarıya ihraç etmelerini serbest bırakarak, şirketlere vergi indirimleri ve gümrük muafiyetleri ile havzada daha büyük sermayenin yatırım yapmasının önünü açtı ve destekledi (1882). Tamirat gibi işlerde yabancı işçilerin çalıştırılması imtiyazı verildi (1882). 1880'lerden itibaren daha büyük Osmanlı sermayesi madenlere yatırım yapmaya başladı.

1885'te kurulan Giurgu (Kurci) Kumpanyası işçilere nakit ücret vermeye başlayınca, bu şirkete işçi akını olur! Maden şirketlerine iltizam vermenin kaldırılması ve ücretlerin nakit ödenmesi, aynı zamanda, küçük ölçekli şirketleri tasfiye etme uygulamasıdır ve ayni ödeme dayatması sürdürülemez hale gelir. Toplam üretim yüzde 50 civarı artar ve 1893'te en büyük 4 şirket toplam üretiminin 4'te üçüne hakim hale gelir. Sermaye yoğunlaşması ile birlikte vasıflı ve çeşitli emek-gücü talebi de artar ve şirketler, yeraltı işçiliğinin Ereğli mükellefiyeti ile sınırlandırılmasının kaldırılmasını isterler. Bunda 19. yüzyılın sonlarından itibaren sermaye yoğunlaşmasıyla emek kıtlığının artmasının yeraltı işçilerine fiili bir pazarlık gücü kazandırmasıyla ücretlerdeki (1900-1905) gerçek artışlar da bir etkendir. Nitekim ücret artışlarına karşı 1906'da, yeraltı işleri olan kazmacılık, küfecilik, kiracılıkta Ereğli dışından işçi getirtilmesinin önü açılacak ve ücretlerde 1911'e kadar ciddi düşüşler görülecektir. (Bu düşüşler de 2. Meşrutiyet sonrası grevleri tetikleyen etkenler arasında yer alacaktır.) Emekgücü piyasasına ilişkin ilk bakışta "teknik" gibi görünen düzenlemelerin ve emekgücü hareketlerinin de nasıl sınıf mücadelesine tabi olduğu görülüyor.

Tüm bunlar 1896'da emperyalist kapitalist tekellerin havzaya girmesinin koşullarını oluşturur. Osmanlı'daki en büyük yabancı sermaye yatırımıyla, havzadaki tekelini uzun dönem sürdürecek olan Fransız Ereğli Şirket-i Osmaniyesi, kömür yıkama fabrikası, kok ve briket fabrikası, Zonguldak limanı yatırımlarını yapar, demiryolları inşaa edilir, vb. Ereğli Şirketi'nin üretimi, önceki havza toplam üretiminin 3 katını aşar. Zorla çalıştırma biçimleri 1921'e kadar sürmüş görünse de, aslında 1906'ya gelindiğinde belli ölçüde gevşetilmiş, kapitalist üretim, piyasa, ve emek-gücü serbestliği bir ölçüde tesis edilmişti.

Ereğli ve Doğu Anadolu'dan işçiler halen zorunlu çalıştırmaya tabi olmakla birlikte, havzadaki yabancı vasıflı işçi sayısı, Doğu Karadeniz'den gelen uzman, tam zamanlı işçi sayısı da hızla artmıştı.*"Doğu Anadolu ve Doğu Karadeniz'in metal madenlerinden, çalışmak üzere havzaya gelen tecrübeli ve tam zamanlı işçiler, yöreye sadece tecrübelerini değil tam zamanlı işçi bilinçlerini de getirdiler. Yerüstü işlerinde zaten oluşan tam zamanlı ve tecrübeli işçi yapısı yeraltı işçileri ile birleşince, ilk zamanların nitel ve nicel olarak düşük işçi profili çalışma şartlarından şikayet edebilecek ve herhangi bir çatı altında birleşmeden grev yapabilecek bir kıvama ulaşabilmiştir."*

20. yüzyıl başlarında kömür madenlerinde çalışan işçi sayısı, yarısına yakını Ereğli Şirketi'nde olmak üzere, 10 bini aşmıştı. Bir yanda sermaye yoğunlaşması ve merkezileşmesi diğer yanda işçi yoğunlaşması ve merkezileşmesiyle, havza 2. Meşrutiyet sonrası, daha yığınsal, fiili sınıf mücadelelerine hazır hale gelmişti. Sorun "serbest piyasa"nın ne kadar tesis edilip edilmediği değil, sınıf mücadelesinin gelişiminin önünün açılmasıydı.

Kuşkusuz, 1908 ve 1923 sonrasında da bu sorunlar "bir çırpıda" çözülmüş değildir. Bunun en temel nedeni burjuva devrimin, demokratik devrim ve tarım devrimi karakterlerini içermiyor oluşudur. İkinci Mükellefiyet bir yana, onun öncesi ve sonrasında, halen, civar köylerden yeraltı madenlerinde çalışanların önemli bir bölümü, tuz, şeker, bez gibi en temel ihtiyaçları için bile köy tefecilerine borçları nedeniyle çalışmaya zorlananlardı. (Kadri Yersel, Madencilikte Bir Ömür. Erol Çatma, age.) Köyler çevresinde köy ağası, tefeci, tüccar ve (taşeron) amele çavuşları, kapitalist maden işletmeleri ile köyden gelen işçiler arasında, işçiyi bağımlı halde tutan, en ucuza ve aşırı çalıştırılmasını sağlayan, bundan payını yine işçi üzerinden alan bir "ara yüz" işlevi görüyordu.

Romanda, 2. ciltte madenler ile köy arasında tefecilik, tüccarlık, işçi komisyonculuğu yapan bir köy ağasının zulmünü görüyoruz. Cumhuriyet döneminde, neden ve nasıl olduğu bilinmeyen biçimde, köyler ortadan kayboluveriyor!? Maden şirketlerinin daha 1908 grevleri sonrası, grevleri kırmak ve "çalışma disiplini" tesis etmek için, yaygınlaştırdığı kesenecilik ve amele çavuşluğu sisteminin, maden-köy arası ilişkilerde ve sınıf mücadelesinde nasıl bir rol oynadığını, (1910'lardan 30'lara) romanda hiç göremiyoruz. Emek organizasyonunun en kritik mekanizmalarından biri haline gelen "amele çavuşluğu", kendileri de deneyimli maden işçisi olan amele çavuşlarının, köylerinden madende çalışacak işçi toplayıp sıkı çalışmaları için bizzat gözetmenliğini yapmasına dayanır. İşe koştukları işçilerden komisyon alıyorlar. Kesenecilik ve parça-başı ücret sistemi, işçiyi ne pahasına olursa olsun daha fazla kamyon doldurmaya koşulladığından, işçi katliamlarında katlanmaya yol açıyor. Ereğli'de 1908-23 dönemi boyunca ücret kesme cezalarına (hastane yapım maliyetlerin işçilerden kesilmesi, kırılan kazma küreklerin işçilere aldırılması dahil) ve "araba kesenekçiliği"ne karşı çok sayıda grev var. İlkel birikim biçimlerine karşı bu grev ve mücadele istemlerinin bazıları, 1921 Ereğli iş kanunuyla da tescilleniyor. Bunlar romanda yer almıyor.

1930'lara gelindiğinde, madenlerde her biri 25 işçi çalıştıran 600-700 civarında amele çavuşu var. Ancak yerel ilişki ağlarına dayalı iş gördükleri için çalıştırdıkları işçilere karşı belli yükümlülükleri ve özellikle işçi talebinin arttığı dönemlerde belli bir pazarlık güçleri var. Amele çavuşu ocak çavuşları ve mühendisleri ile anlaşmazlığa düştüğünde ocağı işçileriyle birlikte terk etme tehdidiyle, taleplerini ileri sürüyor. Kitle emeğinin sermayeye biçimsel tabiiyeti koşullarında çalışma disiplinini tesis etmede kritik rolleriyle birlikte, bunu sağlamak için, çalışılacak yer, parça başı oranları, günde yüklenecek kamyon sayısı, fazla mesai gibi bir dizi konuda işçi hak ve taleplerini bir nebze gözetmek zorundalar. İşçiler de maden çavuşlarından çok amele çavuşlarını otorite olarak tanıyor. (Kadir Tuncer, Tarihten Günümüze Zonguldak'ta İşçi Sınıfının Durumu Kampanyalar Dönemine Geri Dönüş. (İstanbul: Göçebe Yayınları, 1998) Marx'ın Kapital'i başta olmak üzere, emek tarihçileri tarafından sayısız incelemeye konu olan ve çok iyi bilinen bu sistem, Zonguldak'ta maden havzasında çalışma ilişkileri ve emek gücü piyasasında denetim mücadeleleri açısından oynadığı önemli role karşın, Grizu romanında hiç işlenmiyor!

Havzadaki her büyük maden şirketinin çeperindeki köylerde, bir maden yan sanayisi olarak bir kıyı, orman, köy sanayisi de oluşuyor. Kereste, direk, kayık, mavna, küfe, yontuculuk, demircilik gibi bir dizi madencilik araç gereci köylerde üretiliyor. Bir dizi köy madenler için şu veya bu aracın üretilmesinde uzmanlaşıyor. Eskiden yerel el zanaatçıları bireysel tüketiciler için üretim yaparken, şimdi büyük maden, liman işletmeleri, fabrikalar, yığınsal işçiler için üretim yapmakta, ve bunun ulaştığı ölçüler, bazı madenler dolayında, bir dizi köyü içine alan uzmanlık alanları haline gelmektedir. Köydeki sömürü de madendeki emek-gücü sömürüsünün bir uzantısı ve tamamlayıcısı haline gelir.

Madenler için kırsal üretimin önemini, Cumhuriyet'in başlarında havzada yaşanan "direk krizi"nden görebiliriz.

Peki direk üretiminde kimler nasıl çalışıyordu, romanda hiçbirini göremiyoruz.

Köylerin maden işlerine göre uzmanlaşması da önem taşır: "*Bir köyün erkekleri nesiller boyunca barutçu, diğer köyünkiler domuz damcı/ayak tahkimatçısı, bir diğer köyün erkekleri de yol marangozluğu yapmış, kazmacılar ise her yerden toplanmıştır. Doğu Karadeniz'den gelenler işçiler ise barutçuluğu babadan oğula devralmışlardır*" (Erol Çatma, 1965 Madenci Direnişinin Öyküsü Kömür Tutuşunca.) Bu yöntem, emeği alt dallara göre standartlaştırmak, emek üretkenliğini artırmak, eğitim maliyetlerinden sıyrılmak için teşvik edilir. Yeraltı madenciliğinde makineleşme yokken ve yeraltı işçisi köyünden kopmamışken, havza köylerinin nasıl devasa bir manifaktür organizasyonuna dönüştüğünü gösterir. Romanda yok.

1930'larda tarım krizi, 1940'larda Milli Koruma Kanunu çerçevesinde köylünün geçimlik ürününün bir bölümüne devlet tarafından el konulması, ve Demokrat Partili 1950'lerin kırsal ve ticari birikime öncelik veren birikim rejimi çerçevesinde, köylerde mülksüzleşme ve göç giderek hızlanmaya başlar. Nitekim İkinci Mükellefiyet döneminde bile en fazla 29 bine çıkarılabilen, sonrasında düşmeye başlayan maden işçisi sayısı, 1950'lerde bir dizi düzenlemeyle, 1960'da 38 bine kadar çıkar. Madenler çeperinde birkaç bin işçiyi kapsayan küçük işçi konutlarının yapılmasının ötesinde, asıl gecekondulaşmanın patlama yapması işçi sayısının artırılmasında temel bir etkendir. Havzada toplam meskenlerin yüzde 50'sini gecekondular oluşturmaya başlar. Gecekondulaşma, yeraltı maden işçilerinin daha geniş kitleleri arasında etkileşimi artıran ve madenler ile yaşam alanları arasındaki bağı güçlendiren, mücadeleyi yığınsallaştıran ve süreklileştiren bir etkide bulunur.

İşçi sınıfının tarihsel oluşum sürecinde mekan-politiğin önemi; madenlerin yakın çeperinde daha geniş işçi kitlelerini bir araya getiren çeşitli işçi yerleşim biçimlerinin (kamp, baraka, kulübeler, vb'nden başlayarak), işçiler arasında etkileşim ve birlikte hareket yeteneğini geliştirmede oynadığı rol, bilinen bir olgudur. Romanda işçi pavyonları ve barakalarının, daha sonra gecekondu mahallelerinin sınıf mücadelesinde nasıl bir rol oynadığına dair hiçbir şey bulamıyoruz.

Yine ilkel birikim biçimlerinin ifadesi olan, İkinci Mükellefiyet döneminde yeniden yoğunlaşan, her bahaneyle angarya ve dayak, 1950'lerde kısmen azalır, 1960'larda kalkar. Maden işçileri, elbette, hakim sınıflar arasındaki güç ve iktidar mücadelesini, Demokrat Parti'nin burjuva maneviyatçı muhafazakar popülizmini de, madenlerde dayak uygulamalarını sınırlamak için kullanmaya çalışmışlardır. Ancak asıl etken, maden işçilerinin daha modern temelden yeniden oluşum sürecinin artık bu "ilkel birikim" kabuğuna sığmaz hale gelmesi, maden işçisinin gücünü, yeraltında da daha fazla hissettirmeye başlamasıdır. Romanda, işçi sınıfının nicel ve nitel gelişim düzeyinin önemli göstergelerinden olan, sistematik dayak uygulamalarının da hangi dönemlerde hangi mücadelelerle nasıl azalıp kalktığına dair bir şey de göremiyoruz.

En temel engellerden biri de, ilkel birikim biçimlerini de içeren birikim rejimlerinin ayrılmaz bileşeni olan zora dayalı siyasal rejim biçimleri; işçi sınıfına sınıf olarak örgütlenme, grev, iletişim, kendini ifade, ideoloji-siyaset-sendika yasakları ve yoğun baskılardır. Osmanlı'da İstibdat, İttihatçılar döneminde Tatil-i Eşgal Muvakkat Kanunu, 1913'ten itibaren askeri diktatörlük ve soykırımlar, Cumhuriyet döneminde Takrir-i Sükun (1925-29), Cemiyetler Kanunu (1933), İş Kanunu (1936), Milli Koruma Kanunu (1940-46), ve tabii şovenist "Milliyetçi Türk işçisi" ve "sınıfsız, imtiyazsız, tezatsız, kaynaşmış kütle-millet" faşist doktrini, Demokrat Parti döneminde koyulaşarak devam eden anti-komünizm, grev yasağı, muhalif siyaset yasakları, 6-7 Eylül, 1951 tevkifatları ve ikinci döneminde yine olağanüstü hal benzeri uygulamalar, ve devam edip giden parti, sendika kapatmalar, tevkifatlar, sürgünler, zorla bastırmalar... Öyle ki, havzanın 1924-54 döneminde en çok satan gazetesi "Zonguldak", içlerinde devlet istihbaratçısı ve ırkçı-turancıların olduğu bir ekip tarafından çıkartılır!

Romanda göremiyoruz. Daha önemlisi, maden işçilerinin örgütlenme, grev, toplu sözleşme, yayın, ifade, siyaset yapma hak ve özgürlükleri için mücadelelerini göremiyoruz. Sendika, grev, yayın, siyaset hak ve özgürlükleri için hangi dönemlerde hangi mücadeleler verildi; sermaye ve devletten az çok özerk bir sol sendikacılık ve siyaset için bile hangi mücadeleler nasıl verildi; havzada, maden işçileri içinde sol siyasal faaliyetler hangi dönemlerde nasıl gelişti ve rol oynadı, göremiyoruz.

Öyleyse sormak hakkımız: Havzada maden işçilerinin nicel ve nitel sınıf gelişimini ve bu gelişimin önünü tıkayan çok katmanlı prekapitalist ve kapitalist ekonomik, toplumsal, siyasal, askeri, yasal, ideo-kültürel engellere karşı çok yönlü mücadelelerini ve bu mücadeleler içinde kendi öz gelişiminin önünü nasıl açmaya başladığını göremiyorsak, bu nasıl bir "tarihsel işçi romanı"?!

Jön Türk devriminden Kemalist Cumhuriyet'e: 1908-1923 dönemeci ve maden işçileri

Marksist tarih bilimi, üretim tarzlarının birinden ötekine, eşitsiz, düzensiz, kesintili, çatışmalı ve devrimlerle olan geçiş süreçlerinin somut olarak incelenmesine özel bir önem verir. Tüm bu süreç boyunca, kapitalizmin girdiği her alanda, eski üretim ve üstyapı biçimlerinin de içine nasıl nüfuz ederek dönüştürdüğü ve kendine bağlandığı, bunun doğurduğu sınıfsal-toplumsal hareket ve mücadeleleri, ve adım adım ve sıçramalarla modern sermaye birikimine uygun biçimde yapılandırılmış, mekansal, toplumsal, üstyapısal koşulları nasıl oluşturduğu, sınıfsal-toplumsal mücadelelerin bu yeniden yapılanma sürecinde oynadığı tarihsel rolü, ve aynı zamanda her yeniden yapılandırmanın bizzat kendi içinden sınıf çelişki ve çatışmalarını nasıl yeniden doğurduğu, işçi sınıfının toplumsal-maddi çalışma, yaşam, yönetilme koşulları ve bunlardaki değişim ve mücadelelerle, niceliksel-niteliksel, bileşimsel-formasyonel oluşum ve dönüşümlerini, sıçrama ve kesintileri, ve tüm bu karmaşık, çalkantılı, altüst oluşlu durumlar içerisinden belirli yasalar izleyen, hareketin düzgün ve evrensel süreci...

> *"Düz bir çizgi boyunca değil, sarmal gelişme, sıçramalarla, altüst oluşlarla, devrimlerle olan bir gelişme, sürekliliğin kesilmesi, niceliğin-niteliğe dönüşmesi, belirli bir cisim, olay, toplum içinde çeşitli eğilim ve kuvvetlerin çelişki ve çatışmasının doğurduğu gelişmeye doğru iç itilimler, herhangi bir görüngünün bütün yönleri – tarih sürekli yeni yönler çıkartır ortaya- arasında karşılıklı bağlar ve en yakın ve çözülmez bağ, belirli yasalar izleyen, hareketin düzgün ve evrensel sürecini sağlayan bağ- bunlar gelişme öğretisi olarak diyalektiğin bazı özellikleridir."* (Lenin)

Türkiye işçi sınıfı tarihinin en kritik tarihsel dönemeç noktalarından birini 1908-1923 dönemi oluşturuyor. Osmanlı'nın çözülüşü, birisi yarım iki Burjuva devrimi, Trablusgarp savaşı, Balkan savaşı, 1. Emperyalist Savaş, emperyalist işgal ve Milli savaş, Ermeni, Rum, Kürt tehcir ve tenkilleri, Rusya'daki Bolşevik Devrim'in etkileri, grev dalgaları, Osmanlı ve Türkiye'de sosyalist akımlar, işçi hareketleriyle sosyalist akımların ilk önemli temasları, bu dönemde yoğunlaşıyor. Ereğli-Zonguldak kömür havzası ise, hem stratejik sınai hammadde alanı olmasıyla emperyalist kapitalist güçler arasında ve gayrı-müslim burjuvazi ile yerli burjuvazi arasında mücadele konusu olmasıyla, hem milli savaşta başlıca ikmal hattı olmasıyla, hem de en sermaye ve emek yoğun ve uzun soluklu sınıf çatışması alanlarından biri olmasıyla, geleceği şekillendirecek bu kritik eşitsiz, düzensiz, kesintili, çatışmalı tarihsel süreçte, kritik bir rol oynayan sınıflar arası, sınıf kesimleri arası, uluslar arası mücadele alanlarından biri.

Romanın 3. cildinin ayrıldığı kömür havzasında 1908-23 dönemini işleyişi, bu dönemin olağanüstü tarihsel iç dinamizmi ve anaforlarını canlandırabilmekten uzak. Yine tarihsel-genel bir perspektiften yoksunluğu ve bölük pörçük anektodculuğuyla tarihsel süreç ve somut sınıf analizine kayıtsız. Jön Türk devrimi öncesindeki Osmanlı çapındaki asker, köylü isyanları, işçi grevleri dalgaları yok. İkinci Meşrutiyet'in hemen öncesinde Kastamonu Valiliğinin merkeze çektiği bir telgrafta, maden işçileri için barakalar yapılmasının ve sakat kalan işçilerin ailelerine 5 yevmiyelik tazminat ödenmesinin istenmesi, kömür havzasında artan işçi kaynaşmalarının bir göstergesi niteliğinde. Romanda yok. İkinci Meşrutiyet'in dünya-tarihsel ve Osmanlı devleti ve toplumu içindeki ekonomik, toplumsal, sınıfsal, siyasal dinamikleri neydi, yok. İkinci Meşrutiyet ilanı, Osmanlı'nın tüm kent ve kasabalarında sokaklara dökülen birçok kesim tarafından günlerce "Hürriyet, Musavat, Uhuvvet" sloganlarıyla kutlanmış olduğu halde, romanda, Jön Türk devrimi yalnızca bir diyalog arasında geçen "Padişahımız Meşrutiyet ilan etti" cümleciğinden ibaret!

Oysa Osmanlı'daki ilk burjuva devrimi, 2. Enternasyonal partilerinin ve Osmanlı çapındaki muhalif siyasal devrimci ve demokrat hareketlerin büyük bölümünde ilk elde beklenti ve hayaller yaratmıştı. 2. Enternasyonal Jön Türk devrimini kayıtsız koşulsuz selamlayacak, Makedon Devrimci Örgütü, Bulgar Sosyal Demokrat Partisi'nin sağ kanadı ve Ermeni Taşnak ve Hınçak partilerinin silahlı ve illegal kanatlarının büyük bölümü kendilerini feshedecekti. Ermeni Hınçak Sosyal-Demokrat Partisi,1908 Ağustos'tusunda Beyoğlu toplantısında, *"Biz Hınçaklar, artık devrim faaliyetine son vererek bütün mevcudiyetimizle vatanın ilerlemesi için çalışacağız."* açıklamasını yapacaktı. (Bkz. Mete Tuncay, Osmanlı İmparatorluğunda Sosyalizm ve Milliyetçilik. İletişim. İstanbul. 2004. Mehmet Kaynar, Ermeni Komitelerinin Emelleri ve İhtilal Hareketleri. Der yay. İstanbul. 2001) Selanikli bir sosyalist ise şunları söyler: *"33 yıl boyunca, 30 milyon insan despot bir padişahın ve onun 300 hizmetkarı ve ajanlarının baskısı altında inledi. 30 kahraman, devrimin bayrağını yükseltti ve despot düştü; özgürlük gelmişti. Türkler ve Hristiyanlar; herkes için özgürlük. Şimdi hepimiz kardeşiz. Müslümanlar, Hristiyanlar, Museviler, Türkler, Arnavutlar, Araplar, Rumlar ve Bulgarlar, anavatan Osmanlı'nın özgür vatandaşlarıyız."* Bu cümleler Osmanlı'daki muhalif, liberal, anarşist, ulusal hareketlerin ve sosyal-demokrat partilerin çoğunluğunu oluşturan sağ kanatlarının İkinci Meşrutiyet sonrasının ilk birkaç ayındaki genel ruh hali ve yanılsamasının özeti gibidir.

İttihatçılar da bu sevinç ve bağlılık gösterilerine, iktidarlarını pekiştirinceye kadar, kısa bir dönem için pek karşılıksız görünmezler. İlk seçimde, parlamentoya 142 Türk'ün yanı sıra, çoğu İttihatçı veya İttihatçılarla beraber savaşmış hareketlerden 60 Arap, 25 Arnavut, 23 Rum, 12 Ermeni, 5 Yahudi, 4 Bulgar, 3 Sırp mebus vardı. Bunlar arasında Taşnak, Hınçak ve Selanik Sosyalist İşçi Federasyonu'nun bile mebusları vardı. Ereğli kömür havzasında ise İkinci Meşrutiyet'in yıldönümü, birkaç yıl boyunca Müslümanlar ve Ermeniler, Rumlar tarafından çoluk çocuk birlikte resmigeçitlerle kutlanmış, hatta törenlerde ilk söz Ermeni ve Rum ileri gelenlerine verilmişti! Romanda bunların hiçbiri yok.

Ne 1908'in yarattığı parlamentarist ve liberal, reformist hayalleri ne de sonraki büyük hayal kırıklıklarını görebiliyoruz. 3. ciltte devrimci Ermeni maden işçisi olarak romana sokulan Dikran karakterinin bile, ne Jön Türk devrimi ile ilgili, ne de Taşnak ve Hınçak'ın tutum ve politikaları hakkında herhangi bir düşüncesini bulabiliyoruz!? Roman, Jön Türk devriminin ardından, havzadaki "özgürlük, eşitlik, kardeşlik" kutlamalarına yer verseydi, diyelim ki Dikran da Ermeni, Rum ve Müslüman ocak sahipleri ve eşrafın bu gösterilere coşkuyla ve kol kola katılmasına bakarak, eğer gerçekten devrimci sosyalist sınıf bilinçli Ermeni bir işçiyse, örneğin, "*İstibdat yanlıları dışında, çıkarları birbirinden farklı olan herkes bu işe seviniyor, ama bizim sevinmemiz için henüz erken, hürriyet, müsavat, uhuvet'in ne kadar ve kimin için olduğunu asıl bundan sonra göreceğiz...*" gibi bir şeyler düşünse veya diğer öncü işçi arkadaşlarıyla tartışsaydı... Veya daha sonra Bolşevik olan, ancak daha önce kim ve ne oldukları belirsiz bırakılan Ahmet ve Abdurrahman'ı İttihatçılıktan/beklentisinden mücadele içinde ayrışan roman karakterleri haline getirseydi... Sonraki gelişmelere de tarihsel ve siyasal olduğu kadar edebi olarak da anlamlı bir derinlik kazandırma olanağı olurdu.

Yazar, hele ki emperyalist kapitalizm çağında, yukarıdan, anayasal ve parlamentarist hayallerin, burjuva "özgürlük, eşitlik, kardeşlik, adalet" şiarının, büsbütün daralan sınırlarını ve gerçek içyüzünü gösterme ve edebi olarak işleme olanağından imtina ediyor. Bunda, romanın, 2000'li yıllarda, Türkiye gibi ülkelerde bir dönem için var olan geri düzeyde bir neoliberal burjuva demokratizmi konjoktürünün solda ve ezilen ulus hareketinde yarattığı benzer yanılsama ve hayallerin etkisini görmek zor değil. Daha önce vurgulamış olduğumuz gibi, günümüzün Marksist bilimsel-eleştirel analizi yapılmadan, tarihimizin de yapılamaz.

Osmanlı 1908'ine karşı uyanıklığı bırakmayan, sosyal-demokrat ve devrimci partilere uyarılarını sürdüren Lenin ise, bunu "*ancak yarım bir zafer, ya da zaferin sadece küçük bir parçası*" olarak tanımlayacak, İttihatçıların başlangıçtaki ılımlılığının zayıflıklarından geldiğini tespit edecek, "*halk kitlelerinin bağımsız eylemlerine ve proleter mücadelelerine*" dayanmadığı gibi düşmanca davranan Jön

Türk devrimi için hiç yanılsamaya kapılmayacaktı: "*Topraklarını ve kolonilerini geliştirmek açısından 'yutulabilecek' en büyük lokmayı yutma kaygısı duyan kapitalist güçler arasındaki rekabet, Avrupa'ya bağımlı ya da Avrupa'nın 'koruduğu' ülkelerde bağımsız demokratik hareketlerden duyulan korku ile birlikte, Avrupa politikasının ana hatlarını oluşturmaktadır. Jön Türkler ılımlılıkları ve ihtiyatlarından dolayı övülmekteler, yani Türk devrimi tam da zayıf olduğu için, halk kitlelerini bağımsız eyleme teşvik etmediği için, Osmanlı İmparatorluğu'nda proleter mücadelelerin baş göstermesine düşmanca yaklaştığı için övülüyor.*" (Lenin, Balkanlar'daki ve Prusya'daki Olaylar Üzerine, Ekim 1908)

Rosa Luxembourg, Lenin'in bıraktığı yerden, şöyle devam edecekti: "*Jön Türkler iktidarı pekiştirdikçe, büyük çaplı bir endüstriyel, toplumsal veya ulusal reform gerçekleştirmekten tamamen aciz oldukları ortaya çıktı. Karşı-devrimci tırnakları ortaya çıktıkça, Abdülhamit'in denenmiş ve geçerliliği tescillenmiş yöntemlerine dönmek zorunda kaldılar. Bu da birbirlerinin gırtlaklarına yapışına kadar birbirlerine karşı kışkırtılan ezilen halkların düzenli katliamları ve tarımın gerçek anlamıyla doğu tipi sömürüsünün ülkenin temeli oluşu anlamına geliyordu. 'Genç Türkiye'nin en önemli özelliği, iktidarın zor kullanılarak yapay bir biçimde tekrar tekrar pekiştirilmesi oldu ve Abdülhamit'in Almanya'yla geleneksel ittifakı, Türkiye dış siyasetinin belirleyici unsuru olarak geri getirildi.*" (Rosa Luxembourg, Junius broşürü'nden, 1915)

Jön Türk Devriminin ilk coşku ve hayallerinden hemen sonrasında, 1908 Ağustos-Ekim aylarında o dönem Osmanlı çapında bulunan toplam 400 bin civarında işçinin en az üçte biri grevlere ve sendikal örgütlenmeye gider. İşçilerin de başlangıçta İttihatçılardan beklentileri oldukça fazlaydı. Özellikle İttihat ve Terakki Cemiyeti'nin 1908 yılında kabul ettiği programın 13. maddesinde, işçi ve patronların karşılıklı sorumluluklarını içeren kanunlar çıkaracağını beyan etmesi, işçileri ücret ve çalışma esaslarının insani ölçülerde düzenleneceği, en azından patronların keyfi uygulamalarının son bulacağı umut ve hayallerine sevk etmişti. Bununla birlikte, grevlere giderek sertleşen müdahaleler, baskılar, yasaklar karşısında kendi özgüç ve öz örgütlülüklerini oluşturma zorunluluk ve eğilimi de gelişecektir. Bu 2.5 ay içindeki, toplam işçi sayısına oranla kitle grevleri ve sendikal örgütlenme yoğunluğu, Türkiye'de o günden bugüne aşılabilmiş değildir. Türkiye işçi hareketinin en önemli tarihsel dönüm ve sıçrama noktalarından biridir. Öyle ki, Balkan Harbine kadar grevler ve emek-sermaye ilişkileri temel toplumsal-siyasal gündem olur. İşçi ve grev kavramları dile ve gündelik yaşam ve siyasete ilk bu dönemde girmeye başlar. "*'İlan-ı Hürriyet'le birlikte kitlesel nitelik kazanan ve dağınık da olsa o günün ölçeğiyle genel grev niteliği taşıyabilecek bir evre öncekilerinden farklı bir ortamla karşı karşıya olunduğunu kanıtlıyordu. 1908 Devrimi'nin tetiklediği kitle hareketleri Osmanlı'nın geleneksel kabuğunu kırdığının somut kanıtlarıydı. Çalışanların "yabancılaşma" sürecinden giderek arındığı, çalışan kesimin kendi geleceklerini belirleme kaygısıyla eyleme giriştikleri, (...) bir diğer deyişle 1908'le birlikte çalışanların sınıf bilincinin belirginleştiği bir dönem yaşandı.*" (Zafer Toprak, age)

Evet, 1908-13 grev hareketlerinin en önemli yönlerinden biri işte budur: Jön Türk devrimi, kapitalist gelişme ile mutlakiyetçi rejim arasındaki çelişkiyi çözmeye dönük yarım bir hamledir, ancak, Lenin'in vurguladığı gibi Osmanlı'da "burjuva demokratik gelişimin bütün gereksinmeleri" baki kalmaya ve bastırılmaya devam eder. İttihatçılar programlarında yer alan, köylüyü ezen aşar vergisinin kaldırılmasını bile gerçekleştirmezler. Ezilen ulusların, köylülerin, işçilerin, sosyalistlerin bağımsız örgütlenme ve mücadele istemlerini yasak ve kanla bastırmaya yönelirler. İşte bu koşullarda, kitle grevleri dalgası, doğrudan ve büyük siyasal talepleri olmasa da, tarihsel olarak bu siyasal bağlama oturur. Marx ve Lenin'in vurgulamış oldukları anlamda, halk kitlelerinin bağımsız demokratik gelişiminin gereksinmeleri ve bunun içinde işçilerin sınıf olarak serbest gelişim gereksinmesi ve eğilimi... 1909'dan itibaren, Selanik ve İstanbul'dan başlayarak işçi hareketi içinde sosyalist dinamiklerin görünmeye başlaması, bunun ifadesidir.

Emek tarihçilerinin bu döneme artan bir ilgi göstermesine karşın, bu dönemdeki işçi hareketinin sıçramasını "ücret grevleri" diye küçümseyen, işçi hareketinin bilincinin eyleminin çok gerisinde kaldığını, bir sendikal sınıf bilinci düzeyine bile ulaşamadığını ileri süren bir kesim halen vardır. Bu yaklaşımlar tarihsel süreç ve dinamiklerin sadece donuk-yüzeysel görüngelerinin ötesine geçmeyen, grev dalgasında da tek tek grevlerin basit-aritmetik toplamını gören bir pozitivizm ile malüldür. İşçi hareketinin bu dönemde bir demokratik (işçi-köylü) devrimine önderlik edebilecek güç, kapasite ve ufka sahip olmadığı doğrudur. Diğer taraftan burjuva/küçük burjuva demokratik veya devrimci-demokratik hareketlerin, liberalizm/demokrasi ayrımını yapamadıkları, büyük bölümünün demokratik devrim ya da reformları liberal burjuvaziden ve parlamentodan bekleyerek, önce İttihatçıların, sonra İttihatçıların liberal kanadı olan Hürriyet ve İtilaf Fırkası (1911-12) çevresinde toplanarak çok kıymetli bir zamanı heba ettikleri, halk kitleleri ve işçi sınıfının bağımsız mücadelesinden imtina edip geriye çektikleri de doğrudur. İşçi hareketi içindeki ulusal-etnik ayrım ve eşitsizliklerin; Balkan Savaşı, İttihatçıların hükümet darbesi (1913), emperyalist savaş ve Türkçü burjuva askeri diktatörlüğün tescillenmesi ve katliamlarıyla, bir parçalanmaya ve büyük güç kayıplarına uğradığı da doğrudur. Bununla birlikte birbirini tetikleyen zincirleme kitle grevleri, grev taleplerin genel sınıf talepleri haline gelmesi, farklı ulus ve etnisitelerden işçilerin birlikte örgütlenme ve mücadele eğilim ve girişimleri, nesnel sınıf çıkarları zemininde ve demokratik gelişim gereksinmesi rüzgarıyla sınıf oluşumunda tarihsel bir itilimin ifadesidir.

İşçilerin dağınık mevcut dar psikolojik bilinciyle nesnel sınıf çıkarlarının ortaklığına dayalı tarihsel hareket eğilimi arasında, kuşkusuz hem bir gerilim ama hem de nesnel çıkarların zorunlu kıldığı tarihsel-diyalektik materyalist bir gereklilik ilişkisi vardır. Bu yüzden sınıf bilinci verili ideal (ve bunu göremeyince de tümden yok sayılacak) bir "şey" değil; birincisi üretim ilişkilerdeki sınıfsal-maddi çıkar karşıtlığının açığa vurması ve tarihsel gelişim süreci. İkincisi, bu zeminden sınıf farklılığının büyüyen mücadeleler içinde işçiler arasında ortaklık ve sermaye güçlerine karşıtlık bilincine doğru gelişim eğilimi. Üçüncüsü, siyasal ve sendikal örgütler (ve örgütçüler, ajitatörler, propagandacılar, yayınlar, sınıf bilinçli işçi önderleri, fikirler, duygu ve inançlar, normlar, eylem çağrı ve programları, vd.) yoluyla taşınan, yayılan, yapılandırılan ortak bilincin gelişim süreci- içinde oluşan/oluşturulan bir kolektif emek, bakış açısı, düşünce, değer, istem, gereksinme, özlem ve mücadele ilişkisidir. Bunun her işçi, işçi kesimi, grevde homojen ve ileri bir bilinç olması gerekmez. Düz çizgisel olmayan, öz deneyim, bilinç ve mücadele eşiğinin giderek yükseldiği, sıçramalı, kesintili, çatışmalı farklı gelişme evreleri vardır. Önemli olan sistemin içindeki uzlaşmaz sınıfsal-toplumsal çelişkilerin tarihsel gelişim doğrultusunu ve momentlerini gören ya da sezen ve buna yönelen, öncüleşen/önderleşen sınıfsal ve siyasal dinamiklerin olması, her birinin kendi içinde de burjuva ve küçük burjuva eğilimlere karşı mücadelesi ve ileriye doğru birbiriyle buluşabilmesi ve bütünleyebilmesi, ve bu doğrultuda ileriye doğru atılan her adımın daha geniş kesimlere de yayılma eğilimi göstereceği bir kitlesel arayış ve kaynaşma zeminin olmasıdır. Osmanlı'nın son kriz, savaşlar ve çöküş sürecinde, çok uluslu işçi hareketinin, yaşadığı kesinti, alt üst oluş ve ağır kan kayıplarına karşın bu eğilimini, 1908-23 döneminde görmek mümkündür.

1908 ve sonrası grevlerin en önemli ve yaygın taleplerinden biri, işgününün kısaltılmasıdır. 12-16 saate kadar çıkan işgününün kısaltılması, bir ve aynı zamanda, işçi sınıfının Marx'ın ifadesiyle, "serbest gelişimi" önündeki en önemli engellerden birinin kaldırılması mücadelesidir, aynı zamanda, sosyal ve siyasal bir istemdir. Marx'ın 1. Enternasyonal kararı haline gelmesini sağladığı ve Kapital'in 1. Cildine de aldığı kesin ifadesi şudur: "*İşgününün sınırlandırılması önkoşuldur, bu sağlanmadan, kurtuluş yolunda atılacak diğer tüm adımlar başarısızlığa mahkumdur... Kongre, sekiz saatlik süreyi, işgününün yasal sınırı olarak önerir.*" (Marx, Kapital 1. Cilt. Sol yay.)

1908 ve sonrası grev istemleri, çocukların çalıştırılmasının yasaklanması, parça başı yerine saate göre ücret/asgari ücret, ücret kesme cezalarının kaldırılması, iş kazalarına karşı tedbir, eşit işe eşit ücret gibi istemlerle çeşitlenip zenginleşir. Bir dizi grevde, işçilerin işe alımlar ve işten çıkarmalarda, çalışma sürecinde söz ve temsil hakkı, ve işçilere eziyet eden ya da istemlerini kabul etmeyen yöneticilerin istifası istemleri de vardır. Bunlar, "Emeğin korunması mücadelesi" kapsamında istemler olmakla kalmaz, ilkel birikim biçimlerinin kaldırılması ve işçiler arasındaki rekabetin sınırlandırılması (ve bazı grevlerde emeğe ilişkin konularda idari söz ve temsil hakkı) çabasını içerdiğinden, aynı zamanda demokratik istemlerdir. Bu istemlerin çoğu, kömür havzası grevlerinde de vardır, 1921 tarihli Ereğli havzası iş kanununa da geçmiş, fakat uygulanmamış, 1923 greviyle kazanılmıştır. Kömür havzasında 1908-22 grev ve mücadeleleri olmasaydı, 1923 grevi ve kazanımları da olmazdı! Ancak romanda, Ereğli havzasında işçi sınıfının öz mücadele deneyim ve bilinciyle birlikte, işçi istemlerinin gelişim sürecini göremiyoruz.

31 Mart 1909 vakasının (İstibdat yanlısı kalkışmanın bastırılması) ardından canlanan grev dalgalarıyla birlikte sosyalist uyanış da artar. 16 Haziran'da Selanik'te 6 bin işçinin katıldığı bir mitingle Tatil-i Eşgal Muvakkat kanunun Meclis-i Mebusan'da görüşülmesi protesto edilir. Ordunun saldırmaya hazır beklediği ama kitlesellik karşısında geri çekildiği mitingte, hilalli Türk bayrağı, Yunan bayrağı, kızıl bayraklar birlikte sallanmış, İstanbul'dan Ermeni bir gazeteci, bir Türk öğretmen, bir Bulgar işçi, bir Sırp işçi, iki Yunan işçi konuşma yapmıştı.

Selanik ve İstanbul, işçi ve sosyalist hareketlerin merkezi haline gelir. Bulgar Sosyal Demokrat Partisi, Makedon Devrimci Örgütü'nün, Rum, Yahudi, Müslüman grupların katılımıyla Selanik Sosyalist İşçi Federasyonu'nu kurar. Bulgarca, Rumca, Yahudi İspanyolcası ve Türkçe "İşçi Gazeteleri" yayınlamaya başlar. Bu örgütün İttihatçılar ve burjuvazi ile net sınırlar çizmemesi üzerine, Bulgar Dar Sosyalistleri ayrışıp Selanik Sosyal-Demokrat İşçi Örgütü'nü kurarlar. İstanbul'da da Bulgar Dar Sosyalistleri çizgisindeki Bulgar, Rum, Ermeni işçi ve sosyalistleri, 1909'da şehrin ilk sendikal ve sosyalist örgütü olan İstanbul Sosyalist Merkezi'ni kurarlar. İlk 1 Mayıs gösterilerini örgütler ve Türkçe "İşçiler Gazetesi"ni yayınlarlar. İSM de 4 dilde haftalık işçi gazeteleri yayınlamaya başlar. Yayınlarında amacını, Osmanlı İmparatorluğunda uluslar arası sosyalist bir işçi partisi kurmak olarak açıklar: *"Uluslar arası bir parti; çünkü Osmanlı'da başka türlü bir sosyalizm imkansızdır."* İSM çevresinde kurulan Sendikalar Birliği'nde, kendilerini Sosyalist ve Enternasyonalist olarak tanımlayan, Bulgar, Rum, Türk, Ermeni, Yahudi işçilerin birlikte yer aldığı 8 sendika vardı. Osmanlı'da İttihatçılara (ve liberallere) karşı en kesin ve net tutumu alan harekettir. 1910'da ise Müslüman ağırlıklı aydınların yer aldığı, daha çok sendikal bir çevre olan Osmanlı Sosyalist Fırkası kuruldu ve İştirak gazetesini çıkarmaya başladı.

1910'da baskılar yoğunlaştı, gazeteler, dernekler kapatılmaya, tutuklama ve sürgünler yapılmaya başlandı. Selanik merkezli Sosyalist İşçi Federasyonu ve Hınçak, İttihatçılara karşı daha eleştirel bir tutum almak zorunda kaldı. Bu siyasal iklim içinde birbirine yakınlaşan Selanik ve İstanbul'daki hareketler, 1911 başında Selanik'te Osmanlı Sosyalist Örgütleri Birinci Konferansı'nı düzenledi. 1910'da Belgrad'ta düzenlenen, hem emperyalist müdahaleler hem de İttihatçılara karşı Balkan Cumhuriyeti Demokratik Federasyonu'nu savunan Balkan Sosyalist Partileri Kongresi kararları paralelinde yapılan Konferans'ta İttihatçıların milliyetçi ve askeri politikaları şiddetle protesto edildi, Osmanlı işçi sınıfının ortak mücadelesi ve bir Balkan sosyalist federasyonu kurulması amaçları konuldu. Selanik'te 20 bin kişinin katıldığı 1 Mayıs gösterileri birlikte örgütlendi.

Ancak bu birleşik mücadele girişimi, yılsonuna kalmadan, sağ ve sol kanatlar arasındaki derin ayrım nedeniyle dağıldı. Bunun nedenlerinden biri de, İttihatçıların Türkçü-askerci kanadı ile liberal kanadı arasındaki çatlak, 1911'de liberallerin ayrılıp Hürriyet ve İtilaf Fırkası'nı kurması; seçimlerden medet uman Selanik Sosyalist İşçi Federasyonu, Sosyal-demokrat Hınçak ve Osmanlı Sosyalist Fırkası'nın da onunla ittifaka girişmesiydi. Bu parlamentarizm macerası da, 1912'de kavga gürültülü seçimleri kazanan Hürriyet ve İtilaf Fırkası'nın baskılarda İttihat ve Terakki Fırkası'nı aratmaması, ve zaten Balkan Harbi, İttihatçı darbesiyle sosyalistler, işçi grevleri, Ermeniler, Rumlar, Kürtler üzerinde büyüyen terör dalgası ile sona erdi!

Romanda, bunların hiç birini göremiyoruz. Nedenleri arasında şunları sayabiliriz: Ereğli-Zonguldak havzasını tarihsel bütün ve süreç içindeki yerine yerleştirmek yerine, bundan büyük ölçüde kopartılmış bir soyut-parça mekan olarak ele alması... Havzadaki tarihsel sürecin anektodlara parçalanması. Anlatıcının roman kişileri ve okurdan fazlasını bilmeyen bir bilisizlik/bilinemezcilik durumuna indirgenmesi... Tarihsel-siyasal gelişmelerin siyasetle hiç ilgilenmediği varsayılan kendiliğinden bilinç gözünden ele alınarak, yok sayılması... İşçi bilincinin salt psikolojik bilince indirgenmesi...

Toplumcu gerçekçi romanda "ideal tip" denilen, örneğin Vedat Türkali ya da Erol Toy'un romanlarındaki gibi, her şeyi arka plandan ideolojik-siyasal olarak mükemmel biçimde tahlil edip açıklayan ideal işçi varsayımını savunmuyoruz. Ancak post-modern romandaki gevşek anektod-öykücükler toplamı olarak "tarih", bilisizliğe ve bilinemezciliğe dönüşüyor. Oysa işçilerin az çok sınıf bilinçli öncü kesimi bir yana, geniş kitleleri de, makro siyasal gelişmelere hiçbir zaman tümden ilgisiz kalmaz, kendisine ne getirip götüreceğini anlamaya çalışır, bunun için "kanaat önderlerine" bakar, doğru veya yanlış olsun, bir tutum almaya çalışır. Romanda Dikran ve İştirakiyuncuların karakter haline getirilmesi, öncü işçilerin ve İştirakiyuncuların kendi aralarında ve diğer işçi kesimleriyle kritik makro siyasal dönemeçler hakkında konuşmaları, dengeli bir anlatıcı ve işçiler içindeki farklı eğilimleri gösteren dinamik bir örgü ile bu başarılabilirdi.

Grizu'nun 1908-23 dönemini ele alışı: Kekeme tarih

Romanda, İkinci Meşrutiyet sonrası havzadaki ilk maden işçileri grevinde, işçiler Fransız Ereğli maden şirketinin binalarını ve merkezini işgal ediyorlar, jandarma ve sahilden bir gunbot işçileri çeviriyor, ve... Yazar bu grevi, işçiler açısından ekonomik, siyasal kazanımlarının ne olup olmadığına yer vermeden, eylemler sırasında ezilen iki civcivin hikayesine bağlayıp, kesiveriyor. Yer verilmeyenler: Grev işçilerin yüzde 30 ücret zammı kazanımı ile sonuçlanır. Ama Fransız Ereğli şirketi greve öncülük ettiğini tespit ettiği 21 işçiyi devlete bildirerek tutuklanmasını ister. 6 işçi tutuklanarak yargılanmak üzere İstanbul'a gönderilir ve şirket bu 6 işçinin Zonguldak'a girmesinin uzun süre yasaklanmasını ister. 4 işçi ise Zonguldak'ta gözaltına alınır. Şimdi bu en temel bilgileri bile sakınırsanız, okur grevi nasıl değerlendirsin?

Romana bu grev sırasında şöyle bir girip çıkan Kont Vitali, o dönem yalnız kömür havzasında değil Osmanlı çapındaki Fransız sermaye imtiyazlarının başlıca temsilcilerinden biridir. Ve yalnız havzada değil Osmanlı çapında yabancı şirketlerin işçi grevlerine karşı politikalarının belirlenmesinde rol oynamış ve bir dizi başka yerdeki grevlerde (örneğin demiryolu grevleri) işçilerle görüşmeleri o yürütmüştür. Yalnızca Kont Vitali vesilesiyle bile Osmanlı çapındaki 1908 Ağustos-Ekim grevleri dalgasını işlemek, Ereğli 1908 grevlerini de bu bütün içinde ele almak mümkün olabilirdi.

Kaldı ki 1908'de Ereğli madenlerinde bir değil tam üç grev var. Bunların biri de devletin şirkete yüklediği hastane yapımını, şirketin de işçi ücretlerinden kesmeye kalkışmasına karşı. 1909'da kırılan küreklerin işçilere aldırılmasına karşı kazanımla sonuçlanan bir grev daha var. Yine 1909'da Gelik bölgesinde de ücret kesme cezalarına ve bazı öncü işçilere iş verilmemesine karşı iki grev daha var. Bunları da romanda göremiyoruz! Dahası Ereğli Şirketinin grevlere karşı götürü usulüne (taşeronluk) geçiş yapışını, bunun ocaklardaki iş cinayetlerinde yarattığı patlamayı, daha sonra Gelik'te iş cinayetlerine karşı da bir grev olduğunu, ve bütün bunların 1921'de havzaya özgü iş kanununda ve 1923 grevinde bir etken olduğunu da göremiyoruz.

1911 Gelik grevinin Ermeni, Kürt, Türk öncü işçiler grubu tarafından nasıl organize edildiğine ve taleplerine ilişkin bir anektod var, fakat bu grev de yazar tarafından başlangıç aşamasında kesiliyor. Nasıl geliştiğinin, sonuçlarının, etkilerinin ne olduğuna dair hiçbir şey öğrenemiyoruz. Oysa bir grevi, hele ki grevler zincirini, somut ekonomik-sosyal kazanımlar kadar siyasal-moral kazanımların ne olup olmadığı, işçi bilinç, örgütlülük ve tutumları, karşıt sınıflar arasındaki güç dengelerini nasıl değiştirdiği, bu deneyimlerden öncü işçiler ve geniş işçi kitlelerin hangi sonuçları çıkardığı, greve devlet müdahalesi olup olmadığı, grev sonrası gelen karşı saldırıların ne olduğu ve bunlara karşı ne yapıldığı, işçilerin hükümet ve devletten, "Hürriyet, Müsavat"tan beklentilerini ne yönde nasıl değiştirdiği, gibi kritik etkenleri derli toplu işlemeden "anlatmış" olmazsınız.

Havzadaki 1913 yılındaki, öncü maden işçilerinin desteklediği kayıkçı ve amele grevi de kısa bir anektodla geçiliyor. Yazar, bu kısa anektod içinde şuna işaret ediyor: *"Bu desteğe rağmen grev, havzadaki madencileri tartışmaya sokmuştu. Çoğunluğu yerli olmayan madencilerin oluşturduğu kesim, grevin başarılı olması durumunda, kendilerinin de greve gidip ücretlerini artırabileceklerini söylüyordu. Çoğunluğunu yerlilerin oluşturduğu kesim ise grevin üretimi yavaşlattığını, mühendisleri endişelendirdiğini ve madencinin ekmeğini tehlikeye soktuğunu savunuyordu."* Çok önemli ve asıl işlenmesi gereken bir nokta, ama hepsi üç cümle...

Yazar, aynı ciltte, aynı konuya, maden patronlarının işçileri sindirmek için oluşturduğu korucu çetesine karşı öncü işçilerin çare arayışı sırasında, Cemal'in sözleriyle değiniyor: *"Ameleye anlatsak da bir şey çıkmaz," dedi Cemal. "Amele çalışır, buyururlarsa yürür, verirlerse yer, yatar, horul horul uyur; sonra da kalkar, şorul şorul işer. Ameleyi unut. Amele bizi ele verir. Bu iş ameleyle olmaz. Bir çete de bizim kurmamız lazım. Onların çetesinde kimler varsa, karanlıkta tek tek, fendine girip ezmemiz, atmamız lazım bu havzadan."* Burada da bir öncü işçi tarafından yeraltı amelesinin adeta hakaretengiz, insan olarak bile görmeyen biçimde küçümsenmesini ve "öncü savaşı" mantığını görüyoruz. Tayyar Çavuş, buna *"Çete kurmak tehlikelidir. Ocak sahipleri jandarmayı üzerimize sürer, bizi ezer. Güvendiğimiz arkadaşlara muhasımlarımızın çetesini anlatmamız lazım. Onları uyanık olmaya, birlik olmaya çağırmamız lazım. Çetenin bizi tek tek düşürüp ezmemesi için birlikte gezmemiz lazım."* diye itiraz ediyor. Ancak yazar bu tartışmayı da bir sonuca bağlamadan bırakıyor. Nitekim Cemal bıçkıcının dükkanını yakıyor, ardından patronların çetesi öncü işçilerden bildiklerini işkenceye çekiyor, terör estiriyor. Ama romanın bölük pörçük anektodsallığı gereği, öncü işçiler arasında bu tartışmanın devamı, nasıl sonuçlandığı yine yok.

Post-modernizmde adetten olduğu gibi, "tercih"i okura bırakma görünümüyle, iki farklı görüş yanyana konuyor. Hangisi haklıydı, ne yapmak gerekirdi, bu iki görüşü ileri yönlerinden bütünleştirmek mümkün müydü? Post-modern roman anlayışı içinde olayların işlenmesi o kadar bölük pörçük ve yüzeyseldir ki, yanıt bulmak imkansızdır.

Yazarın ortaya iki seçenek koyup "tercihi okura bırakma" ve "okuru romana katma" iddiası görünüştedir. Okurun bir fikir ve tutum sahibi olabilmesi için, önce durum hakkında daha etraflı, derine nüfuz eden gerçekçi-edebi bilgi ve esine sahip olması gerekir: Yer altı amelesi neden daha geridir, sermaye ve devletinin işçileri bölüp parçalamak için kullandığı yöntemler nelerdir, romanda yer verilmeyen kesenecilik/amele çavuşluğu/parça-başı ücret sistemi bunda nasıl bir rol oynamaktadır, 1908 sonrası siyasal iktidar çalkantılarının işçi kitleleri ve farklı işçi kesimleri üzerindeki yansımaları nelerdir, işçi grev ve eylemlerinin artması ile patronların işçiyi zorbalıkla sindirme çeteleri kurması arasındaki bağ nedir, yeraltı ile yerüstü işçileri arasında, maden işçileri ile deniz tahmil ve demiryolu işçileri arasında ve farklı ulus ve etnisitelerden işçiler arasında bölünme ve ayrım ileriye doğru nasıl kapatılabilir, birleşik bir örgütlenmenin olanakları nelerdir, ekmek ile özgürlük, ekonomik ve siyasal mücadeleler arasındaki bağ nedir ve nasıl kurulur?! Örneğin havza hakkında emek tarihi araştırmalarından iyi bilinen şu gibi bilgileri bile romanda bulamıyoruz:

"Tunalı Hilmi'nin 2 Nisan 1910 tarihli raporunda Türk işçilerin yabancı işçilere göre daha zor şartlar altında çalıştığı ve barındığı bilgisi yer almaktaydı. Türkler 80 kişilik barınaklarda kalırken yabancılara ait özel evler bulunmaktaydı. Karadağlı, Hırvat ve Kürt işçileri tercih eden Ereğli Şirket-i Osmaniyesi, bu işçileri elinde tutabilmek adına kendileri için pansiyonlar inşa etti. Farklı kategorilerdeki işçi-

ler için çok farklı barınma tipleri ortaya çıkmıştı" (Donald Quatert. Osmanlı İmparatorluğu'nda Madenciler ve Devlet: Zonguldak Kömür Havzası 1822-1920. Boğaziçi Üniversitesi Yayınları, İstanbul. 2009).

1914'te İstanbul Toplumsal Araştırmalar Merkezi adına 2. Enternasyonale gönderilen bir raporda ise şunları okuruz:

> *"Ne yazık ki önleyemediğimiz bu Balkan Savaşı denilen savaş, etkilerini Doğu emekçi sınıfının daha uzun süre üzerinden atamayacağı, halkın ve proleterlerin henüz yeni olan uyanışlarını geciktirecek sonuçlar doğurmuştur. Bu savaş, Doğu ulusları arasında kin ve taassubu yeniden canlandırdı, yöneticiler ve sermayedarlar çıkarına milliyetçi zihniyeti güçlendi."* (Georges Haupt/Paul Dumont, Osmanlı İmparatorluğunda Sosyalist Hareketler. Ayrıntı yay.)

Yazar, değinip geçtiği işçiler arasında bölünme sorununun arka planı üzerinde dursaydı, okurun yüzeysel/anektodsal öykücüklerle önüne konulan seçeneklerden birini "tercih" etme basitliğinin ötesinde, bir şeyler öğrenerek çözüm arayışına girmesi mümkün olurdu. Ama biz kayıkçı grevinin nasıl sonuçlandığını bile romandan öğrenemiyoruz. Post-modern anlayışta hep olduğu gibi tarihsel-toplumsal gerçekleri yüzeysel ve bölük pörçük belirti-anektodlara indirgemek, iddia edildiği gibi "okura hayal gücü özgürlüğü" vermiyor, tam tersine hayal gücünü öldürüyor ve okuru alabildiğine edilgenleştiriyor.

Romanda 1915'te havzadan Ermenilerin sürülmesini, yerli Müslüman burjuvaların gözünden anlatan bir bölüm var. Ermeni işçi Dikran'ın ise -muhtemelen yerli Müslüman ocak sahiplerinin çetesi tarafından- öldürüldüğünü, ancak çok sonra, Cemal'le birlikte öğrenebiliyoruz! Emperyalist dünya savaşı sürecinde askere alınmaktan firar edip uzun süre dağlarda tek başına dolaşan öncü işçi Cemal, kendisini yetiştiren, İştirakiyuncularla tanıştıran, yoldaşı, devrimci ve sosyalist fikirlere en yakın işçi Ermeni Dikran'ın öldürülmesine, çok öfkeleniyor, intikam arzusuyla doluyor... Ama daha aynı bölüm, Dikran unutulup Rukiye'nin Cemal'in evine taşınması meselesiyle bitiyor! Roman, sınıf bilinçli devrimci Ermeni işçi Dikran'ı, katledilen 100 binlerce Ermeni'nin, İstanbul'da idam edilen Ermeni sosyalistleri Paramaz'ların anısına, 3. cildin bir ana karakteri haline getirebilecekken, doğru dürüst bir yan karakter haline bile getirmediği gibi, ölüsünü de öyle ortada bırakıyor! Yazar ve yarattığı roman kişileri, 1923 grevinin önderi işçi Cemal ve havzadaki diğer öncü işçiler, Zonguldak 1923 grevinde, havzadaki İştirakiyuncu (TKP) Ahmet ve Abdurrahman'ı sevgi saygıyla hatırlıyorlar, ama Dikran'ı nedense hatırlamıyorlar! Ve bu "nedeni" yazar dile getirmekten özenle kaçınıyor!

Roman, emperyalist savaş sırasında Alman idaresine giren havzada, Ermeni tehcirini daha "yumuşak" gösteriyor, bunu, Ermeni burjuvaların Alman sermayesine hisse alarak yanaşmaya çalışmalarına, Alman sermayesi şefi Stinnes'in "sürgün dışı bırakılacak Ermeniler" listesine, ve Balkan muhacirlerinin Ermeni ve Rumların oturduğu yerlere yerleştirilmenin yaratacağı karışıklığın havzada üretimi aksatmasından korkulmasına bağlıyor. Böylece Ermeni sürgünlerin Bolu'ya, oradan Suriye'ye sevk edileceği söylenip mesele kapatılıyor. "Tarihsel vicdan" yerine getirilmiş, 2000'li yılların liberal vicdancılık trendi gereği, romanda Ermeni tehcirine de bir iki anektod ayrılmıştır!! "Sürgün" denilenin, yüzlerce kilometrelik ölüm yürüyüşlerine, işkence ve katliamlara dönüştürüldüğünden veya amele -ölüm- taburlarından tek kelimeyle bahsetmiyor.

Alman emperyalizminin Doğuya yayılma stratejisi dolayında mevzilenen ve desteklenen İttihatçıların "Adriyatikten Çin'e kadar" tekçi Türkçülük esasına dayalı "Türk İmparatorluğu" yayılmacılığı hezeyanlarının, jenosid, katliam, kanlı tehcir ve asimilasyon plan ve uygulamalarının bütün dehşeti de romanda yok. İttihatçıların, Alman emperyalizmi destekli planları, Ermenileri ve Pontus-Rumları imha ve tehcir, diğer bölgelerdeki Rumlar ile Süryanileri, Ezidi Kürtleri tehcir ve sürme, Müslüman Kürtler, Lazlar, Çerkezleri Türklüğe, Kızılbaşları Müslümanlığa asimile etmeyi hedefliyordu.

Bu cehennemi planlarının, başta Ermeni jenositi ve Karadeniz'de Pontus-Rum katliamları olmak üzere önemli bir bölümünü gerçekleştirdiler. Onların 1. Emperyalist savaş yenilgisi ile çökerek kaldıkları yerden ise, aynı planı, özü itibarıyla, Kemalizm, 1920 Koçgiri, 1921 Pontus-Rum katliamları ile başlayarak, daha sistematik biçimlerde sürdürdü.

2000'li yıllarda yazılmış, resmi tarih karşıtı tarihsel-edebi gerçekçilik iddialı bir tarihsel romanda, 1908-25 döneminin bu en kritik olgularının olmaması mümkün mü? Post-modern romancılıkta "tarihsel gerçekler altında ezilmemek" adına, gayet mümkün. Yok eğer, bu böyle ağır siyasal konularla ilgili olmayan bir "işçi romanı" denilecekse, daha fena. Çünkü Osmanlı işçi sınıfının ve sosyalistlerinin Ermeni, Rum, Bulgar işçileriyle birlikte en ileri kesim ve birikimlerinin önemli bir bölümünü yitirmesinin, dahası bu soykırım ve tehcir politikalarının Türk milliyetçiliğiyle enfekte olmuş TKP tarafından bile açıkça mahkum edilememesinin sonuçları da, Türkiye işçi sınıfı açısından ağır olmuştur:

> *"Türk işçileri, (...) 1923 yılı grevlerinde Müslüman olmayan işçilerin yerine Müslüman işçilerin alınması talebinde bulunmuşlardır. Bu türden "milliyetçi" talepleri salt bağımsızlık mücadelesinin yarattığı havanın sonucu olarak görmek yanlış olur. Dönemin yönetenleri milliyetçiliği körüklüyordu. İttihat ve Terakki demiryollarında uzmanlık alanları dışında kalan işlerde Müslümanların çalıştırılmasını hükme bağlarken, Mustafa Kemal Paşa da İzmir İktisat Kongresi'nin açılış konuşmasında "fabrikalarımızda kendi amelemiz çalışmalıdır" diyordu. (Romanda, maden işçilerinin 1923 grevinin talepleri arasında yer alan bu yaklaşımın da Kemalizm'le bağıntısı kurulmuyor, bn.) Ağustos 1923'te İzmir-Aydın demiryolu grevi işçiler arasındaki milliyetçilik olgusunu ve yönetenlerin milliyetçileştirme girişimlerini ortaya koymak açısından ilginç bir örnek oluşturmaktadır. 1908-1914 dönemi Ermeni ve 1919-1923 dönemi Rum işçilerin savaşlar, göçler ve nüfus değişikliği nedeniyle Osmanlı İmparatorluğu'ndan ayrıldıkla-*

rı dönemlerdir. Birinci Dünya Savaşı'nda 800.000 Ermeni ile 200.000 Rum kıyım ve tehcir yüzünden veya amele taburlarında ölmüş, 1912-1923 döneminde yaklaşık 1.000.000 civarında Rum Yunanistan'a göç etmiş, 1923-1926 döneminde de Türkiye ile Yunanistan arasındaki nüfus değişiminde 1.200.000 Rum Yunanistan'a gitmiştir. Türkiye'yi terk etmek zorunda kalan Rumların önemli bir bölümünü işçiler oluşturmaktadır. (Romanda Havzadaki Rum tehcirini ise, 3. ciltte, yalnızca Deli Dürdane'nin ağzından bir cümlecikle görebiliyoruz!-bn) Böylece Osmanlı İmparatorluğu'nun en deneyimli işçileri yok olmuştur. Türkiye'de yeni bir düzen oluşturulmaya çalışılırken büyük ölçüde Müslüman işçilere istihdam olanakları yaratılmış; yeni, deneyimsiz ve birikimsiz bir işçi kitlesi oluşmaya başlamıştır." (Yüksel Akkaya, age. Aynı zamanda: Kadir Yıldırım, Balkan Savaşlarının Osmanlı'da İşçi Hareketleri Üzerindeki Etkileri.)

Birçok ülkedeki işçi sınıfının oluşum ve gelişim süreçlerinde, sınıfsal ve ulusal sorun, çelişki ve çatışmalar iç içe geçmiştir. Bu çelişki ve mücadeleler arasında ilişkinin nasıl kurulup kurulamadığı, işçi sınıfının şekillenişinde çok kritik bir rol oynamış ve güçlü izler bırakmıştır. Türkiye işçi sınıfı açısından iki kat böyledir. Çözülmekte olan bir İmparatorluğun mirası üzerinde kapitalist ve emperyalist kapitalist güçlerin paylaşım kavgaları, diğer yandan uluslaşma süreçleri, ezilen ulus sorunları, çok sayıda ulusal-etnik sorun, çelişki, çatışma, savaş ve katliamlar ortasında; hem durmaksızın parçalanma ve en ileri ve mücadeleci kesimlerini yitirme eğilimi hem de çok uluslu gücünü birleştirme ve enternasyonal mücadele eğilimi gösteren, çok çetin bir dönemeçtir bu.!

Romanın 3. ciltinde, havzanın 1908-13 döneminde (Balkan Harbi'nin etkileri atlanmış olarak), öncü ve daha mücadeleci işçi kesimleri olan Ermeni, Rum, Hırvat, Laz, Kürt işçiler ve Tayyar Çavuş, Cemal gibi öncü Müslüman (ve Türk) işçiler arasında, belli bir dayanışma ve mücadele ağının oluştuğu, özellikle de grevlerde birlikte hareket ettikleri vurgulanıyor. Özellikle Tayyar Çavuş'un, havzada çalıştığı her madende, "gavur/müslim ayrımı yapmadan" işçileri harekete geçirmeye çalıştığı, yine laf arasında bir cümle olarak geçiriliyor. Bununla birlikte, Balkan Harbi, Emperyalist Harp ve sonrasında, işçiler arasındaki ayrımları, İttihatçılar (ve sonra Kemalistler) ile farklı uluslardan maden patronlarının bu ayrımları kullanma ve işçileri birbirine karşı kışkırtma politikaları ise yok. Bu sermaye politikaları ve provakasyonları, işçileri kaynaştıran ve dayanışmalarını güçlendiren grev ve mücadele dalgaları sırasında fazla zemin bulmasa bile, savaşlar sırasında din ve milliyetçiliğin belirgin bir etkisi vardı, Müslüman işçilerin geri bilinçli kesimleri içinde işçi oldukları için değil Müslüman (ve sonra Türk) oldukları için yabancılar tarafından sömürüldükleri ve ezildiklerini düşünüp Müslüman ve Türk egemenlerine sarılma, gayrı-müslim işçi kesimleri içinde ise işçi aristokrasisi eğilimleri kendini gösterebiliyordu. (Bkz. Yüksel Akkaya, Cumhuriyet'in Hamalları: İşçiler. Yordam Kitap. İstanbul. 2010. Zafer Toprak, Türkiye'de İşçi Sınıfı: 1908-1946. Tarih Vakfı Yurt Yay. İstanbul. 2016)

Bu bilgiler ışığında bakıldığında, havzadaki Ermeni ve Rum işçi tehcirlerine karşı, daha geri olan münavebeli (ve harp sırasında askere alınanlar yerine köylerden toplanmış) işçilerin tepkisiz kaldıkları, hatta bir kısmının harp sırasında alabildiğine körüklenen dinci ve milliyetçi saiklerin etkisinde kalarak tehcir ve katliamları desteklediğini düşünmek yanlış olmaz. Romanın emperyalist savaşa ilişkin bölümlerinde buna dair tek şey, madende ölmüş olan üç maden işçisinin cesetlerinin dışarı çıkarılınca, içlerinde bir imamın da olduğu kalabalık tarafından bombardımanda öldükleri sanılarak, "din şehitlerimiz" diye adeta sevinerek histerik törenler yapıldığını anlatan kısa ironik anektod. Romandaki popüler mizahi damarın, "yanlışlıklar komedyası" tarzını aşmayışının birçok örneğinden biri. Brecht'yen epik alegori ve trajik boyutuyla işlenip derinleştirilseydi, güçlü bir bölüm olabilirdi. Benzer bir ironi de "milli iktisat" politikalarının havzada hangi emperyalist sermaye kesimi egemen hale gelirse yerli ocak sahiplerinin ona yamanması ve tabii gayrı-müslimlerin mallarına el koyma iştahının gösterilmesinde kullanılıyor.

Ancak yazar, "milli iktisat"ın, 1913'ten itibaren yoğunlaşan biçimde, önce İttihatçılar sonra Kemalistlerce, işçiler üzerinde ve içinde de Türkleştirme politikasını içerdiğinin pek farkında görünmüyor. Gerçek bir tarihsel işçi romanı olsaydı, işçi sınıfını farklı ulus, etnisite, din, mezhepten bileşenlerini zorla tasfiye ve asimilasyon dahil Türkleştirme ve 15 yıllık bir süre zarfında (1913-29) şovenist-korporativist "Milliyetçi Türk işçisi" kalıbına dökme politikalarının, işçi sınıfı ve sosyalistler içindeki etki ve tepkileri, kimlerin ve hangi kesimlerin buna karşı işçi sınıfı enternasyonalizmi çerçevesinde mücadele etmeye çalıştığı, kimlerin ve hangi kesimlerin ise tavırsız kaldığı, veya desteklediğini, tarihsel arka planıyla birlikte açıklaması ve edebi-gerçekçilikle işlemesi gerekirdi. Üçüncü ciltte havzadaki Kürt işçilerin daha mücadeleci oldukları vurgulanıyor, ama dördüncü ciltte neden ve nasıl ortadan kayboldukları anlaşılmıyor. Romanda Ermeni soykırımı gibi, Rum kırım, tehcir ve mübadelesinin, Pontus-Rum katliamının (1921), Koçgiri (1920), Dersim (1925 ve 1937) katliamlarının, Varlık Vergisi ve sürgünlerinin, 6-7 Eylül provakasyonunun havzaya, asıl olarak da maden işçilerinin bilinç ve tutumlarına nasıl yansıdığını göremiyoruz. Ama yeraltında çalışmaya köçeklikten gelen ve bulduğu her fırsatta oynayan bir maden işçisini, liberal halkçı kültürel özerkçilik ile sınırlı 2000'ler trendi gereği keyifli bir ilginçlik olarak görüyoruz! Roman, "tehlikeli sular"a şöyle bir ucundan dokunup, gayet light ve liberal bir havada atlaya zıplaya akıp gidiyor!

Çünkü bunlar ortaya konmadan, işçi sınıfının içinde bu süreçte var olan burjuva milliyetçilikten özerk ve enternasyonal eğilimlerin nasıl bastırıldığını, çok uluslu karakterinin nasıl parçalanarak tek-ulusçu bir kalıba sokulduğu ve bunun sınırlı bir öncü kesimi dışında Müslüman-Türk işçiler içinde de, Müslüman ve Türk olmayan işçi kesimlerine karşı reaksiyoner tutumlar biçiminde yer yer zemin ve destek bulduğunu ve dolayısıyla işçi sınıfının 1908-27 döneminde geçirdiği büyük metamorfozun bu çok kritik yönü, anlaşılamaz.

Evet, bunlar acı gerçeklerdir, ama bunları sansürlerseniz, burjuva resmi tarihçiliği ve tarih çarpıtmacılığını tersinden siz de yapmış olur, tarihimizle - 2000'li yılların neoliberal demokratik teamülleri çerçevesindeki liberal aydın vicdancılığının ötesinde- gerçek anlamda bir yüzleşmeyi engellemiş, suya sabuna dokunmadan kendinizinki gibi okurun vicdanını da bir iki liberal pansumanla rahatlatmış olursunuz. Tabii o zaman, yazdığınız da toplumsal-eleştirel ve öz eleştirel edebi gerçekçi bir işçi romanı değil, 2000'lerin sosyal liberal post-modern tarihsel "vicdan" romanları modasına uygun bir "soap opera" olur.

Grizu'nun 1919-1923 dönemini ele alışı: Zap-tarih

Tüm roman boyunca, havzada sosyalizm adına görebildiğimiz ise şu: Bolşevik (TKP'li) Ahmet ve Abdurrahman, Ermeni işçi Dikran, TKP sempatizanı işçi Cemal. Ahmet ve Abdurrahman'ın daha önce de havzada bulunduğu, Ahmet'in grevlerde görüldüğü ve işçiler içinde muhtemelen siyasal ve sınıfsal bir faaliyet yürüttüklerini yazar, herhalde epey sonradan aklına gelmiş olmalı ki, romanda 1913 itibarıyla dolaylı biçimde belirtiyor. Ama 1918 öncesinde ne TKP ne de öncülleri (Türkiye İşçi Çiftçi Sosyalist Fırkası, Türkiye Halk İştirakiyun Fırkası, Mustafa Suphi grubu) ortada olduğundan, kimdiler, işçi miydiler, aydın mıydılar, ne adına nasıl bir faaliyet yürütüyorlardı, önceden komünist miydiler, Bolşevik Devrimi'nden sonra mı komünist oldular, 1914'te Dikran'ın "havzada en güvendiği iki kişi" olmaları dışında, belirsiz. Romanda bir iki görünüp kayboluyorlar ve roman kişilerine bile dönüştürülmüyorlar.

İştirakiyunculara söyletilen tek söz, Müdafaa-i Hukuk Cemiyeti toplantısında yerli maden patronu Maksut Çivi'nin *"Biz, sınıfsız, zümresiz, imtiyazsız, Müslüman bir milletiz. Bizim Bolşevizm'e ihtiyacımız yoktur."* sözüne karşı, şöyle: *"Bu havzanın üstü cennet, altı cehennemdir, Maksut Bey. Cehennemdeki ateşi yerüstüne çıkaran, bütün memleketi ısıtan, çarkları döndüren, hayata biçim veren bir sınıf var ki o da amele sınıfıdır. Rus ihtilali, bir amele ihtilali-*

dir. İnancım odur ki bu ihtilal, yakında Anadolu'ya silah ve cephane gönderecek, amele sınıfının, işgalcilere ve onların içteki uzantılarına karşı ayağa kalkmasına yardım edecek." Bunun üzerine Cemal de, şöyle diyor: *"Amele yeraltından yerüstüne çıkar da, işgalcilere karşı yürürse, Zonguldak'ı, Ereğli'yi ele geçirse, bu havzada hiçbir şahin güvencini yiyemez."*

Bunlar aynı zamanda, Cebeli ve avenesinin mistik düşe dalış ve tefekkürlerine yüzlerce sayfa ve sayısız bölüm ayrılmış romanda, işçi devrimi ve sosyalizm adına söylenmiş olan biricik sözler. Cemal, amelenin Zonguldak, Ereğli'yi ele geçirmesi özlemini duyuyor ve inanıyorsa, daha önce İştirakiyunculardan duymuş olabileceği işçi-emekçi şuralarını da biliyor demektir. Kaldı ki işçi hareketi ile sosyalist akımların daha sonra uzun süre olmayacağı kadar birbirine yakınlaştığı bu dönemlerde (1918-23), işçi-emekçi şuraları, işçi meclisleri Bolşevizm sempatizanı sınıf bilinçli işçilerin özlemlerine hiç yabancı değildi. Türkiye Halk İştirakiyun Fırkası (Anadolu TKP) "şuralar hükümeti" sloganını yükseltiyordu. TKP'nin kuruluş kongresi olarak bilinen 1920 Bakü Kongresinde de şuralar hükümetine belli atıflar vardı. Yazar, Cebeli'ye bölümler ve sayfalar dolusu düşe dalış ve tefekkür yazarken, Cemal'den birkaç sayfalık karınca kararınca bir sosyalizm düşünü, en azından havzada bir "işçi şurası" düşünü edebi olarak işlemeyi bile sakınıyor.

Romanda bir yan karakter bile yapılmayan iki İştirakiyuncu 1919 sonrası ortadan kayboluyor. Bakü 1920 kongresine (TKP'nin kuruluş kongresi) gitmiş, dönüş yolunda Mustafa Suphi ile birlikte öldürülmüş olabilecekleri söyleniyor. Cemal ise, muhtemelen, gerçek tarihteki TKP Kongresi belgelerinde geçen, "Zonguldak grevi bir sempatizanımız tarafından yönetildi" bilgisi üzerinden kurgulanmaya çalışılmış. Dikran, Tayyar Çavuş ve diğer sınıf bilinçli öncü işçilerle birlikte 1908 sonrası grevleri örgütleyen, patron çetelerine karşı savaşan, TKP sempatizanı, Kuvvayi Milliye savaşçısı, 1923 grevinin önderi Cemal'in 1923 grevinde "yabancı işçilerin çalıştırılmasının yasaklanması" istemini savunurken, 1923 İzmir İktisat Kongresi'ndeki işçi temsilcileri grubunun dahi savunduğu "tüm yabancı işletmelerin devletleştirilmesi" istemlerinin neden gündeminde olmadığını bile bilmiyoruz.

Oysa, Türkiye işçi sınıfının 1919-23 dönemeci, ulusal mücadele kadar Bolşevik Devrim'in etkileri, İstanbul'da 1919-21'de Türkiye Sosyalist Fırkası (İştirakçi Hilmi çevresi, partiden çok II. Enternasyonal çizgisinde, sosyal-demokrat, islam ve liberal kırması bir sendikal çevreydi, ama bu yıllarda İstanbul grevlerinde önemli rol oynadı, Tramvay grevinin yenilgisi ve Hilmi'nin öldürülmesiyle dağıldı. Ancak bu bulanık çevrenin bile sosyalizm ad ve söylemini kullanarak işçiler içinde etkili olabilmesi, o dönem işçiler içindeki sosyalizm ilgi ve sempatisini gösterir), Anadolu'da 1919-24 döneminde Türkiye Halk İştirakiyun Fırkası (Anadolu TKP olarak da bilinir, Kemalizme karşı da bir dönem eleştirel ve mesafeli tutum alan, işçi sınıfının bağımsız hareketini savunmaya çalışan sol kanadı), İstanbul'da 1922'den itibaren Türkiye İşçi Çiftçi Fırkası (İstanbul TKP, TKP'nin sağ kanadı, 1925'ten itibaren oportünist uzlaşmacı çizgisiyle TKP'ye hakim hale geldi) olmadan ve incelenmeden yazılamaz.

Ereğli havzasında Fransız emperyalizminin işgaline (1920) karşı önemli bölümü firari maden işçilerinden oluşan Kuvayi Milliye çeteleri direniyor, savaşıyor. Gerçekte havzadaki bu işgal ve savaşım 15 ay sürmesine karşın, romanda sadece 6 sayfalık bir bölüm ve bir iki anektodla geçiliyor. *"Ereğli halkının, Fransız işgal kuvvetlerine karşı gösterdiği direniş"* deniyor, *"Havzanın altında çalışan 5 bin kişi, havzanın üstünde cereyan eden olayları konuşuyordu"* deniyor... Ama Kuvvayi Milliye güçleri dışında Ereğli maden işçilerinin bu süreçte ne yaptığını, ne konuştuğunu, örneğin İzmir ve İstanbul işgalleri sırasında bu şehirlerde grevler olurken, Ereğli'de olup olmadığını, olmadıysa neden olmadığını da öğrenemiyoruz. Fransız işgal güçlerinin Ankara hükümetiyle anlaşıp çekildiği söyleniyor, ama Fransız Ereğli maden tekelinin havzada devam etmesinin de bu anlaşmaya dahil olup olmadığını da öğrenemiyoruz.

Sonra Cemal dahil havzadaki Kuvvayi Milliye güçlerinin Yunan ordusuyla savaşmak üzere Batı Cephesinde düzenli orduya sevk edildiğini öğreniyoruz. Ama örneğin bu süreçte gerek Yunanistan'da gerekse Türkiye'deki Yunan ordusunda, bu işgal ve savaşa karşı çıkan, isyan eden, bu yüzden idam edilen, Yunanlı asker üniforması altında sosyalist Yunanlı işçi ve emekçilerinin olduğunu da öğrenemiyoruz! Cemal'in havzaya geri döndüğü 1923 grevine kadar, havzada, bu çok kritik 3 yılda, neler olup bittiğini de zaplanıyor.

İşçiler milli mücadelede çete (milis, gerilla) savaşlarında olduğu kadar üretim birimlerinde de etkin bir rol oynamıştır. Bunun kadar önemlisi, 1919-23 döneminde *"işçilerin geniş tabana yayılan milliyetçi hareket içinde belli bir derecede özerklik elde etmiş"* olmalarıdır. (Feroz Ahmad, Cumhuriyet Türkiyesinde Sınıf Bilincinin Oluşması: 1923-45) Ankara hükümetinin bu dönemde işçilere kısmi haklar tanıdığı ilk ve tek iş kanununu Ereğli maden işçilerine dönük çıkarmak durumunda kalması bile bunun göstergesidir. Romanda 1923 grevinin bu kanunda olup uygulanmayan haklar çerçevesinde yapıldığı belirtilmekle birlikte, sadece kömür havzasına özel bir iş kanunun Ankara hükümeti tarafından 1921'de ulusal savaş sürerken, neden ve nasıl çıkarıldığı, ve neden uygulanmadığına dair hiçbir açıklama bulamıyoruz.

Oysa bu kanun Ereğli kömür havzasında 1919-23 dönemindeki sınıfsal-siyasal-uluslararası güç ilişki ve dengelerini göstermek açısından kritik bir öneme sahiptir. Fransız emperyalist işgal güçleri Kuvayi Milliye direnişi karşısında Ankara hükümeti ile anlaşarak çekildikten sonra, stratejik öneme sahip kömür havzası siyaseten Ankara hükümetinin kontrolüne geçmiş görünüyordu ama, havzadaki ekonomik güç ve imtiyazlar da Fransız Ereğli maden tekelinin kontrolündeydi ve bu şirket havzada adeta özerk bir devletçik gibiydi. Yani havzada bir nevi "ikili iktidar" durumu 1921-23 döneminde halen sürüyordu. Dahası Ereğli maden işçisi, 1908'den itibaren önemli bölümü Fransız şirketine karşı olan çok sayıdaki grevi, süreklilik kazanmış mücadelesi ve 1919'dan itibaren de Kuvayi Milliye direniş ve mücadelelerinde oynadığı rolle, belli ölçüde özerk bir güç ve etkiye sahipti. İşte bu koşul ve dengeler içinde, Ankara hükümeti, Ereğli maden işçilerine kısmi haklar tanıyan ve kendi denetiminde bir Amele Birliği (çok güdük bir yardım sandığı) kurulmasını öngören 1921 Ereğli iş kanununu; stratejik havzayı ve maden işçilerini kendi denetimi altında tutabilmek, maden işçilerinin bağımsız sendikalaşmaya gitmesini engellemek, maden işçileri (bölgede Kuvvayi Milliyeye katılan firari maden işçileri dahil) içinde Bolşevik Devrim etki ve sempatisini ve o dönem İstanbul ve Anadolu'da bulunan sosyalist parti ve faaliyetlerin havzaya yansımasını olabildiğince engellemek

***(Dipnot:** 1921-23 döneminde, İstanbul'daki işgale ve emperyalizme karşı gösteri, 1 Mayıslar ve grevlerde Türkiye Sosyalist Fırkası, Türkiye İşçi Çiftçi Sosyalist Fırkası, Anadolu'da ise Türkiye Halk İştirakiyun Fırkası, Halk Zümresi ya da bunlarla az çok bağlantılı işçi sendikaları organize ediyordu. Aynı dönemde sosyalist çevreler ve işçiler arasında, işgale karşı işçi sınıfının önderlik yapıp yapamayacağı, bir genel grevin örgütlenip örgütlenemeyeceği, Kemalizm ve Ankara hükümetine karşı tutum sorunları da tartışılmıştı.)* ve aynı zamanda Fransız şirketini sıkıştırmak, ve İstanbul hükümetini değil Ankara hükümetini tanımaya zorlamak için çıkarılmıştı.

Kemalist resmi tarihçiler, bu kanunu "emperyalist imtiyazlara karşı milli hükümetin ilk büyük antiemperyalist başkaldırısı" diye göklere çıkarırlar. Oysa Fransız şirketi ve yerli ocak sahipleri dahil, bu kanunda işçilere tanınan kısmi hakların hemen hiçbirini tanımadıkları ve uygulamadıkları gibi, maden patronlarından prim kesilmesini öngören Amele Birliği girişimine karşı da havzada ve işçiler arasında yoğun karşı propaganda yürütmüşler, uygulanmasını büyük ölçüde engellemişler, buna karşılık Kemalist Ankara hükümetinin kanunun ve Amele Birliğinin uygulanması için ciddi bir ısrar ve yaptırımı olmamıştır. Nitekim kanun (ve Amele Birliği) taslağı daha Ankara Meclisi'nde tartışılırken bile bazı mebuslar tarafından "Bolşeviklik" ile suçlanmış, işçilerin istek ve mücadelelerini teşvik etmesinden korkulmuştu! Kanun aslen Ereğli maden işçisinin tam 13 yıllık mücadelelerinin bir sonucudur (kanunda işçilere tanınan kısmi hakların tamamı, işçilerin önceki grevlerinde yer alan mücadele istemleri arasında yer alır) ve fakat, Ankara hükümetinin "antiemperyalist işçi dostu" kılığında hem Rusya'daki Bolşevik iktidarın desteğini alma, hem de Ereğli işçilerini bağımsız sendikalardan ve Bolşevik etkisinden uzak tutmayı hedefler. Dönemin TKP'si bunu görmüş ve Ankara hükümetinin Zonguldak Amele Birliği girişimini, 1922'de maden patronlarının karşıt kutbundan eleştirmişti:

"*Sendikalar meselesine gelince: bunda da ne kadar riyakar ve aldatıcı bir siyaset kullandığını (Anadolu Hükümeti'nin-bn) ispat etmek hiç de güç değildir... İşte görüyorsunuz ki.. Bu cemiyeti (Zonguldak Amele Birliği-bn) teşkil eden adamlar, ameleyi yeni bir tuzağa düşürmek istiyorlar ve bütün işçilerle açıktan açığa alay ediyorlar... Bu cemiyet amelenin hukukunu müdafaa etmek için değil, belki burjuva hükümeti tarafından patron ve sermayedarların menfaatlerini müdafaa etmek ve ameleyi, haklarını isteyebilecek bir teşkilata sahip kılmamak için yapılmıştır..*" (Aktaran: M. Tunçay, Türkiye'de Sol Akımlar 1908-1925, Cilt 1. İletişim Yayınları, İstanbul, 2009. Bu alıntı, aynı zamanda bu dönemde TKP'nin Zonguldak-Ereğli maden havzası dair ilgi ve bilgisini ve Ereğli işçileri içinde belli ilişkileri olabileceğini gösterir.)

İşte havza tarihinin bu kadar kritik sınıfsal, siyasal, uluslar arası güç ilişki ve dengeleri, manevra ve mücadele süreçleri bile, romanda yok! Bu kadarı, basit bir ihmal veya bilisizliğin ötesinde, düpedüz tarih sansürcülüğü ve "sükut ikrardan gelir" anlamında, resmi tarih destekçiliğidir!

Cemal'i 1923 grevinin örgütlenmesi ve talepleri üzerine ilk işçi toplantısında konuştururken, yazar, şunu da kaydediyor: "*Cemal'in hem (önceki-bn) grevlerle hem de Bolşevik Ahmet'le ve Abdurrahman'la daha önceki ilişkilerini bilen grevciler, can kulağıyla dinlemeye başladılar.*" Yani Bolşevik Ahmet ve Abdurrahman'ın, dolayısıyla Bolşevik Devrim'in ve TKP'nin, 3 yıl sonra bile havzadaki mücadeleci işçi kesimleri arasında halen belirgin bir etkisi ve saygınlığının olduğu söylenmiş oluyor. Ama bu da bir cümlecik, o kadar. Mustafa Suphi'lerin katlinin Cemal'de ve havzada Bolşeviklere, Abdurrahman ve Ahmet'e büyük sevgi ve saygı duyan öncü işçiler arasında nasıl bir yankı (acı, tepki, öfke) yarattığı bile romanın gündeminde yok. Yazarın, bu da eksik kalmasın diye öylesine bir iki değinmeden fazlasına değer görmediği, İkinci Meşrutiyet, Bolşevik Devrimi, havzadaki Bolşevikler, TKP'nin kuruluşu, Mustafa Suphi'lerin katli, bir yana İttihatçıların nasıl dağılıp yok olduğu, Kemalizmin güçlendikçe sol ve sosyalist örgüt, sendika ve akımları nasıl bastırdığı, Ankara meclisinde, 1923 İzmir İktisat kongresinde işçi sorunlarının nasıl ele alındığı bunların maden işçileri tarafından nasıl karşılandığı ve tartışıldığı, romanda hiç yok.! Kritik tarihsel-siyasal momentlerin havzadaki işçiler nezdinde yarattığı yankıları, Ereğli maden işçisinin bu süreçte oynadığı özerk tarihsel rol ve etkiyi işleme zahmetine girmemesi, post-modern romanın tarihsel gerçekleri basit kenar süsüne indirgeme anlayışının ifadesidir.

Yazarın zapladığı bu kritik dönemi kısaca özetlemeye çalışırsak: "*1919-23 döneminde, işçi sınıfının savaşımıyla, onu vesayet altına almaya çalışan Cumhuriyet kadrolarının, yeni egemen sınıf ve katmanların çatışması, daha sonra, sınıfın görece teslim alındığı dönemlere oranla, daha yoğun ve serttir.*" (Kurtuluş Savaşında Sosyalist Hareket, Sosyalizm ve Sosyal Mücadeleler Ansiklöpedisi)

Ekim 1919'da Türkiye İşçi Çiftçi Sosyalist Fırkası, kendi denetimindeki İstanbul İşçi Dernekleri ile birlikte 2 bin işçinin katıldığı bir toplantı yaptı. THİÇSF o dönem işçilere şöyle seslenir: "*Dünyada görülmemiş bir harp, hendekleri insan leşleriyle doldurdu ama sermayedarlar evlerinde rahat oturdu. Senin arkadaşın çalıştı, öldü. Harp kazanılsaydı, sen ne kazanacaktın? Düşmanın Rum, İngiliz, Fransız değildir. Dünyada senin düşmanın sermaye sahipleridir. Biz milliyetçi fırkaları istemiyoruz. Arkadaşlar, bir gün kurtuluş günü gelecektir. Birleşin!*" (Aktaran: Oya Sencer, Türkiye İşçi Sınıfı Tarihi-1. Frankfurt, 1986)

Ancak o dönem İstanbul işçileri içinde etkisi daha büyük olan bulanık bir sendikal çevre biçimindeki Türkiye Sosyalist Fırkası'nı aşamadı ve aydın ağırlıklı kadrolarıyla İstanbul işçisinin birliğini gerçekleştirmede başarılı olamadı. 1920'de, daha önce Balkanların lokomotifi olduğu ancak İstanbul'a da yayılmış Osmanlı Sosyalist

İşçi Federasyonu'nun İstanbul'daki mirası üzerinden Kızıl Sendikacılık üyesi Beynelminel İşçiler İttihadı (Enternasyonal İşçiler Birliği) kurulmuştu. Ağırlığını Rum, Ermeni, Yahudi işçiler oluşturmakla birlikte Müslüman işçiler de içinde yer alıyordu. Bu platform, işgal güçlerine karşı mücadele ettiği gibi Kemalistlere de yer yer mesafeli davranacak, kendisiyle bağ kurmaya çalışan TKP'nin Kemalistleri desteklemeye başlayan kanadıyla da (TİÇSF/Aydınlık çevresi) yer yer gerilim yaşayacaktı. (Erden Akbulut/Mete Tunçay, Beynelmilel İşçiler İttihadı: Mütareke İstanbulu'nda Rum Ağırlıklı Bir İşçi Örgütü ve TKP ile İlişkileri. Sosyal Tarih Yayınları, İstanbul, 2009) Bir de "şuralar hükümeti"nin kurulmasını savunan Anadolu TKP/Türkiye Halk İştirakiyun Fırkası çevresinde kurulan İstanbul hükümetine karşı olduğu gibi Kemalistlere daha mesafeli, ağırlığını Ankara, Eskişehir, Samsun ve Çukurova'daki demiryolu, dokuma, tütün, metal, rıhtım işçilerinin oluşturduğu, bazıları "Kızıl Sendikacılık" anlayışına yakın denilebilecek işçi dernek ve sendikaları vardı.

TKP'nin İstanbul ve Anadolu kanatları Bakü Kongresinde birleşmiş görünse de birlik fiiliyatta gerçekleşmemiş, Mustafa Suphi önderliğinin yok edilmesi de birleşmeyi geciktirmişti. Mustafa Suphilerin katledildiği 1921'de THİF'e karşı da operasyonlar olmuştu. 1922'de afla çıkan THİF çevresi, gizli yaptığı -ve TİÇSF'nin katılmadığı- TKP kongresinde, "*milli burjuvazinin artık devrimci olmaktan çıktığı, gericileştiği, emperyalistlerle işbirliği yapmaya can attığı, demokratik devrimin ikinci evresinin başlatılması ve işçi sınıfının bağımsız hareketi, şuralar hükümeti için mücadele*" gibi tespitler yapıyordu. 1922'de kapatıldı ve 200'e yakın üyesi tutuklandı. İlişkide olduğu Ankara Meclisindeki Halk Zümresi grubu ve bir tür İslami sosyalizmi savunan Yeşil Ordu da dağıtıldı. Beynelminel İşçi İttihadı ve Anadolu sendikalarındaki sosyalistler ve sosyalist işçiler ise, bu birliği tabandan, sınıf temelinde sağlamaya çalıştılar. Ekim 1922'de Anadolu'nun önemli işçi merkezlerinden Çukurova'da gizli işçi birliği kongresi yapıldı. Kongrede işgal ve İstanbul hükümetine karşı mücadele eden ancak Kemalist hükümete ve yerli burjuvaziye eleştirel ve mesafeli bir tutum alarak işçi sınıfının bağımsızlığını savunan Anadolu Sendikaları, nispeten ağır bastı. Beynelminel İşçi İttihadı da 1922'de kapatıldı.

İstanbul'da ise TİÇSF, TKP'ye hakim hale gelmekle birlikte, Kemalist hükümetle sınır çizgileri erimeye başlamıştı. TKP, İstanbul'da 1922'de Ermeni Sosyal-Demokrat Fırkası, birkaç küçük sosyalist çevre ve bir dizi sendika ile "tek işçi cephesi" için toplanıp bir komisyon oluşturdu. Aynı dönemde Ankara Hükümeti de İstanbul İşçi Teşkilatları Heyet-i Müttehidesi'ni oluşturarak İstanbul işçileri içindeki etkinliğini artırmaya başlamış, TİÇSF bunun içinde de yer almıştı. Bir de İstanbul büyük sermayesinin kurdurduğu İstanbul Umum Amele Birliği'nin faaliyetleri vardı. TİÇSF ve Aydınlık, İstanbul'da bir işçi Birlik Meclisi kurmayı sonunda başardı ama, "tek/birleşik işçi cephesi" adı altında Kemalist hükümetin etkisi altındaki işçi lider ve örgütlerini de içine aldığı bir "cephe" içinde, işçi sınıfının bağımsız ideolojik ve siyasal inisiyatifini giderek daha fazla zayıflatarak. Örgütsel inisiyatifi ise, Ankara hükümetinin 1923 Nisan'da zaferini ve iktidarını tescilledikten sonra yaptığı ilk işlerden biri olan 1 Mayıs'ta geniş TKP tevkifatıyla zayıflamaya başladı. İstanbul'da Kasım 1923'te 250 delegeyle yapılan ve İstanbul'dan 19 bin, Zonguldak kömür havzasından 15 bin, Balya kurşun madenlerinden 10 bin olmak üzere 45 bin işçiyi temsil ettiğini ileri süren işçi kongresi, TKP'nin uğruna epey mücadele ettiği bir "birliğin" ifadesiydi ama bu, işçi sınıfının bağımsız ideolojik, siyasal, örgütsel inisiyatifinin giderek kırıldığı, Umum Amele Birliği'ne adeta armağan edilen bir "birlik"ti. Her şeye karşın bu kongrenin itici gücünü oluşturan ise, 1923 Temmuz-Kasım ayları döneminde, 1908'den beri en büyük işçi grevleri dalgasıydı.

Romanın 3. cildinin finalini oluşturan bölümde, Cemal'in 1923'te kömür havzasına döndükten sonra, Zonguldak-Ereğli'de kendi yokluğunda olanları öğrenmeye çalıştığı söyleniyor. Ama romanda öylesine delik deşik ve keyfi bir anektodculuk ile yapılan bir tarih katliamı var ki, Cemal kendi yokluğunda Ereğli-Zonguldak'ta olanları öğrenmiş midir bilmiyoruz ama, biz okurlar olarak tarihin bu en kritik dönemecinde ne İstanbul ve Anadolu'da ne de Ereğli-Zonguldak'ta yaşanmış olan sınıf örgütlenmesi ve mücadelesi deneyim ve girişimlerini (örneğin Ereğli-Zonguldak havzasında, 1921 Ereğli Kanunu ve Amele Birliği bağlamında yaşananları, 1919 ve 1922 grevlerini...) öğrenebiliyoruz!

Üstelik, romanda Ereğli-Zonguldak havzasında 1923'te tek grev yarım yamalak anlatılırken, gerçekte bir değil tam 4 grev var! Önce Fransız Ereğli şirketinin ocaklarında, "araba kesenesi" denilen parça-başı yevmiye üsulüne ve ücret kesme cezalarına karşı, 2 Temmuz 1923'te 12 saat süren bir grev vardır. İşçiler, 1921 kanunda varolan, asgari ücretin belirlenmesinde işçi temsilcisine de söz hakkı tanınmasını isterler. Bu grevden 5 gün sonra Asma'da 24 saatlik bir grev daha olur. Bu grevin nedeni, ilk grevin istemlerinin reddedilmesi ve greve katılan işçilerin şirket tarafından cezalandırılmasıdır. Hükümetin devreye girip şirketin ücret kesintilerinin düzeltileceği sözü vermesi üzerine grev sona erer. Romanda sadece, 5 Ağustos 1923'te başlayıp 4 gün süren ve kazanımla sonuçlanan kitle grevi yer alıyor, ancak bu da eksik. İşçiler 1921 kanununda olan haklarını isterler. Romanda, Laz Emin'in işe geri dönmesi dışında tüm istemlerin kabul edildiği söyleniyor. Oysa kanunda ve işçi istemleri arasında yer alan, haftada 1 gün izin istemi kabul edilmemiştir.

Ve şimdi, 3.ciltte yer verilmeyen asıl kritik greve geliyoruz: Tüm bu süreçlerde özgüvenleri artmış ve öz örgütlülükleri ilerlemiş olan işçiler, kısa süre sonra bir greve daha çıkarlar, çalışan işçileri de engelleyip greve sevk ederler ve grev havza halkının da desteği ve katılımıyla hızla büyür. Grevde bu kez tek bir ekonomik istem bile yoktur, grev doğrudan Fransız şirketinin havzadaki varlığını hedefler, doğrudan siyasaldır. (1923 grevleri için bkz. T. Karakök, Zonguldak Kömür Havzasında Bir Yardım Sandığı: Amele Birliği. ZKÜ Sosyal Bilimler Dergisi, 7/13. Zonguldak. 2011. S. Çıladır, Zonguldak Havzasında İşçi Hareketlerinin Tarihi: 1848/1940, Yeraltı Maden- İş Yayınları, Ankara. 1977. Erdal Yavuz, Sanayideki İşgücünün Durumu: 1923-1940. Osmanlı'dan Cumhuriyet Türkiyesi'ne İşçiler: 1839-1950 içinde. Der.: Donald Quataert-Erik Jan Zürcher, İletişim

Yayınları, İstanbul, 2011.) Bu büyük grevin öncülleri, yine romanda olmayan, daha İttihatçılar ve emperyalist savaş döneminde havzadaki Rus bombardımanı sonrasına Ereğli-Gelik işçilerinin Fransız şirketi idare binalarını basmak için silahlı yürüyüşünde görülebilir. Kaldı ki, yine romanda olmayan, 1923 İzmit İktisat Kongresi'nde işçi temsilcileri grubunun (reddedilen) tüm yabancı şirketlerin millileştirilmesi istemi ile de bağlantısı açıktır.

İşçiler burjuva kemalist hükümete, fiilen "antiemperyalizm öyle olmaz, böyle olur" demiş olmakla kalmazlar. "Milli burjuvazi"nin antiemperyalizmi biçimsel, göstermelik ve (Türkiye Halk İştirakiyun Fırkası ve Kızıl Sendikacılığa yakın bazı Anadolu işçi sendikalarının daha önce tespit etmiş olduğu gibi) Bolşevik Devrimi'ne karşı el altından Fransız ve İngiliz emperyalistlerle anlaşmaya can atar iken, işçilerin antiemperyalizmi ulusal olduğu kadar sınıfsal karşıtlık dinamikleri de taşır. Çünkü 19. yüzyılın sonlarından itibaren kömür havzasındaki Fransız emperyalist kapitalist tekelinin vahşi sömürü ve eziciliğini dibine kadar yaşamış olan da, ona karşı, en büyük mücadeleleri vermiş olan da maden işçileridir. Ve şaşırtıcı olmayan biçimde, emperyalist kapitalist tekelin imdadına koşup, grevi zorla bastıran ise burjuva Kemalist iktidardır. Kemalist iktidar, daha önce kadük kalan Zonguldak Amele Birliği'ni de bu grevden sonra pürtelaş uygulamaya koyar. Şimdi, bütün bunların olmadığı bir "Ereğli-Zonguldak maden işçileri tarihi romanı" düşünün?

Sonuç olarak kömür havzasında 1908-25 döneminde, ağırlığı Ereğli'de ve Gelik bölgesinde olmak üzere tam 14 grev var. Buna harp döneminde Ereğli Kozlu bölgesinde iki grev (1914, 1917), Gelik'te Rus bombardımanın ardından Gelik işçilerinin şirket yönetim merkezine yürüyüşü, mütareke ve milli savaş döneminde Ereğli ve Gelik'te iki grev (1919 ve 1922), Cumhuriyet ilanından sonra havza çapında iki büyük grev (1923 ve 1925) dahil. Özellikle Ereğli'de, 17 yıllık, bir burjuva devrimler, savaşlar, işgaller, sürgünler, iktidar ve kanun değişimleri, havza idaresinde değişimler, birçok ocağın mülkiyetinin el değiştirmesi, ve sayısız alt üst oluşları içeren olağanüstü bir dönemde, sınıf mücadelesinin belli bir süreklilik sağlayabildiğini gösterir.

Bu süreklilik, her şeyden önce, yazarın ilk iki cilt ve işçi kuşaklarında yer vermemiş olduğu, önceki kuşaklardan aktarılan kolektif işçilik öz deneyim ve birikimini gösterir. İkincisi, başta Fransız maden şirketi nezdinde olmak üzere, (liman, demiryolu, kömür yıkama, briket fabrikaları, atölyeler,dahil) üretimin daha üst toplumsallaşması, yığınsallaşması ve yoğunlaşmasına karşılık daha üst kapitalist organizasyonuyla sınıf çelişkisinin keskinleştiğini gösterir. Üçüncüsü, İkinci Meşrutiyet öncesi vasıflı, uzman, daimi, serbest maden işçilerin getirilmesiyle, maden işçilerinin nitel bileşim ve mücadele yetisinin yükseldiğini gösterir. Dördüncüsü, yine İkinci Meşrutiyet öncesinden başlayarak, maden işçilerin enformel biçimde az çok organize olabilen bir öncü işçiler kadrosu ve ağı oluşturduğunu, ve sürgünler, savaşlar, tutuklamalar gibi kayıplara karşın bu kadrodaki kayıpların yeni yetişen öncü işçilerle bir ölçüde telafi edilip, bir iç öncü kadro sürekliliğinin az çok sağlanabildiğini gösterir. Beşincisi, toplumsal üretici güçlerin yarı-feodal üretim ilişkisi kalıntılarına, hızla gelişen kapitalist üretim ilişkilerinin de yarı-feodal üstyapıya sığmaz hale gelmesi, üstyapı sarsıntıları ve çatırtıları, 1904-5'ten başlayan isyan ve direniş hareketleri, burjuva devrimler, ezilen ulus mücadeleleri, ulusal kurtuluş ve uluslaşma süreçleri, soykırım ve katliamlar, savaşlar, Rusya'da işçi devrimleriyle... olağanüstü karakteriyle dönemin, aynı zamanda kömür havzasında da, işçi bileşenlerinde bir kolektif mücadele öz deneyimi ve bilinçlenmeyi yarattığını da gösterir. Altıncısı, dönem dünya çapında bir devrim ve işçi rüzgarları dönemidir. Yedincisi, Bolşevik Devrim'in etkisi, ve sosyalizme ilgi ve sempatidir. Sekizincisi, havzanın yalnızca dışından değil, içinde de az çok organize bir muhalif siyasal, yer yer sosyalist bir dinamik ve faaliyetin olduğunu gösterir.

Lenin, Rusya'da demokratik devrim süreci için şunları söyler: *"Gerçekten de, Marksist açıdan devrim nedir? Yeni üretim ilişkilerine uygun düşmeyen ve bu ilişkilerin iflasına yol açtığı eskimiş siyasal üstyapının belli bir anda zor yoluyla yıkılmasıdır. Otokrasi ile kapitalist Rusya'nın tüm yapısı arasındaki çelişki ve Rusya'nın burjuva demokratik gelişmesinin bütün gereksinmeleri, bu çelişkinin ya-*

pay bir biçimde uzun dönem sürdürülmüş olması yüzünden, şimdi çok şiddetli bir biçimde onun yıkılmasına yol açmış bulunmaktadır. Üstyapının bütün eklemleri çatırdamakta, baskıya dayanamamakta ve giderek zayıflamaktadır. Birbirinden çok farklı sınıf ve grupların temsilcileri aracılığıyla halk, kendi çabasıyla şimdi yeni bir üstyapı kurmak zorundadır. Gelişmenin belli evresinde eski üstyapının işe yaramazlığı herkes için açık-seçik bir hale gelir, devrim herkesçe benimsenir. Şimdi görev, yeni üstyapıyı hangi sınıfın kuracağı ve nasıl kuracağını belirlemektir."

Osmanlı ve Türkiye'nin 1905-1923 döneminin, epey daha geri düzeyden olsa da, buna benzerlik gösterdiği yanlar vardır. Gerilik: Kapitalist gelişmenin daha geri olması, belli bölgelerle sınırlı olması, makineli büyük sanayinin çok cılız olması, işçi hareketi ve sosyalist dinamiklerin lokomotifi olan Balkanların kopuşu (Balkan Sosyal Demokrat İşçi Federasyonu'nun emperyalist savaşa karşı "kahrolsun savaş, yaşasın enternasyonalist sosyalizm" gibi sloganlar yükseltmesi, daha sonra Yunanistan, Romanya, Bulgaristan, Yugoslavya gibi ülkelerde Komünist Partilerin zeminini oluşturması, özellikle de Bulgaristan'da işçi hareketi ile sosyalist hareketin daha oluşum sürecinde kaynaşmasının sağlanması, bu konunun önemini gösterir) ve Rum ve Ermeni işçilerin tehciri, bu geriliğin nedenleri arasındadır. Bu dinamikler Bolşevik Devrimi'nin etkisiyle yeniden canlandı, ancak Kemalizm 1919 sonrasında gücü ele geçirdiği her yerde tüm kontrolü elinde toplayıp aşağıdan özerk, bağımsız dinamikleri imha etmeye baktı. Ancak işçi ve sosyalist hareketlerin kaynaşmasında yaşanan bu kırılma, yalnız Kemalizm'in 1920'den itibaren, iktidarı alınca ve pekiştirince giderek şiddetlenen baskı ve terör dalgası değil, emperyalistlerce kuşatılmış olan Sovyetler Birliği ve Komintern'in Avrupa'da devrimci dalganın çekilmesi karşısında Türkiye'deki Kemalist rejimle ilişkiye öncelik veren politikaları, TKP'yi oluşturan çevrelerin bir çoğunun en başından itibaren şu veya bu düzeyde içerdiği ve giderek derinleşen milliyetçilik, yasalcılık, ekonomizm gibi iç zaafları, önderlik ve çizgi sorunları, sağ kanadının giderek hakim olması ve Kemalizm'e yedeklenme, sol kanadının ise devrimci dalga ve işçi hareketi dünya çapında olduğu gibi Türkiye'de de geri çekilir ve sönümlenirken, hem sol bir çizgi izlemeye devam etmesi hem de yasalcılığı gibi, pek çok etken rol oynadı.

İttihatçıların önde gelen ideologlarından Tekin Alp'in 1. Dünya Savaşı yenilgisinden sonra İttihatçıların çöküş sürecinde "günah çıkarma" kabilinden yazdıkları: "*Bizde Meşrutiyet'in ilanını müteakip demokrasinin en yüksek derecesi olan rey-i am, parlamentarizm gibi usüller fevkalade bir hareket ve heyecan ile kabul ve hemen mucibince amel olunmuştur. Halbuki demokrasinin asıl gayesi olan faaliyet hiçbirimizin hatırına gelmemiş yani hiçbirimiz 'pour le peuple' yani halk için kısmını hatıra getirmemiş, halkın refah ve istirahat esbabını temin için hiçbir tedbir ittihaz etmedik, erbab-ı say ü amelin hukukunu taht-ı temine almak maksadını takip eden hiçbir kanun neşretmedik. (...) Fakat demokrasinin gaye kısmı olan içtimai faaliyeti asla düşünmedik. Bu sırada halkı, alnının teriyle geçinen emekçileri düşünmedik. (...) Bu kanunları neşrettiğimiz zaman bizde halk hükümetinin en yüksek derecesi tatbik mevkiinde bulunuyor, yani milletvekilleri genel reyle ittihaz olunuyor ve parlamentarizm usülü tamamıyla cari oluyordu. Öyle olduğu halde, halkın, avamın düşmanı olan patron ve sermayedar sınıfların lehinde kanunlar neş olunmuştur.*" (Tekin Alp, Demokrasinin Gayesi, Yeni Mecmua, 8 Ağustos 1918)

Dönemin ruhunu yansıtması açısından emek tarihçileri, bu alıntıyı sık sık tekrarlasalar da, genellikle söylemedikleri şudur: Burjuva demokrasisinin zaten böyle bir "gayesi" yoktu, yoktur ve hiç olmamıştır. Burjuva demokrasisinin kendisi bile, tepedeki birilerinin "gayesi" veya "halkın, emekçilerin iyiliği"ni düşünüp düşünmemesi değil, sınıf mücadeleleri ve sosyalizm tehdidiyle, sınıfsal güç dengeleriyle, buna zorunlu kalmalarıyla ancak mümkün olabilirdi. "Demokrasinin en yüksek derecesi", genel oy ve parlamentarizm filan değil, 1917'de çok özgül bir örneği Erzincan'da görünen, 1919-22 döneminde bazı sosyalistler tarafından da dile getirilmeye çalışılan "şuralar/konseyler demokrasisi"dir. Kaldı ki, ne Jön Türk ne Kemalist burjuva devrimleri, burjuva demokratik devrim mahiyetindeydi. Türkiye işçi sınıfı, bu süreçte, bir demokratik devrime öncülük edebilecek, en azından kapitalizmin daha gelişmiş olduğu bölgelerde bir işçi şura deneyimi gerçekleştirebilecek, güç, örgütlülük, ileri bilinç ve önderlik düzeyinden yoksun, zayıf, dağınık bir sınıf olmakla birlikte, her şeye karşın önemli sıçramalar kaydetmiş, her şeyi yukarıdan beklemediği gibi İttihatçılar ve Kemalistlerden yer yer belli özerklik kazanarak, gücünü birleştirmeye ve Sosyalizm ve Bolşevizm etki ve esiniyle de iç içe sınıfsal, sosyal ve demokratik gelişim kanallarını kendi özgücüyle açmaya çalışmıştır.

Sınıf mücadelesi ve hakim sınıf kesimleri arasında mücadeleler

1900'lerin başlarından itibaren hakim sınıflar/sınıf kesimleri arasındaki güç ve iktidar mücadelelerinde geriden gelen ve tıkanan birikim rejimine karşı yeni birikim biçimine daha uygun olan klik, işçileri yedeklemek için vaatlerde bulunmuş, ama iktidarı alıp pekiştirir pekiştirmez işçi sınıfının gelişiminin önünü açmak bir yana, öncekinden daha sert bastırmıştır. Egemen/hegemon sınıf/kesim karşısında işçilerin mücadelelerini kırıp yedeklemek için verdiği kısmi tavizleri de, iktidarı alınca ya uygulamaya geçirmemiş, ya da geri almaya bakmıştır. Hakim sınıflar/sınıf kesimleri arasındaki iktidar mücadelelerinin şu veya bu kesimine destek verip, medet umduğu her seferde, işçi sınıfı daha büyük felaketlere uğramıştır. Bütün bunlar da, işçi sınıfın modern gelişim sürecinin, bir noktasından sonra nitel bir bilinç sıçramasına doğru dönüşen, tarihsel mücadele öz deneyimlerinin ifadesi hale gelir:

> *"Eski toplumun sınıfları arasındaki çatışmaların tümü, proletaryanın gelişim çizgisine birçok bakımdan yardımcı olur. Burjuvazi kendisini sürekli bir savaş içinde bulur. Başlangıçta aristokrasi ile; daha sonraları bizzat burjuvazinin, çıkarları sanayiin ilerlemesine ters düşen kesimleri ile; her zaman da, yabancı ülkelerin burjuvazileri ile. Bütün bu savaşlarda, proletaryaya başvurmak, onun yardımını istemek, ve böylece, onu*

siyaset arenasına sürüklemek zorunda kaldığını görür. Demek ki, proletaryaya kendi siyasal ve genel eğitim öğelerini sağlayan bizzat burjuvazidir, bir başka deyişle, burjuvaziye karşı savaşacağı proletaryaya sağlayan kendisidir." (Marx/Engels, Komünist Manifesto.)

Türkiye'de olan da budur. 1908 (ya da 1923) ile 1961 arasında sanki büyük bir tarihsel döngü tamamlanmış ve işçi sınıfı, kaldığı yerden değil, ama tüm bu tarihsel mücadelelerin öz deneyimi ile, şimdi yeni ve daha üst bir düzeyden, artık modern büyük sanayi proletaryası olarak yeniden oluşumununun yolunu özgücü ile açma kavgasına girmiştir.

1930'lardan itibaren kısaca bu sürece bakalım: Bu dönemde Erzurum ve Gümüşhane köylerinden 10 bin kişinin maden havzasında çalışmak için getirilmesi, havzadaki işçi bilinci düzeyinde bir zayıflamaya yol açsa da, düzen açısından çözüm olmadı. 1930'ların buhranı, kömür havzasında süregiden emek ve yatırım kıtlığı, işçilerin aşırı ağır ve tehlikeli koşullarda çalışma isteksizliği ve direnişleri, kesenecilik ve parça başı sisteminin sınırlarına dayanmış olması, ücretlerin bu koşullarda daha fazla düşürülemez, çalışma temposu ve sürelerinin daha fazla arttırılamaz hale gelmesi, kazmacıların çalışacakları yeri seçmede kısmi özerkliği, karların önemli bölümünün dışa transferi gibi nedenler, üretim ve üretkenlik artışının engeli haline gelmişti. Bu, havzada çalışma ilişkilerinin ve bir bütün olarak birikim biçiminin bir kriziydi. Havzada devletleştirmenin tamamlanması ve İkinci Mükellefiyet, birbiriyle bağlantılı olarak, emeğin direncini kırmaya dönük daha büyük zora dayalı/kanlı çözüm cevvaliyeti olarak uygulamaya geçirildi. Öyle ki (daha sonra Milli Savunma Bakanı olacak) Orgeneral Cemal Cahit Toydemir havzaya gönderildi. Onun başkanlığında oluşturulan olağanüstü kurulda işçilere karşı "efendim sallandıralım bir ikisini" önerileri bile tartışıldı. (Aktaran: Doğu Karaoğuz, Mükellefiyet) Askeri-faşist zorla çalıştırma terörü, tüm havza emeği ve yaşamını sallandırmaktan beter etti. Ocaklarda 10 binlerce kişinin "savaş koşullarında er" mahiyetinde askeri-faşist çalıştırılma terörü, köylerde "zorla çalıştırılmak üzere" ve tabii yaygın firarilere karşı insan avı terörü... Üstelik tarımsal kriz ve zoralımların de büyüttüğü açlık. Kömür havzasında İkinci Mükellefiyet, bir yanda sömürülme ve eziyetinin dibine vuran korkunç bir sosyal yıkım yaratırken, bunun üzerinden karaborsa, tefecilik, rüşvet, kent ve köyde haraç, gasp ile köşeyi dönen, palazlanan bir "savaş/mükellefiyet burjuvazisi" ortaya çıktı.

Bu dönemde devlet işletmelerinin ürettiği malların aracılar eliyle dağıttırılması hızlı bir özel servet birikimine zemin hazırladı. *"Özel kesime ait fabrikaların toplam içindeki oranı 1939-45 arasında yüzde 34'den yüzde 43'e çıktı. (...) İkinci Dünya Savaşı sırasında stokçular, karaborsacılar ile onların kamu ve askeri kesimden işbirlikçileri, ithalatçı ve ihracatçılar, tüccarlar, sanayiciler ve işçileri sömüren işverenler paralarına para, mallarına mal katmışlardır. Devletin ve pek tabi Cumhuriyet Halk Fırkası'nm koruyucu kanatları altında servet sahibi olan bu yeni zenginler sınıfı, ekonomik güçlerini siyasete intikal ettireceklerdi. Nitekim siyasi güçlerine kurumsallık kazandırmak için ilk önce kendi siyasi örgütlerini kurmakta gecikmediler. Demokrat Parti işte bu ihtiyaçtan doğmuştu."* (Şehmuz Güzel, İkinci Dünya Savaşı Boyunca Sermaye ve Emek. Osmanlı'dan Cumhuriyet Türkiye'sine İşçiler: 1839-1950 içinde.) Örneğin "Armatörler Kralı" Hayri Baran, savaş ve mükellefiyet sırasında Zonguldak'tan İstanbul'a tekneyle kömür taşıma işini almış, başlangıç sermayesini böyle oluşturmuş, 1950'de armatör olmuştur. Yani Demokrat Parti döneminin koşulları, 1940'larda bizzat CHP politikalarıyla oluşturulmuştur. Romanda bu iç bağıntıları, Hayri Baran'ların nasıl türediğini de göremiyoruz.

1940'ların ortasında devlet eliyle sanayileşme politikası tıkanmış, 2. Emperyalist Paylaşım Savaşı sonrası konjonktürde, ABD emperyalizmi kapitalist dünyada egemenliğini tesis etmiş, onun belirlediği yeni uluslar arası işbölümü ve birikim rejimleri Türkiye'de de tarım, madencilik ticareti (hammadde ihracatı) daha karlı hale gelmişti. Bürokratik devlet burjuvazinin egemenliğindeki iktidar bloğu çatlar ve onun bizzat kucağında serpilen vurguncular, karaborsacılar, tüccarlar ve Demokrat Parti çevresinde, büyük toprak sahipleri, tarım burjuvazisi ve (savaş ve kriz koşullarında palazlanmış) ticaret ve müteahhit sermayesi ile yeni bir iktidar bloğu oluşur. Tıkanan birikim rejiminde dönüşümün zorunluluğu, 2. Dünya Savaşı sonrası değişen uluslar arası konjonktür, bu çerçevede hakim sınıf klikleri arasında güç ve iktidar mücadelelerinin kızışması, savaş ve sıkıyönetim dönemine karşı büyüyen hoşnutsuzluğu ve kendini daha fazla hissettirmeye başlayan işçileri kontrol altında tutabilmeyi gözeten CHP, 1946'da kısmi, kontrollü ve kısa süreli bir "liberal açılım" denemesi yapar. Bu düzenlemeler aslen, savaşın son iki yılında hız kazanan, özel sermaye birikimini, olağanüstü devlet teşvik ve imtiyazlarıyla geliştirme uygulaması çerçevesindedir.

İnönü'nün "Milli Şef" ve "Değişmez Genel Başkan" ünvanları kaldırılır, göstermelik bir "Çiftçiyi Topraklandırma" kararı çıkarılır, kapatılmış olan Tan gibi gazetelerin çıkışına izin verilir, dernek ve parti kurmak için izin alma koşulu kaldırılır, siyasal ve sınıf esasına dayalı dernek ve parti kurulmasına kısa bir süre için izin verilir. Türkiye Sosyalist Partisi ve Türkiye Sosyalist Emekçi ve Köylü Partisi (TKP) yasal olarak kurulur. Bir ayda 10 bin üye kaydeden TSEKP, Sendika dergisini çıkartır, bir dizi sol işçi sendika ve kulübü kurarak devlet güdümlü işçi dernekleriyle rekabet etmeye çalışır. (Zafer Toprak, Türkiye'de İşçi Sınıfı 1908-1946. Tarih Vakfı Yurt Yay. İstanbul. 2016) Zonguldak kömür madeni dispanserinde hekim olarak çalışan, Tan gazetesinde açık, Sendika dergisinde rumuzlu ismiyle kömür havzası işçilerinin sorunları ve sendikalaşma üzerine yazıları çıkan Dr. Hulusi Dosdoğru'nun havzadaki faaliyetleri de 1946 yılındadır. Zonguldak kömür havzasında 1947'ye kadar sürecek mükellefiyet uygulamasının önce Ulus bölgesinde 1946'da kaldırılması da bu uygulamalar çerçevesindedir. Ancak sol muhalif siyaset ve sendikacılığın kitlelerde belli bir zemin bulması ve aynı dönemde bir dizi köy isyanı (İsparta, Denizli) üzerine, sol parti, sendika ve işçi kulüpleri kapatılır. Tan gazetesi provokasyonu yine bu dönemdedir. Emek tarihçiliğinde "1946 sendikacılığı" denilen kısmi ve kontrollü liberal esneme denemesi döneminin yerini, sıkı devlet güdümlü, anti-komünizmle yoğrulan "1947 sendikacılığı" alır. Roman'da bu süreçler ve kömür havzasına nasıl yansıdığı yine yok.

CHP'nin bu uygulamalarını yürütenlerin başında, 1944-46 döneminde Zonguldak milletvekilliği de yapmış olan Dr. Rebii Barkın vardır: *"Sendikalardan bizim en büyük istifademiz bunların vasıtasile işçi arasına nüfuz etmemiz olmuştur. Sendikalar bize karşı kapalı olan geniş bir aleme nüfuz temin eden delikler ve kapılardır."* CHP'nin maden başçavuşluğuna kadar yükselmiş, "CHP terbiyesi almış" bazı maden işçilerinin 1942 ara seçimlerinden başlayarak mebus adayı gösterilmesi vardır. Kömür havzasında, 1942'de tam 19 maden işçisi ve başçavuşu mebus adayı oluyor! Bu durum 1945 ara seçimleri ve 1946-50 genel seçimlerinde de devam ediyor. Nitekim 2 "maden işçisi" mebus oluyor. Kemalizm'in artık dikiş tutmaz hale gelmeye başlayan "sınıfsız imtiyazsız millet" korparativizmini sürdürebilmek için yaptığı vitrinlik düzenlemelerin, havzaya uygulanmasıdır.

Vitrinlik, ama zorun ağır bastığı dönemlerde bile bunu rıza üretmeye dönük biçimlerle birleştirmenin, nasıl bir yönetim tecrübesi olduğunu gösterir. Kaldı ki, MKK ve Mükellefiyete karşı tepkilerin bir biçimde soğurulması için bu gibi düzen içi mekanizmalar açılmazsa, şehrin sınıfsal olarak çatlaması kaçınılmazdır. Fakat tam da bu uygulamalardır ki, Zonguldak'ta daha 1945 ara seçimlerinde, CHP içindeki hakim sınıf ve kesimler arasındaki ("merkezi yönetim/yerel yönetim", "devlet/taşra" çelişkisi gibi görünen) çatlağı açığa çıkarır. Zonguldak ve maden havzası üzerinde güçlü bir etkisi olan Celal Bayar'ın İş Bankası Yardım Sandığındaki 85 bin liralık hissesini Zonguldak Amele Birliğine "hediye ettiği" ve Zonguldak Ticaret Müdürü eli ile kendi adayına 15 bin liralık "seçim yardımı" gönderdiği bilinmektedir. (Aslında Zonguldak havzası üzerine bu çatlak daha devletleştirme sürecinde İş Bankası ile Etibank'ta yuvalanmış egemen klikler arasında 1936-40 dönemindeki rekabet ve güç mücadelelerinde kendisini göstermiştir.)

DP, toplumsal hoşnutsuzluğun yaratıcısı değildir, hatta tersine, toplumsal hoşnutsuzluk büyümesinin CHP içindeki çatlamayı ve CHP-DP ayrışmasını derinleştirdiğini söyleyebiliriz. DP'nin bu kadar hızlı güçlenip geniş bir kitle tabanı edinmesi, sol muhalefetin bastırıldığı, önderliksiz ve örgütsüz, akacak bir kanal bulamayan kitle hoşnutsuzluğu dalgasını afiyetle yemesi sayesindedir. Partinin, işçilerin yoğun olduğu il, ilçe, ocak, bucak örgütlerinde, çok sayıda sendikacı ve işçi, aktif üye, hatta bazıları yerel kurucu, alt-orta düzey yönetici olarak yer almışlardır. (Kemal Sülker, Partiler İçinde Sendikacılık, 1956) Tek parti döneminin işçilerde doğurduğu tepkiyi yedeklemek için grev, sendika, asgari ücret hakları vaatleri üfürür ve tabii gerçekleştirmez. Ancak 1950'lerde mülksüzleşme ve göçün hız kazandığı koşullarda işçi lojmanları ve kamu arazilerini gecekondulaşmaya açmak gibi burjuva popülist politikaları etkili olmuştur. Demokrat Partinin muhafazakar-maneviyatçı "küçük adam" popülizmi de, işçilerin tarihsel "kabul görme" tutkusu itibarıyla etkili olmuştur. Yeni birikim stratejisi çerçevesinde, DP'nin muhafazakar-popülist işçi siyaseti de, işçi sorununun ağırlık merkezini üretimden yaşam alanına, patron-işçi karşıtlığından iktidar-seçmen ilişkisine, sendikadan-klientalizme, maddi çıkardan-maneviyata kaydırarak eritmeye çalışır. (Sinan Yıldırmaz, Demokrat Parti ve Dönemi: Sol Tarih yazımında Kayıp Zamanın İzinde, Praksis dergisi.) Romanda yok. Her üretim/birikim rejiminin, bu temelden şekillenen çalışma, bölüşüm, mübadele, tüketim ilişkileri bütünlüğü vardır, hakim sınıflar, ya da onun hegemon kliği, kendi birikim önceliklerine göre, bunlardan birini yine toplamda kendi lehine olacak ve diğerlerini de örterek güçlendirecek tarzda, bir nebze ödünleyebilir.

Türkiye'de hakim sınıf klikleri arasındaki güç mücadeleleri ve kutuplaşmaları, bunların şu veya bu kesimine bağlı düzen sendikacılığı çerçevesinde işçilerin ya da işçilerle köylülerin arasına taşınan kutuplaştırıcılığı, ve tabii en büyük işletmelerde "kamu" sektörünün ağırlığı ile birlikte düşünüldüğünde, işçi sınıfının gelişim sürecinde patronaj ilişkileriyle ciddi bir tahribat ve engel yarattığı açıktır. (Nitekim DP döneminde, Erol Çatma'nın deyişiyle, "EKİ ağalığı ve sendika ağalığının yanına bir de kooperatif ağalığı" eklenecektir.) Bunu, aynı zamanda kamu sektöründe, bir işçi aristokrasisi/bürokrasisinin oluşumuyla birlikte düşünmek gerekir. Örneğin bir emekli maden işçisi şöyle anlatıyor: "*Özellikle partiye yaslanan insanlar vardı. Onlar yapardı işten kaytarma işini, bir de arkadaşlardan işten kaçan kaytaran olduğunda, işte bunlarda sendikacı oldu artık denirdi.*"

Ancak bu, tek yanlı süreç de değildir. İşçi sınıfının nicel ve nitel gelişimi ölçüsünde, 1940'larda ilk belirtileri görülen, 1950'lerde gelişmeye başlayan, 1960'larda iyice belirginleşen, siyasal temsil ve katılım arayış ve mücadelesinin gelişmesinin önemli bir etkisi vardır. Nitekim 1950'ler Türkiye'sinde, Gece Postası, İşçi Hakkı gibi işçilere önemli yer veren ulusal ve yerel gazeteler, çeşitli sendika gazeteleri ve dergileri ile, işçi sorun ve istemleri daha yaygın olarak kamuoyu oluşturmaya başlamış, Demokrat İşçi Partisi, Vatan Partisi gibi sol muhalif partilerin çeşitli kademelerinde kurucu ve yönetici olarak yer alan ve aday olan işçilerin sayısı hızla artmıştı. (Hakan Koçak, 50'leri İşçi Sınıfı Oluşumunun Kritik Bir Uğrağı Olarak Yeniden Okumak, Çalışma ve Toplum, 2008/3) CHP bile, emek, çalışma emniyeti, emeği işverenlerin istismarından korumak, grev, sosyal sigorta, hafta tatili, ücretli izin söylem ve vaatlerini öne çıkarmaya çalışır. Ama söyleyene değil söyletene bak derler!

Büyük toplumsal sarsıntıların olduğu her yerde, bunun günü geçmiş kurumların karşılamadığı, bastırdığı toplumsal ihtiyaçlardan kaynaklandığını bilinir. Bu ihtiyaçlar belli bir anda henüz çok yaygın biçimde hissedilmemiş, bilince çıkarılmamış olabilir. Ama her türlü zorbaca baskı, bu ihtiyacı daha da şiddetlendirmekten başka bir şey yapamaz, ta ki zincirlerini kırana dek. (Engels)

1957-61 krizi bu birikim rejiminin de sonudur, çelişkileri keskinleştirir, sanayi burjuvazisi kırsal ittifaklarından kopar, CHP 1959 programı, diğer kentsel sınıf ve kesimleri de kendi hegemonyasında birleştirecek vaatlerle yeniden düzenler, ve malum 27 Mayıs askeri darbesi gelir. 27 Mayıs, sanayi burjuvazinin öncülüğünde, kentin kıra, sanayinin tarıma bir darbesi gibi görünür ama, burjuvazi-işçi sınıfı çelişkisi ondan daha uzlaşmaz olduğunu gösterecektir. 1950'li yıllarda işçi sınıfı da serpilip gelişmiş, yoksullaşma ve işsizlik yeni bir patlama yapmış, çalışma, yaşam koşulları ve baskılar durmaksızın ağırlaşmış, dahası grev yasakları, anti-komünizm ortada dururken eski cenderesine sığmaz hale gelmiştir. Sanayi burjuvazisi kırsal rakiplerine karşı işçi sınıfını yedeklediğini sanırken dumura uğrayacaktır. Sonuçta sanayi burjuvazi işçi sınıfının büyüyen hareketine karşı büyük toprak sahipleriyle ittifağına geri dönecektir, ama artık bu ittifakın kuyruğu olarak değil, hegemonu olarak. Büyük toprak sahiplerinin belli bölümlerin daha kapitalistleşmesi hız kazanmış, sanayi sermayesine doğru geçiş yapmıştır.

1950'lerde sol sendikalar ve partilerin (DİP, Vatan Partisi) kısa dönemli varlığı, 1962'de muhalif sendikalar üzerinden TİP'in kurulması, 1967'de Türk-İş/DİSK kopuşunda, işçi sınıfının modern sanayi proletaryasına doğru gelişim kanallarını açma mücadeleleri, ve basıncı, aynı zamanda sendikal ve siyasal temsil, katılım ve örgütlenme, giderek bağımsız siyaset arayışlarının etkisi belirgindir. Romanda yok.

İşçiler, kendi durumlarını değiştirebilecek güce sahip olmadıkları koşullarda, mevcut düzen çatlak ve boşluklarını, hatta mevcut iktidar veya muhalefet partisi söylemleri içindeki bu gibi kırıntı ve boşlukları bile, kendi lehlerine kullanmaya çalışırlar. Bu da sınıf mücadelesinin bir biçimidir. Bunlar bir yandan işçilerin gelişen sınıfsal istemlerini popülerleştirip yaygınlaştırır, ancak diğer yandan düzen mekanizmalarına yaslanılarak yürütüldüğünden çok mayınlı bir alandır. İşçi sınıfının kendini düzen içinde meşrulaştırma çabası, düzenin işçi sınıfı nezdinde meşrulaştırılması eğilimini de her zaman içerir. İkincisi ise, işçi sınıfının özerk/bağımsız sendikal ve siyasal temsil, katılım, örgütlenme ve güç arayışı ve mücadeleleridir.

İşçi sınıfının gelişme ve yoğunlaşma düzeyi; sendikal ve siyasal (kimden ne bekleyip ne bulduğu dahil) öz deneyimleri; siyasal bir önderliğin olup olmaması ve olduğunda doğruluk ve gelişkinlik düzeyi, birbirine bağlı bir bütünsellik oluşturur. Hakim sınıflar/düzen politikasına giderek artan bir güvensizlik, tüm 40'lı-50'li yılların sendikal-siyasal öz deneyim ve birikiminin bir ürünüdür.

1960'ların kısmi demokratik hak ve özgürlükler ortamı, 1961 Anayasının lütfundan değil, eğer bir açıdan sanayi burjuvazisinin modern kentli kitleleri denetleyip yedekleyebilmek için buna zorunlu olmasından ise, aslen, tüm koşulları önceki dönemde oluşan sınıf mücadelesindendi. Dolayısıyla 2. Meşrutiyet gibi 1961 Anayasası da, "tepede birileri hürriyet getirdi, haydi haklarımızı alalım" meselesi değildir. Her dönemin sınıf mücadelesi biçimlerinin koşulları da önceki dönem içinde oluşur. 60'lı yılların öncesinden önemli bir farkı, işçi sınıfının daha modern ve bağımsız/özerk sendikal ve siyasal sınıf hareketi ve örgütlenmesi kanallarını öz gücüyle zorlamaya başlamasıdır.

İşçi sınıfının büyük modern sanayi proletaryası olarak yeni ve daha üst temelden "serbest gelişim" kanallarını açmaya dönük atılım sürecinde, siyasal önderlik iddiasındaki yapıların temel çelişkiyi halen adeta feodalizm ile modern kapitalizm arasında gören TİP-TKP gibi burjuva sosyalizminin pek ötesine geçemeyerek, bunun çok gerisinde kalması ve engeli haline gelmesi ise, en büyük handikaplarından biri olmuştur.

Romanın İkinci Mükellefiyet'ten 1965 Kozlu Grevine kadar dönemi kapsayan son cildinde bu kritik konu ve tartışmaların hiçbirini göremiyoruz. Zonguldak kömür madeni işçilerinin 1950'liler dönemini, bu dönemin sonlarında başlayan dönemecini, 1960 darbesi ve sonrasındaki gelişim sürecini göremiyoruz. Yazarın 4. cildi büsbütün şişirmiş olmanın ötesinde, Türkiye işçi sınıfı tarihinin en kritik meseleleri ve konularına dair bile herhangi bir perspektife sahip olmadığını, görüyoruz. Post-modern anektodculuk, havzanın siyasal tarihini de alabildiğine kısırlaştırıyor, içini boşaltıyor.

Sonuç

Türkiye'de 90'lı yıllardan itibaren ve 2000'li yıllarda yoğunlaşan biçimde Marksizm ve sınıftan post-modernizme, büyük bir ricat ve çözülme yaşadı. Marksizm, sınıf, sınıf mücadelesi, bütünsellik, tutarlılık, tarihsel belirlenim, uzlaşmaz çelişki ve süreçten bahsetmek bile, aforoz edilme, arkaik sayılma, küçümsenme nedeni hale geldi.

Muzaffer Oruçoğlu'nun Grizu romanı tam da böyle bir post-modernist ideolojik-entelektüel iklimin ürünlerinden biridir. Romanın 1997'de yayınlanan ilk cildinde nisbeten daha toplumcu-gerçekçi bir ağırlık ve çaba varken, 2000'li yıllarda yayınlanan sonraki her cildinde, post-modern çözülmenin büyümesi ve hakim hale gelmesi, bunun kronolojik bir ifadesidir. Roman, post-modernizmin "en büyük günah" ilan ettiği şeyleri; sınıf, sınıf mücadelesi, tarihsel materyalizm, diyalektik öz ve süreç, bütünsellik...- yine hakim post-modern anlayışla ele almaya ve uzlaştırmaya çalışmak gibi, ne yardan ne serden geçen derin eklektizm ve oportünizmiyle, post-modernizmin tarih bilinci, sınıf bilinci, gelecek bilinci üzerindeki ağır tahribat ve tahrifatının dolaysız bir örneği haline geliyor. Toplumsalcı siyaset, toplumsalcı bilim gibi toplumsalcı-eleştirel romanın da post-modernizmle asla bağdaşmayacağını ve post-modernizmden devrimci bir kopuşun zorunluluğunun adeta uygulamalı bir laboratuar kanıtı olarak ortada duruyor.

Bu çerçevede, Ereğli-Zonguldak kömür madeni havzası ve işçilerinin 1852-1965 arası 113 yıllık tarihinin edebi-gerçekçi romanı olma iddiası taşıyan 4 cilt, 1200 sayfalık metnin, Marksist ve çok-disiplinli (tarih bilimi, emek tarihi, sosyalist hareketler tarihi, sınıf oluşumu, sınıf kültürü, antropoloji, emek etnolojisi, eleştirel ekonomi-politik, mekan-politik, siyaset, siyaset sosyolojisi, toplumsal cinsiyet, ulus-etnisite, felsefe, edebiyat, edebiyat tarihi, karşılaştırmalı edebiyat...) bir perspektiften eleştirel değerlendirmesini yapmaya çalıştık. Derdimizin Muzaffer Oruçoğlu değil, post-modern zihniyetin tarih bilincini, sınıf bilincini, gelecek bilincini, ve toplumsal-eleştirel edebiyatı tahrip ve tahrif edici etkisini, özellikle de "tarihsel işçi sınıfı romanı" efektli post-modern bir yapıt özgülünde, somut olarak göstermekti. Basit eleştirellik değil, post-modernizmi hem romandaki hem de genel olarak Türkiye'deki başlıca beslenme kaynakları olan, tasavvuf, kültürelci-öznelci antropoloji, mikro-tarih, göreci-öznel idealizm, anarko-liberal estetik popülizm, meta fetişizmi, neoliberal muhafazakar kapitalizm gibi kökleriyle birlikte ele alarak, daha derin ve köktenci bir eleştiri geliştirmeye çalıştık. Türkiye'de işçi sınıfı/emek edebiyatçılığının ve işçi sınıfı ekseninden edebiyat eleştirisinin nasıl yok edildiğine, bunun önemli nedenleri arasında post-modernizmin sol edebiyat ve siyaset alanında da hegemonyasına dikkat çektik.

Türkiye'de son dönemde emek araştırmaları cephesinde ağır aksak da olsa gelişmeye başlayan post-modernizmden Marksist kopuş tartışma ve çabalarını, sahici bir işçi edebiyatının gelişim koşulu olarak da post-modernizmden köklü bir kopuş doğrultusunda genişletmeye çalıştık. Post-modernizme karşı yıkıcı bir eleştirellik kadar, yeni ve daha gelişkin bir toplumsallaştırıcı proleter edebiyata olan ihtiyacı vurgulamak, bazı kurucu çıkış noktalarını tartışmak ve çağrıda bulunmak istedik. Umudumuz, siyaset, sosyal-bilimler, felsefe, edebiyat ve yaşamın her alanında post-modernizmden köklü kopuş ve daha gelişkin proleter bilinç ve esin kanalları açma mücadelesine mütevazı bir katkıda bulunmuş olmak ve bu doğrultudaki tartışma ve çalışmaların ilerlemesidir.

Fuat Yücel Filizler

Muzaffer Oruçoğlu'nun Grizu romanı üzerine

GENEL OLARAK

Muzaffer Oruçoğlu'nun Grizu romanı, pek çok yönden değerlendirilmeyi hak eden hacimli bir romandır. Roman ve yazar üzerine bilinen en geniş değerlendirmeyi de bu güne kadar Mehmet Akkaya Epistemolojik kopuş adlı kitabıyla yapmıştır. Bu nedenle Grizu romanı ile sınırlı olarak yapacağımız değerlendirme, Mehmet Akkaya'nın Grizu kitabı üzerine yaptığı değerlendirmeleri de içeren Epistemolojik Kopuş adlı kitabındaki değerlendirmeleri de içermek durumundadır.

Esasen romanın değerlendirilmesinde iddialı tespitler söz konusu olmasaydı belki bu romanın değerlendirilmesi işine de girişmeyecektik. Ne var ki, bir yandan Mehmet Akkaya'nın Epistemolojik Kopuş adlı değerlendirme kitabında Grizu'yu ***'işçi romanı'*** olarak görmesi, bir yandan da yazarın bu roman ile ***'Türkiye İşçi Sınıfının tarihinin de yazılmasının amaçlanmış olduğu'*** nu ileri sürmesi bizi bu konuda yazmaya yöneltmiştir. Yine Grizu romanını **'romanın zirvesi'** ya da yazar için de Türkiye Sanatçıları içinde Muzaffer Oruçoğlu'nun özellikle Grizu Romanı ile burjuva sanat anlayışından epistemolojik bir kopuş gerçekleştiren **'5 büyükler arasında yer aldığı' Nazım, Orhan Kemal, Yılmaz Güney, Sebahattin Ali ile aynı kefeye koyacak kadar abartması, bu** şeklinde değerlendirmesi... Ve son olarak DİSK'in de Grizu kitabını EMEK ödülüne layık görmesi nedeniyle, işçi sınıfına karşı sorumluluğun bir gereği olarak bu romanı etraflıca değerlendirmeyi zorunlu gördük.

Biz de bu yapılan değerlendirmelere karşı özetle; Grizu romanın hiç de bu nitelikleri taşımadığını, bırakalım burjuva estetik anlayışından kopuşu, tam da günümüz burjuva estetik anlayışının ifadesi olan postmodern romanın tipik bir örneği olduğunu iddia edip ortaya koyacağız.

Roman için yapacağımız tüm değerlendirmeler sonucu görülecektir ki, işçi sınıfına ve sınıf niteliğine dair ne varsa, tüm bu değerlerin nasıl bağlamından koparılarak, işçilere ve işçi sınıfına yabancılaşılarak, burjuva bir roman ve estetik - sanat anlayışına taşındığını, burjuva estetik anlayışıyla tahrip ve tahrif edildiğini ve burjuva zihniyetini tahkim ettiğini göstereceğiz.

İşçilere bir biçimde yer verilir göründüğü, işçileri anlatan bir romanın tek başına bu nedenle işçi romanı olamayacağını, işçi sınıfının uzun bir tarihsel kesitinden bölük pörçük anekdotlarla yer vermek ile tarihinin anlatılmamış olacağını, güçlü duygusal imgeler ile salt dil virtüözlüğü ile estetik bir kopuşun gerçekleşmiş olmayacağını, esasen tüm bunların ötesinde romanın işçilere ve işçi sınıfına yabancı bir zihniyet ile yazılmış ve hatta işçi sınıfının bu güne kadar oluşturmuş olduğu tarihsel, kolektif tarihsel mücadele birikiminin ve yarattığı değerlerin kan ve can pahasına ortaya konmuş külliyatlı yapının tuğlalarının sökülmesi amacıyla yazılmış olduğunu, romanın içinden söyleyeceğiz.

Romanın 4 ciltlik kurgusunda 4 nesil işçi tipler temel alınmıştır. Bu temel nesil tipin dışında temel bir tip olma özelliği olduğunu düşündüğümüz üç cilt boyunca anlatılan Recep ve Cebeli gibi tipler de 'asli' tiplerdir. Sadece bir cilt içinde veya iki cilt içinde anlatılan tipler de vardır. Romanın işçi kuşakları açısından kaba bir tasnifi yapıldığında:

Romanın 1.cildi, köylü Cemal'in, kömür madeninin açılması ile işçi olarak çalışmaya çocuklarıyla birlikte başlamasını, 2.cildi, Cemal in oğlu Hurşit'i, 3.cildin, yine Cemal'in torunu Cemal'i ve 4.cildin de 2.kuşak Cemal in oğlu Hurşit'i odağına aldığı düşünülebilir.

Fakat ilk üç ciltte bu işçi nesli dışında yine RECEP ve CEBELİ temel bir karakter olarak kalmaya devam eder. Yine aynı şeklide Zehra, Kumru, Devrekli Bayram, romanın ilk 2 cildinde epey sahne alır. Artık roman yaşça da Cebeli'yi taşıyamayacak olduğu noktada da, Cebeli'nin bir benzeri olan Hibetullah romana sokulur. Romanın son bölümlerinde daha önceki anlatımlarda eksik bırakıldığı hissedilen birtakım boşlukları da doldurmak için Semiz Ali, Nafiye, Rukiye, Mühendis Ruhi gibi tipler de romana sokulur. Tip sözcüğünü tırnak içinde yazdığımızı belirtelim.

4 nesil hatta 5.nesle kadar yaklaşan bir zamana yayılan romanın bu özelliğinden yola çıkarak, Mehmet Akkaya gibi; 'TÜRKİYE İŞÇİ SINIFININ TARİHİNİN YAZILMA KAYGISI" taşındığı anlamında bir sonuç çıkarmak mümkün değildir. İşçi sınıfı tarihinde zorunlu çalışma dediğimiz Mükellefiyet vardır. İşçi sınıfının tarihi yazılırken mutlaka değinilmesi ve irdelenip sonuçlar çıkarılması gerekmektedir. Örneğin romana adını veren Mükellefiyetin işçilerin bilinci üzerindeki etkileri irdelenmeli, mükellefiyetin işçi üzerinde yarattığı etki ile, kalktıktan sonraki işçi bilincinin aldığı şekil ortaya konabilmeliydi. Ama yazar kitabına adını koyduğu mükellefiyeti hiçbir açıdan irdelememiş, çözümlememiş, etkilerini araştırma ve peşine düşme kaygısı taşımamıştır. Mükellefiyet, yazarın kafasındaki işçi dışı bilince su taşıyan bir argüman olmaktan öteye gitmemiştir.

Eğer yazarın mükellefiyeti anlatma, bir işçi romanı yazma ya da işçi sınıfının tarihini yazma gibi bir niyeti olsaydı; Ereğli -Zonguldak kömür madeni havzasında işçi sınıfının bilinç, kültür, mücadelesinin oluşum ve gelişim koşul ve süreçlerine odaklanırdı. Ki böyle bir niyet romanın ilk başlarında var gibi görünüyor. Fakat bu 1.cildin sonundan itibaren terk edilmiştir. Bunun altından kalkılamayacağı görülmüş olsa gerek. Yazarın buna uygun bir alt yapısının da olmadığı görülüyor. En azından romanın aşağıda da bahsedilen bir takım konularda derinleşmesi icap ederdi. Bu nedenle biz bunu tarih yazmak olarak değil, romanın doğal yüzeysel ve kendiliğinden yayılma zemininin bir sonucu olarak değerlendiriyoruz.

Nitekim, yazarın aktif devrimci mücadele içinde yer aldığı 1970'li yıllarda kendi örgütlü mücadele ve hedefi olarak belirlemiştir "Türkiye işçi sınıfının tarihini yazma" yı. Fakat tüm bu aktif devrimci mücadele boyunca yapabildiği tek şey, kendi anlatımına göre, Edirne'de özellikle Roman çeltik işçileri ile temas etmekten ibarettir. Şu halde yazarın tüm bir yaşantısında Türkiye İşçi Sınıfından sayılabilecek tek canlı ve aktif teması bu çeltik işçileri içindeki uzun sayılamayacak çalışmasından ibarettir. Şu halde işçileri somut olarak bilmek ve tanımaktan kaynağını alan bir roman olamayışının bir temelinin bu olduğu düşünülebilir.

Türkiye edebiyatında işçi romanlarının çok az olduğunu belirtmek gerekir. Evet romanlarda işçi karakterler vardır. Köylü karakterler vardır. Hatta direniş ve grevleri işleyen romanlar da vardır. Fakat bu romanların dahi pek çoğunun işçi romanı olduğu konusunda tartışma yapılabilir. Çünkü her ne kadar işçiler bu romanlarda anlatılmış, hatta onların grev ve direnişleri ile de birlikte anlatılmışlarsa da, işçi karakterlerin derinliği tarihsel toplumsal ve psikolojik derinliğin olmamasından, en başta işçi sınıfına derinden nüfuz edilemediğinden veya pek çok unsur da eksik bırakıldığından, işçi romanı olarak değerlendirilememektedir.

Elbette işçi romanında işçinin üretim alanı ve üretim ile ilişkisi ve kapitalist ilişkiler içindeki yeri anlamında da tüm yaşam alanlarının da karşılıklı çok yönlü ilişkileri ve dinamizmi içinde ele alınması gerekir. Fakat işçinin üretim ve çalışma ilişkileri çerçevesinde anlatılamaması ve diğer yaşam alan ve ilişkilerinin üretim ve çalışma ilişkilerinden koparılması sadece temel bir halkanın eksik kalması değil, işçinin bu üretim ilişkileri dışındaki tüm yaşam alanları içindeki ilişkilerini de ciddi şekilde eksiltir. Bizim Türkiye'de genel olarak işçi romanı yazılamadığı şeklindeki yaygın kanaate katılmamızın nedeni en başta budur. Bu durum en başta İşçinin ekonomik ilişkilerinin yani işçinin içinde bulunduğu toplumsal üretim, yeniden üretim ilişkilerinin ve bunlardaki çelişki, mücadele ve dönüşümlerin çözümlenememesinden kaynaklanmaktadır. Elbette bunun üzerine oturtulması gereken veya bu emek süreciyle çok yönlü ilişkilendirmelerden kaynağını alan, duygular, düşünceler uzun - kısa vadeli hayaller ve ütopyaların da bu temel olmadan işçi romanı bağlamında bir anlamının olmayacağını da bilmek gerekir.

Genel olarak roman sanatının gereksinimlerinin yanında işçi romanının özgül gereksinimlerinin de olduğu açıktır. Hele ki, tarihsel bir işçi romanının, emek tarihçiliği, üretim tarzı ve bunlardaki dönüşümlerin analizi, değişen üretim ve çalışma ilişkileri ve mücadeleler içinde sınıf oluşumu süreçleri, ele alınan dönemlerde işçilerin diğer toplumsal sınıf ve kesimlerden ayrıldığı tipik duygu, düşünüş, davranış biçimleri ve bu sınıf farkları ve çelişkilerinin hangi temelde nasıl ortaya çıktığını gösteren işçi tipikleştirme ve özgüllükleri, her dönemin genel ekonomik, toplumsal, siyasal, kültürel iklimi içinde işçi sosyo-psikolojisi gibi pek çok kritik konudan bağımsız olamayacağı ve bunları gereksindiği açıktır.!

İşte madem ayrı bir roman kategorisi olarak işçi romanını tartışmaktayız, o halde böylesi bir romanın ne/nasıl olabileceği üzerine de kafa yormak, bir değerlendirme yapmakta, bu konuda yazılmış belli başlı eserlerle karşılaştırma yapmak son derece yararlı olacaktır.

Roman açısından bir Karakter yaratmak çok önemlidir. Yazarın romandaki başarısı bu karakterin içini nasıl doldurduğu, hangi zihniyetle yapılandırdığı ve artık bir tipten bir karakter seviyesine yükseltip yükseltemediğidir. Şu halde yaşam içinde ve olağanlık halinde bir romanda anlatılan olayların tipleri vardır. Bu tipler işlenmemiş ham-olağan tiplerdir. Ama bunların bir amaç için işlenmesi iledir ki, karakter ortaya çıkar. Tip ile karakterin farkı da buradadır bizce. Ele aldığımız 4 ciltlik romanda bir işçi karakterin olmadığını görüyoruz. Tip bile olamayan yarı tipler vardır ama karakter yoktur.

Her şey maden ve madenciler etrafında dönüyormuş gibi görünmekte, anlatılan pek çok kişi madenci ve işçidirler ama, bu kitapta engin bir işçi denizindeymişiz hissine kapılıp, işçilik üzerine ve işçiliğin işçileri nasıl değiştirdiği üzerine düşünmeye başladığınızda veya işçilerin işçi olmaktan kaynağını alan duygu, düşünce, hayal ve ütopyalarına dair yeni bir düzleme geçmeye çalıştığınızda ise, bir anda çölde bulursunuz kendinizi.

Ama işçi romanının en temel çizgilerinden, ayırt edici özelliklerinden birinin de en başta 'gerçekçi' olmasıdır.

Bu bağlamda genel olarak roman gerçekçi olmak zorunda değildir ama bu, romanın bildiğimiz ve bilebileceğimiz gerçekliği istediği gibi parçalayabileceği, tahrif edebileceği, bu parçalanan gerçeklikten, kendince bir gerçeklik icat edebileceği anlamına da gelmez. Gerçeklikten sadece keyfi bir takım belirti ve görüngüleri alıp onlar üzerinden keyfi, olumsal kurgular yapabileceği anlamına gelmez. Toplumsal-maddi gerçekliğin iç yüzüne nüfuz etmek, toplumsal-edebi olarak yeniden üretmek ile tahrif etmek, bölük pörçük bir dekora indirgemek ayrı şeylerdir. Böyle bir şey romanı bir anda bir sözcük, cümle, imge, durum, (rastlantısal) olgu, olay, karakter vesaire yığınına çevirmekten başka bir işe de yaramayacaktır. Burjuva romanının bu son geldiği nokta olan postmodern roman da böyle değil midir?.

Böylesi bir romanda, sözcük, cümle, imge, durum, olay, karakter ve sairenin örgütlenmiş şeklinin yarattığı yeni durum, hiç de gerçek ve/veya gerçekçi değildir. Zaten Oruçoğlu, bir söyleşisinde, Grizu romanının gerçekçi olmak zorunda olmadığını, bunu arayanın ilgili tarihsel araştırmaları okuyabileceğini, kendisi için önemli olanın "gerçekçilik hissi" vermesi olduğunu söylüyor. Ne yazık ki, yazdıklarının çoğu gerçekçilik hissi de vermediği gibi, subjektivizme de kapıyı ardına kadar açıyor.

Zaten yazar, anlattığı işçiler için bir çözüm önerisini de ortaya koyabilecek şekilde yazmış da değildir. bırakalım bir çözüm önerisi sunmayı, ele aldığı her ne olay var ise, irdelemeden, çözümlemeden, kendi halinde bırakarak anlatmaktadır. Kendi halinde romanı bu şekilde akıtmaktadır sadece. Zira olaylara ve karakterlere, yaşandığını anlattığı sorunlara bir çözüm getirtme gibi bir düşüncesi, perspektifi veya isteği veya kendi anlattığı olayların sebep sonuç ilişkilerini de kurma ihtiyacı hissetmemektedir. Geriye ilginçlikler kalmaktadır. İlginçlikler toplamından yeni bir gerçeklik inşa edilemez. Gerçeklik hissi dahi verilemez.

Yazar gerçekliği parçalamakla ve bu parçaların da her birini kendi bağlamından kopararak istediği kolajı yapmakla yetinmiyor. Gerçekliği en etkili göründüğü ilginç veya atraksyoner yerinden alıyor, bunun dışında kalan tüm yönlerini de çöpe atıyor. Fakat bu işlediği gerçekliğin bağlandığı yer, hiç de, ilkin işçilere ait olan bu gerçeklik, işçilere geri dönen bir gerçeklik değildir.

Peki lime lime edilen gerçekliğin, eğer bu parçalanan gerçeklikten, iç bağıntı ve dinamikleri beliren yeni bir gerçeklik inşa edilemiyor ise, tüm bu parçalanmış gerçekliğin akıtıldığı yerin burjuva deryadan başka bir yer olabileceği düşünülebilir mi? Hayır.

Romanda oluşturulan tüm bu anlamların aktığı yer, işçi sınıfının bir ütopyası, bir gelecek ufku değildir. Var olan bu, kapitalizmden de geride kalan ütopyasını, kapitalizmin içinde sınamaz yazar. Sınayamaz. Sadece onun kıyısı-köşesinde, sonra çatlaklarında, bilinçaltında var etmeye çabalar. Kapitalist ilişkiler içinden sağlam bir şekilde geçirerek, yani bizzat kapitalist sistem içindeki uzlaşmaz sınıfsal-toplumsal çelişkilerin tarihsel gelişim dinamiklerine ışık tutarak, bundan da geçerek, yeni bir gerçekliğe ve özgürlüğe, anlayış ve tutkuya doğru ilerlediğini, en azından bunun hissini verdiğini de, bizi bu hisse kavuşturduğunu da göremeyiz.

Düşünebiliyor musunuz; 120-130 yıllık bir tarihi kesite yayılan, 4- 5 kuşak işçiyi anlatan bir romanda, işçilerin pek çok ekonomik ilişki ve maddi yaşam ilişkisi ağının anlatılmamasının yanında, tüm bu emek süreci içinde yer alan işçilerin bu emek süreçlerine denk bir fikir ve düşünüş ile toplumsal emek süreçlerine ve maddi yaşamsal çıkar ilişkilerine dair düşünce ve duygularının, davranışlarının oluşumunun anlatılamaması, duygularının, düşüncelerin, isteklerin, arzuların ve sairenin böylesi bir yaşamdan yansımayışı, kaynağını bu yaşama yaslamayışı, nasıl izah edilebilir? Bunca emek üreten işçilerin, emek süreçlerine dair en ufak bir fikre sahip olmadıkları şeklinde çizilmelerini başka türlü izah etmek mümkün müdür? Oysa emek üreten işçi, buna ve buna bağlı pek çok hususa ilişkin düşünce de üretir. Ama roman boyunca bunca çalışan işçinin bu yapıp ettiğine dair düşündüklerini göremeyiz. Bu nedenle 120 yıl sonra da işçinin kullanmış olduğu kazmanın aynı kazma olduğunu görürüz. 120 yıl sonra ki işçinin de 120 yıl önceki işçi ile aynı şekilde aynı düşüncede olduğunu görürüz. Romana giren karakter, romandaki işlevini gerçekleştirdikten sonra da değişmeden çıkar romandan. Sanki romanda yazar ona bir şey yaşatmamış gibi, değişmezler. Duygu ve düşünceler için de aynı şey geçerlidir. Düşüncenin düşünceye eklenmesi üzerinden yeni düşünceler belirmez işçilerin kafasında. Bizde de..Toplamda sonuç olarak işçilerin bu değişmezliğine inandırılmaya çalışılırız. İşçiler kazara bir eylem yapsalar, işçileri buna sevk eden, yönlendiren asıl saikin de içsel çelişkiler değil de, dışsal olaylar olduğuna ikna edilmeye çalışılırız. Çünkü öyle anlatılır.

İngiltere işçi sınıfının bir parçası olan maden işçilerinin en etkili tarihi döneminin anlatıldığı Olgunlaşma romanında, maden işçilerinin mücadele tarihi rahatlıkla pek çok olaylar dizisi içerisinde algılanabilir. Tarihi gelişmeleri, dönüm noktaları, iç dinamikleri, roman kahramanlarının ileri ve geri yanlarıyla birlikte bir bütün olarak bu romanda maden işçileri bağlamı oluşturulmaktadır. Tarihi roman bağlamı oluşturulmaktadır.

Oysa Grizu da bu bağlamın kurulamadığı rahatlıkla görülür. Maden işçilerinin en önemli direnişlerinin çoğu görünmezleştirilir. Romanda yer verilen birkaç grev de bölük pörçük, öncesiz veya sonrasızdır. Bunların yerine başka şeyler konulur. Bunların yerine üretim ve emek alanından koparılmış, yazarın gündelik yaşam fantezileri geçirilir. Dönüm noktalarındaki en belirgin gerçeklikten uzaklaşılarak, gerçekliğin yerine başka şeyler konulmaya çalıştığı hissedilir. İşçilerin kendi içsel dinamikleri görülmez, o dinamikler romanın toplumsal - edebi gerçekçi iç eyleminden çıkanlar değil hep yazarın kahramanlara yedirdiği veya bahşettiği kadardır ve hayli eksik olduğu gibi, çarpıktır da. Sadece bir imparatorluğun yıkılması ve yeni bir devletin inşası süreçleri değil, dünyanın en önemli dönemeçlerinin olduğu tarihi kesitte yer almaktadır Grizu. Fakat bu kadar önemli bir tarihsel kesite uygun, bunun gerektirdiği değişim ve dönüşümlerin hissettirilemediği bir roman olmaktadır. Maden işçilerini belirleyen en temel noktalar; mükellefiyet gibi, ilkel birikim süreçleri gibi, burjuva devrimleri gibi, düşük ücretler gibi, baskı ve işkenceler gibi, bunlar dahi etraflıca irdelenerek, çözümlenerek anlatılmaz. Bu gerçekler, tarihsel dönemeçler, vardır ve fondadır. Silik ve çoğu durumda salt bir takım belirtilere indirgenmiş bir fondan ibarettir. Romanın yazarının kafasında kurguladığı fon (ilginçliklerden müteşekkil) ise, hayatın gerçeğine taşınır. İşte bu temel nedenledir ki, Grizu'nun işçi sınıfının tarihini anlatma gibi bir kaygıyla yazıldığını veya tarihi roman yönünün bulunduğunu söyleyebilmek mümkün değildir.

Aşağıda tartışmaya gerek gördüğümüz olay, durum, karakter ve saireyi tek tek ele alıyoruz. Karşılaştırma yapacağımız romanlar ve karakterler de genelde madencileri anlatan romanlar ve bu maden romanlarının karakterleri olacaktır. Dolayısıyla bir işçi romanı bağlamı gibi, bir madenci romanı bağlamı da oluşturmaya çalışacağız. Bunların toplamından da genel sonuçları çıkarmak mümkün olacaktır. Yazının en sonunda ise işçi romanı üzerine yoğunlaşmaya, bunu tarif etmeye ve bu damarın gelişmesinin nasıl mümkün olabileceği üzerine düşünceler yer alacaktır.

Kadın Sorunu Bağlamında Grizu romanı

Zehra Bağlamında Grizu

1.kitapta Zehra'nın Cemal ile evli iken, dağa çıkması ve de kocasının madenden arkadaşı olan Bayram'a kaçması ve dağda birlikte yaşaması çok abartılı gibi durmaktadır. Yazar burada tüm gerçekliğin üstüne çıkıp yeni bir gerçeklik kurarken, nesnel-toplumsal hiçbir gerçekliği temel almadan, tüm nesnelliklerin mantığından koparak bunu yapmaya çalışmaktadır. Biz yazarın bunu yapabileceğini düşünmüyoruz.

Romandaki böylesi bir olayın değerlendirilmesi ise daha da abartılı olmuştur: Mehmet Akkaya, buna, ***'kadından gerilla yaratmak'*** adını koymaktadır. Kitapta Zehra'nın dağa, Bayram'ın yanına kaçmasının dışında bir eşkiyalığını okuyamıyoruz. Eline silah almadığı gibi, dağda, ona şaki denilebilecek denli bir yaşayışı da yoktur. O halde neye istinaden bu kadına gerilla denilebilmektedir? Bırakalım gerillayı, eşkiya bile denemez. Tam da burada belki, Zehra'nın kızı olan Kumru'nun; kendisine tecavüze yeltenen erkeği, planlayarak öldürmesinin mi daha devrimci, bunu yapamamanın da getirdiği bir sıkışma ile dağa sığınan Zehra'nın sırf dağa çıkmış olması mı daha devrimcidir diye sorabiliriz. Bizce Kumru'nun eylemi daha devrimcidir. Esasen Kumru'nun eylemi yüceltilmelidir.

Roman bu konuda yeni bir şey söylememektedir aslında. Aynı havzada geçen pek çok romanda çizilen kadın karakterlerin, Grizu'da geçen Zehra dan kat be kat daha devrimci çizildiğini, çizilebildiğini, hatırlatmak isteriz. Örneğin; başka yönlerden pek çok değerlendirmeye tabi tutulabilecek ve pek çok yönden Grizu romanıyla 178 sayfa gibi hacimce çok küçük olduğu halde, rahatlıkla boy ölçüşebileceğini düşündüğümüz İrfan Yalçın'ın 'Ölümün Ağzı' romanındaki ANA karakterinin Zehra'dan çok daha devrimci olduğunu söylemek mümkün. Ana karakteri hiç de dağa kaçmamaktadır. Eşkiyalık yapmamaktadır. Ama eşini madende kaybeden ve çocuklarını da kaybetmemek için çocuklarının çalıştıkları ve mükellefiyet altında oldukları madenden firarını sağlamaya çalışan, bunun için, jandarmalarla kıyasıya çarpışan, kafasındaki hiçbir devlet ve baskının onu teslim almasına izin vermeyen bir karakterdir, bu romandaki ana karakteri. Zoru görünce Jandarmaya teslim olmayı da düşünen Zehra'nın yanında Ananın Jandarmayı bezdiren direnişi, defalarca jandarma karakollarına dahi gidip, onları taciz etmesi ve oğullarını jandarmanın ellerinden koparmaya çalışması daha devrimcidir. Şu halde, esasen Grizu romanının geçtiği maden havzasında daha pek çok kadın direnişi, eylemi, ve saire vardır. Zehra karakteri tüm bu bilebildiğimiz, hatta çalışma ve yaşam koşullarını bilen herkesin tahmin edebileceği gibi, havzada yaşayan pek çok kadın direnişine sahne olduğu, Zehra karakterinin bunları aşan bir yönünün olmadığı gibi, yukarıda örneklenen Ana karakteri dikkate alındığında, onlardan çok daha geri bir karakter olduğu görülür.

Yine aynı şekilde Zehra'da, Davut'da, Cemal'de ve romandaki daha pek çok kişi özelinde çizilen sorun, kadın sorunundan çok, cinsellik sorunudur. Cinselliğini yaşayamayan bunun sıkıntılarını yaşayan bir insanın sorunlarıdır. Sevgiye de yabancılaşılmasından bahsedilebilir. Bu durumun, romanın ilk ciltlerinde daha yoğun olmasının, Bölgenin ilk kapitalizmle tanışmasının yarattığı kuvvetli değişim ve bu değişime insanların ayak uyduramamasından kaynaklandığı düşünülebilir. Bu yönüyle insana vahşi gelen ve ayrıca, insanların alışageldikleri ekonomik ve sosyal ilişkiler sisteminden bir başka ilişkiler sistemine geçmeye zorlanmasının getirdiği bir sevgiye yabancılaşma görülmektedir. Esasen, insanın yeni emek sürecinde kendine yabancılaşmasının, bunun da emeğine yabancılaşmasının bir nedeni ve sonucunda gerçekleşmekte oluşu, toplumun ve bireylerinin sevgi beklenti ve anlayışlarında da derin değişikliklere neden olmaktadır. Aksi garip olurdu. Fakat işte yaşananları bu çerçevede değerlendirmek gerekirken, romanda ele alındığı tarzın; sorunu tipik bir kadın sorunu olarak görmemize engel teşkil ediyor. Çünkü Yazar, sorunu, en başta sınıfsal-tarihsel-sosyal ilişkilerden de koparak ele alıyor. Bu nedenle Romandaki Zehra kişiliğinde somutlaşanın, bir kadın sorunu veya Mehmet Akkaya'nın söylediği gibi, kadından bir gerilla yaratma olarak görülmesi mümkün değildir. Yeni toplumsal ilişkilerin eski toplumsal ilişkileri parçalaması ve bunun getirdiği yabancılaşmanın kadın sorununu farklılaştırması ve böylesi toplumsal geçişlerde, kişilerin de karşı cinsten beklentilerinin değişmesi sorunu olarak okumak mümkün. Zehra özelinde bu yabancılaşma ve toplumsal değişimlerin sonucu olarak gerçekleşen sorun, bu sorunun emek ekseninde ele alınmamasıdır. Elbette kadın sorununun, kapitalizmi de aşan bir yönü vardır. Ama kadın sorununun sınıflı toplumların sorunu olduğunu ve esasen buradan neşet ettiği gerçeğinden, merceğinden uzaklaşmamak gerekir.

Yine aynı şekilde sınıflı toplumlardan birinden diğerine keskin ekonomik, sosyal ve toplumsal değişimlerin yaşandığı dönemlerde toplumdaki bireylerin gerçekliği algılayışları da değişmektedir. Kapitalizm özelinde söylersek, kapitalizmin ilk gelişim evresinin gelişiminin getirdiği bir vahşiliği de barındıracak şekilde gerçekliğin geleneksel yaşanış ve algı biçimlerinin ve kişiliğin vahşice parçalanışından bahsedilebilir. Kişiliği ve gerçekliği parçalanan insanın en temel ihtiyaçlarını giderebilmesinin şekli bir hayli gerilimli olacaktır. Yazar, romanında, yeni emekçi olan insanların sevgi sorununa, sevgiye bakış açıları üzerine odaklanırken, emek süreçlerinden kopuk olarak odaklanmaktadır. Bu nedenle sevgiye ve kadın sorununa dair yazılan ve ortaya konulan her şeyin yaşamdaki karşılığı eksik kalmıştır. Kalmaya da mahkumdur. Çünkü sevgi ve emek arasında, ikisi arasındaki diyalektik ilişkiyi kurabildiğini düşünmek için hiçbir veri yoktur. Parçalanan insanın kendini sevgide bütünleyebilmesi de, sınıflar varlığını sürdürdükçe mümkün olamayacaktır. Bu nedenle romanda sevgi konusunda sergilenen gerçek dışı söylemlerin bir kıymeti yoktur maalesef. Okurun, sevgi konusundaki şiir tadında okuduğu cümleler, boşa yazılmış cümleler haline gelmektedir.

Romanın Deli Tipleri

Yazarın çarpıcı bir şekilde romanın 4 cildinin pek çok yerinde dile getirdiği kişilerin delirmesi konusunu da bu bağlamda düşünmek gerekir. Yeni toplumsal değişime ayak uyduramayanların delirmesi, eski ilişkilerden çıkamayışı, yeniyi kendi insani yapısına uygun görememesi gibi nedenlerle olsa gerek, romanda hayli fazla deli tipleri vardır. Elbette biz böyle yorumluyoruz veya yorumlamak istiyoruz. Yoksa yazarın ortaya koyduğu malzemenin içinden, delirmelerin, havzaya yeni girmiş vahşi kapitalist ilişkilerden kaynağını aldığına dair bir veri yoktur. Havzada meydana gelen bu delirmelerin, intiharların ve pek çok sosyal sorunun ayrı bir şekilde ele alınması mümkün, ama burada, baştan, tüm bu olayların sınıfsal bir temele ve zemine bağlanamadığı görülür. Fakat sorun bağlanamaması sorunu da değildir. Biz, az çok sınıfsal bakış açısına sahip birileri olarak, bu delirme ve intiharlardaki artışın sanki havzaya kapitalist ilişkilerin girmesinden kaynaklandığını düşünüyoruz ama, yazar ısrarla bu gerçekten uzakta tutmaya çalışmaktadır bizi.

Bunun bir tipik örneği, 1.ciltteki Zehra bağlamında işlenen Deli Davut'tur. Pek çok kadının delirmesi veya intihar etmesi gibi Davut da da meydana gelen delirme; pek çok kadının esasen, kapitalist ilişkiler nedeniyle; kendi eşlerinin de bu kapitalist ilişkilerden kaynağını alan baskılarından, yoğun ve insanlıktan çıkaran çalışma şeklinden kaynağını alan delirmeler olarak çizilemediği açıktır. Çünkü, bu diyalektik ilişki emek süreci üzerinden kurulabilecek, ancak bu şekilde kurulabilecek iken, toplumun kadın -erkek bölünümü değişen üretim ve çalışma ilişkileriyle kadın- erkek arasındaki toplumsal cinsiyetçi işbölümünün de değişip derinleşmesiyle kurulabilecekken, bunlardan yalıtılmış bir cinsellik sorununa indirgenerek, ancak bunun üzerinden dile getirilmesinde problemler vardır. Hatta, kadınları bir de kendi erkek eşlerinin ezmesindeki erkek egemen zihniyeti irdelemez yazar. Çoğu yerde, örneğin bir Serdar'ın dul kadınlara tecavüz etmesi ve bu kadınları gözlemesi, dul kadınların erkekler tarafından taciz edilmeleri, salt erkeklerin bir sapıklığı olarak canlandırılır. Yazarın deli Davut karakterini oluşturmasındaki temel fikir; her bir köyün bir delisinin olması genel yargısından ibaret kalır. Yoksa deliliğin muhtemel nedenleri kapitalizmin veya yeni toplumsal ilişkilerin gelişmesi sonucu oluşan, buna bağlanabilen bir delilik de değildir.

Aynı şey, romanın sonlarına doğru daha çok değiniler şeklinde ele alınan kadın intiharları için de geçerlidir. Bu intiharların bırakalım emek süreçlerinin havzada yarattığı toplumsal ve ekonomik ilişkilerle bağını, emek süreçlerinden kopuk ele alındığında dahi, geleneksel nedenler de bu intiharlarda hissettirilmez. Burada fonda olması gereken gerçeklik, gerçek; gerçekte olması gereken ise, fonda görünür. Delirmeler, kadın intiharları ve benzeri sorunlar, irdelenmez, çözümlenmez, tartışılmaz, sonuçlara bağlanmaz. Sadece üzerinden ilginç kılınmaya çalışılan kurguların yapıldığı belirtiler olarak vardırlar. Hepsi bu. Neden ve neyin belirtisi oldukları ve bunun yarattığı sonuçları da tartışmak yoktur romanda. Bu nedenle bu kadar geniş bir zamana yayılan romanda ve bu kadar birbirine eklenmiş, teğellenmiş anekdotlar şeklinde olay var olmasına rağmen romanın her yerinden gerçeklik fışkırmaz, tam tersine, hissettirilen gerçeklik, baskılanır. Adeta, okurun kafasında velev ki, bir düşünce doğuracak olursa, bunu da engelleyecek yan söylemler hemen geliştirilerek, gerçeklik; biraz ağır olacak ama, tıpkı bir eylem için bir araya gelmiş insan topluluğunun polis tarafından dağıtılması gibi, bu şekilde yazar tarafından parçalanıp dağıtılır.

Sorunun kaynağı sınıfsal bağlamından uzakta arandığından, yapılan doğru değinilerin kalıcılaşması mümkün olamamakta, bir süre sonra etkisini kaybetmektedir. Biz, tüm emeği kapitalizm tarafından yağmalanan Cemal' in kendi emeğine yabancılaşması hatta kendi eli'nin bile kendisinin olmaktan çıkması, bunun üzerine elinin Zehra'yı sevememesi şeklinde bir mantık kuramıyoruz. Kendisinin olmaktan çıkmış Cemal'in elinin sağlıklı ve sevgi içeren bir dokunuş üretmesi mümkün müdür? Bu nedenle toplumsallaşmış bir sevgi ve yaşam ihtiyacını emek ekseninde ele alamayan, buna bağlayamayan yazarın bu konuda yazdığı parıltılı cümlelerin bir anlamı olmakta mıdır ki? Ya da tüm saflığıyla kendi olarak kalabildiğini zannettiğimiz Deli Davut'un, bu saflığının da; tıpkı delirmesinin yeni vahşi kapitalist ilişkilerden kaynağını aldığını düşünmek için veri bulunmayışı gibi, yeni vahşi kapitalist ilişkilerin yarattığı bu çirkinliğin zıddı veya öncesini temsil eden bir saflık olduğunu da düşünemiyoruz.

Yazarın deliliği ele alış tarzındaki saflık, bir doğaya dönüş olarak anlaşılabiliyor ancak. Cebeli'nin de bazı söylemlerinde rastlanıldığı gibi, cinselliği doğal hayvanların içgüdüsel faaliyetine indirgeyen bir saflıktır.

Bu da toplumsallaşmayı yabancılaşmaya indirgeyip yerine içgüdüselliği geçirmek anlamına geliyor. Oysa insan cinselliği toplumsaldır, saflık adı altında içgüdüselliğe dönüş ile değil, daha gelişkin ve özgür bir toplumsallaşma ile -bu toplumsal cinsiyetçi işbölümü, aile, özel mülkiyetten kaynaklanan- yabancılaşmayı aşabilir, özgürleşebilir.

Yazarın nedenleri üzerinde durmadığı, çözümleme ihtiyacı hissetmediği bu çelişkileri gözden gizlediği gibi, çözdüğü mekan neresidir? Bizzat bu çelişkilerin hayattaki kaynağı olan mekan ve zamanda mı çözmektedir? Buna da hayır diyoruz. Çünkü bu sorunları ve çelişkileri yazarın çözdürdüğü, bu sorunların ana kaynağı olan yer değil, Zehra özelinde dağ olmaktadır. Zehra dağa çıkınca kadın sorununun çözüleceği varsayılmıştır. Bu yanıltıcıdır. Ya da Zehra Davut ile birlikte olunca gerçek aşkı bulduğunu Zehra'ya zannettirmektedir.

Keza, Zehra Devrekli Bayram'la birlikte dağa çıkınca da gerçek sevgiyi bulduğunu zannetmektedir

Bu bağlamda diğer kadınların yaşadığı imlenen sorunlara değinildiği yerlerde de "son"lar hep, bizatihi çelişkinin yaşandığı mekanın dışındadır.

Bu şeklide sadece normal yaşamın aktığı alanlar ile dağ arasında bir eşitlik kurulduğu gibi, normal yaşam alanlarındaki mücadeleler ile insanların özgür olamayacakları, kendi özgürlüklerini kendi mekanlarında kuramayacakları yanılsamasına varmaktadır. Keza insanlar arası ilişkilerde de özgürlük, normal insanlar arası ilişkilerinin aktığı yerlerde değil, toplum dışılığın ilk akla geldiği yerlerde ve konulardan akıtılması, sadece eklektik ve çarpık bir devrimci bilinçten kaynaklanmıyor, özgürlük mücadelesi ve yaşantısının bizatihi toplumun bağrında yeşerebileceği düşüncesini ve özellikle duygusunu öldürüyor.

Romandaki sevgi/aşk, genellikle mistik, tasavvufi bir sevgi anlayışı. Eski doğu mistisizmi, Spinoza, Feurbach, ya da daha yakın zamanlı yeniçağ dinlerindeki, insanın kendi iç dünyasındaki kamu-tanrıyı, güzelliği, sevgiyi keşfetmesi kabilinden, "mutluluk insanın içinde başlar" kabilinden (yine post-modernizmin tipik) sezgicilik, bilinç-dışı arzuculuk ("arzu politikası"), nostaljiciliği ile birlikte örülüyor. Bu yer yer tüketimci, metalaşmış bir cinsellik anlayışıyla karşı karşıya, yer yer de yan yana, hatta iç içe bulunuyor.

Keza kadın sorunu bağlamında konunun işlenişi eğer Zehra özelinde tartışılacaksa, yazarın, kafasındaki sorunun çözümünün de bireysel ele alındığını görmek gerekmektedir. Kapitalizmin gelişmesiyle birlikte kadın sorunu çok daha büyük bir sorun olarak ortaya çıkmıştır. Roman özelinde bu, öncelikle kapitalizmin, havzanın her şeyini hallaç pamuğu gibi atıp, vahşice gelişmesinden kaynağını almaktadır. Derinleştikçe, yaşamların parçalandığı, mülkiyetsel, ekonomik, sosyal ve kültürel ilişkilerinin parçalandığı, toplumsal ilişkilerin farklılaştığı, büyük ailelerin parçalandığı ve bu durumun kronikleşmeye başladığı görülür.

İşte böylesi bir durumda havzada kadınların kendi aralarındaki dayanışmanın olmadığı, bir araya gelip dedikodu dahi yapmadıklarını düşünebilmek mümkün değildir. Şu halde kadın sorunu bağlamında tartışılabilecek romanın tüm malzemesinin de tamamen bireysel olduğu gibi, emek bağlamında da konunun ele alınmadığı gibi, erkekte cisimleşmiş yönünü de görememekteyiz.

Erkeklerin 15 günlük dönemler boyunca madencilik mükellefiyeti, ev-çocuk işlerinin yanı sıra tarım, hayvancılık, çobanlık, odun, su vd işlerin de kadına havale edilmesi... Kadın erkek arasındaki toplumsal cinsiyetçi emek bölümünü had safhada derinleştiriyor ve birbirlerine de yabancılaştırıyor. Evet, madende erkeklerin posası çıkartılıyor ama köyde erkek işlerini de üstlenen kadının da posası çıkıyor olsa gerek. Erkeklerin madencilik yapabilmesi bu sayede mümkün olsa gerek. O da bir yana, telef edilenlerin yerine durmaksızın madenlere yeni ucuz işgücü üreten de kadınlardır, değil mi? Dolayısıyla o madenlerde kadınların da dev çaplı emeği yok mudur? Yazarın kadınların emeğini ve özgül emeğini görünmezleştirmesi, sonra da Zehra'yı dağa çıkararak "radikallik" taslaması, tam bir ataerkil ikiyüzlülük örneğidir. Romanda Mehmet Akkaya'ya göre kadın sorunu Zehra bağlamında işlenmiştir. Ama yukarıda bahsettiğimiz şekilde, bir emekçi olan, üreten ve ürettiğine başkalarının el koyduğu bir Zehra anlatılmaz romanda. O halde, Grizu romanında M.Oruçoğlu'nun, kadın sorununu da cinselliğe daralttığı ve karikatürize ettiğini söylemek mümkündür.

Yazar, Tanzimat romanının da bir adım ötesine gidemiyor. Tanzimat romanında, kadınlar genel olarak kapalı olduğu ve birey sayılmadığı/olamadığı için, batılılaşma adına kadın karakterler ya yabancı kadınlardan ya da hayat kadınları, "fettan kadınlar" vb'den seçilirdi. O dönemin kadınları için "olağanüstü" ve "örnek" sayılan "piyano çalan", "roman okuyan" kadın tiplemeleri böyle yaratılır. Grizu'daki serbest kadın tiplemeleri böyle: Zehra, Hurşit'in Çingene sevgilisi, vb. Ama köyde çobanlık yapan kadın varsa, örgütçülük yapan neden olmasın? 4 cilt 120 yıl boyunca hiç olmazsa birkaç öncü erkek işçi, birkaç erkek işçi toplantısı görüyoruz, ama neden örneğin köyde bir araya gelen kadınlar yok, hiç olmazsa kapı ağzından sorunlarını konuşan, birlikte bir şeyler yapmaya çalışan kadınlar yok? Kuvvayi Milliye'de kadınların oynadığı rol biliniyor, yörede bu savaşım ve direnişte yer alan tek bir kadın yok muydu? Cumhuriyet'in yöredeki kadınlar, işçi eşleri üzerindeki etkileri ne oldu? Onca ölen, sakat kalan madencinin eşleri, dul kadınlar ne oldu? Yazar, bir 2. ciltte dul bir madenci eşinin ailesini geçindirebilmek için Serdar'a metreslik yapması dışında dul kadınları yalnızca cinsel ihtiyaçları açısından ele alıp karikatürize etmekle yetiniyor.

İnsan tıpkı emek gibi bunu bilinçle yaptıkça dönüşür ve dönüştükçe de daha bilinçli bir sevgi üretebilir. Oysa kişiliğin parçalandığı Kapitalizmde gerçeklik de tümden parçalandığından, bütün unsurlarıyla, karşı cinsle bütünleşebilmiş, ama fiziki bir bütünleşmeden de öte, ruhen bir bütünleşebilmekten bahsedebilmek mümkün olamaz.

Oruçoğlu'nun temel bakış açısındaki '***zıdların birliği ve savaşımında, her bir zıddın kendi içindeki çelişkili yapısını da***' göz ardı etmesinin bir örneğini bu sevgi konusunda da görmekteyiz. Sevenin karşısına sevmeyeni koyarken, her birinin içsel çelişkisini de, çelişik yapısını da, ortaya koymaz.

Kişiliği ve tüm gerçekliğin parçalandığı bir toplumsal sistemde, bu nedenle tüm faaliyetleri de parçalanan insanın; ancak emeğin üretim ve yeniden üretimin, emeğin ve kadın özgül emeğinin toplumsallaşma eğilimine koşut tüm üretimi, yeniden üretim ve yönetimle birlikte toplumsallaştırdığında, diğer kendine özgü faaliyetlerden olan "sevgi" yi de bütünleyebilir.

Aynı işçi kesimlerinin mücadele yoğunluklu anlatıldığı İngiltere'deki maden işçilerinin romanı olan Olgunlaşma romanının kahramanlarından Len ile Mary'nin aşklarında bunun işaretleri görülür. Mary'nin babası ile Len'in politik ve sendikal mücadelede, iki farklı kutupta yer almalarına ve hatta Mary'nin babasının işçi sınıfının liderliğinden ihanete varan gerilemesi sırasında, en değerli varlığı olan babasına karşı, aşkını, doğru bir toplumsal kutuplaşmaya koyduğunu ve sınıf mücadelesi ekseninde sevgiyi düşündüğünü ve üretebildiğini görürüz. Kendine yabancılaşmasını ortadan kaldıramamış bir insanın üreteceği sevgi faaliyetinin de, bütün olmayacağını, insanı bu parçalı halin mutlu kılmayacağını düşündüğünü hissettiği için elbette. Başka pek çok örnek verilebilir ama madencilerin anlatıldığı edebiyattan vermeyi tercih ettik.

İşte Oruçoğlu'nun 4 ciltlik metninin cümlelerinin bağlamının yarısının sevgi ve aşk üzerine yoğunlaşmasına rağmen, imgesel anlatımın zenginliğine rağmen, bizi, aşkın özgür bir yaşantısının tahayyülüne götürememesinin nedeni, tüm bu bağlamın aktığı yerin, toplumsallaşmış emek değil de, insanın içgüdüsel ihtiyaçları temeline akan bir yer olmasından ileri gelmektedir.

Kadın sorununun ele alınışının temelindeki yanlışlıkta, sosyalizmden anlaşılanın yalnızca mülkiyet ve iktidar ilişkilerinin değişmesi olduğu algısı vardır. Oysa Marksizm açısından esas olan toplumsal üretim ve yeniden üretim ilişkileridir. Bunlar değişmedikçe, her durum ve koşulda bunları değiştirmek için zorunlu olan iktidar ve mülkiyet alınsa bile, kapitalist üretim ilişkilerinden kopulmuş olmaz. Kapitalist üretim ilişkilerinden (ve dolayısıyla işbölümünden) tam kopulmayınca da, yani bu kopuş derinleştirilemeyince de, iktidar ve mülkiyet el değiştirmiş olsa bile, mevcut üretim ve yeniden üretim ilişkileri (dolayısıyla işbölümü) eninde sonunda onları geriye, eski üretim ve yeniden üretim ilişkilerine doğru çözer.

Kapitalist üretim ilişkileri, emek-sermaye ilişkisiyle birlikte kafa/kol, kent/kır, kadın/erkek emeği, yani toplumsal işbölümü/eşitsizlik ilişkilerini de birinci dereceden içerir ve durmaksızın yeniden üretir. Dolayısıyla komünist devrim, yalnız kapitalist mülkiyet ve iktidarı değil, kapitalist işbölümünü de kaldırmayı/sönümlendirmeyi amaçlar. Ki zaten işbölümünü kaldırmadan, meta üretim ve egemenlik ilişkilerini, yabancılaşmayı, soyut insan kültünü kaldırmak mümkün değildir.

Toplumsal cinsiyetçi işbölümü konusunda da, günümüz üretiminin ve emeğinin olduğu gibi yeniden üretim emeğinin de dev çaplı endüstrileşmesi ve toplumsallaşması bunun kaldırılmasının koşullarını oluşturmaktadır. İnsanın bizzat kendisinin üretimi ve yeniden üretimi için gerekli emek, tabii sermaye-meta dolayımıyla da olsa, dev çaplı toplumsallaşmakta ve kadının özgül emeğinin gereksizleşmesinin koşullarını oluşturmaktadır. Çünkü, örneğin kafa emeğinin dev çaplı toplumsallaşmasıyla kol emeği giderek gereksizleşirken, aynı şekilde emek gücünün yeniden üretiminin dev çaplı toplumsallaşması da kadının özgül emeğini giderek gereksizleştirmektedir. Bu kadının gerçek anlamda özgürleşmesinin koşullarını oluşturmaktadır. Kadının daha yaygın ve yığınsal olarak (AKP vb'nin çıkardığı engeller ne olursa olsun!) işgücüne çekilmesi, kadının özgül emeğinin toplumsallaşması, aile kurumunu da çözen ve dikiş tutmaz hale getiren temel etkenler arasındadır. Kapitalist üretim/işbölümü ilişkileri toplumsal cinsiyetçi emek bölünmesini ne kadar yıkıcı biçimlerde derinleştirerek yeniden üretirse, üretimin, emeğin, emek gücünün yeniden üretimin daha ileri toplumsallaşması da bu sorunun o kadar çözülmesinin koşullarını oluşturur.

Demek ki bu sorun da, kapitalizmden geriye doğru değil, ancak ileriye doğru ve onu aşarak çözülebilir. Ancak tabii bu, kadın sorununun çözümünü kapitalizm sonrasına erteleyeceğimiz anlamına gelmez. Kadını ezen ve ona üstünlük taslayan, kadının özgürleşme sorun ve ihtiyacına kayıtsız kalan erkek de özgür olamaz. Kapitalizm koşullarında kadın ve erkek ancak birlikte, kapitalist üretim ve egemenlik ilişkilerine karşı (ücretli köleliğe ve kapitalist üretim ilişkilerinin bileşeni olan toplumsal cinsiyetçi emek bölümüne karşı) birlikte mücadele ederek, birlikte özgürleşebilirler, kendilerini birbirlerini özgürleştirebilirler, özgür birliktelik ilişkisi kurabilirler.

İşçi romanı denilen romanın yarısına yakını Cebeli ile ilgilidir.

Yukarıda Zehra bağlamında bir kadın sorunu tartışması yaptığımız gibi, burada da Cebeli karakteri ve bu bağlamda pek çok konuyu tartışacağız.

1.Kitapta anlatılan Cebeli ile 2.kitapta anlatılan Cebeli arasında yaşın getirdiği bir farklılık görünmemektedir. Oysa en az 30 yılın geçtiği söylenmektedir. Şu halde, böylesi bir kişilik hakkında bu tarihlendirmeler hissettirilmesine rağmen, Cebeli'nin otoritesinde, kişiliğinde ve her şeyinde hiçbir değişiklik görünmüyor. Öncelikle bunu bir kenara yazalım.

Cebeli, 1.Ciltte yazara göre 40'lı yaşlarında olmasına rağmen, yaşlılar gibi de sözü dinlenmektedir. Elbette bir köy ağasıdır o. Ve bu nedenle de köylüler üzerinde bir otoritesi vardır. Fakat biz Cebeli'nin bu otoritesinin gösterildiği bir durum fark etmeyiz. Adeta bir köy ağası değil de.. köyün akil insanı. Hatta, yazarın Cebeli karakterini neredeyse kutsadığı bile söylenebilir. Esasen Cebeli olmasaydı iddia edildiği gibi, 4 ciltlik ve de işçi romanı olduğu iddia edilen bir roman, ne kaybederdi? Çıkarın Cebeli'nin bulunduğu tüm bölümleri, roman; var olduğu madencileri anlattığı anlamda ve kadarıyla, bir şey kaybetmeyecektir. Yazar, İşçileri anlattığı izlenimi yaratarak, Cebeli üzerinden kendi ütopyasını dile getirmektedir. Esasen Cebeli, yazarın romanda cisimleşmiş halidir. Romanda gerçekliği değil, sadece hissini ortaya koymaya çalıştığı işçilik özelliği niteliğindeki merkezi temel temayı kaydırmak için bilinçli yaratılmış bir tiptir. Şu halde, romandaki Cebeli karakteri ile işçi romanı yönündeki düşüncenin zıt yönünü teşkil ettiğini söylemek gerekiyor.

Yazarın; ölüm-yaşam, karanlık-aydınlık, bilgelik-cehalet, çalışma-çalışmama, sevgi-sevgisizlik gibi temel noktaları, çoğunlukla, bu karakter üzerinden anlatmaya çalıştığını söylemek mümkündür. Şu halde, kapitalizm öncesi bir bilge şahsiyet olarak, kapitalizmin gelişiyle birlikte eskiye dönüp, feodalizm üzerinden eşitlikçi bir topluma varılabileceğinin ütopyası olmaktadır bu çizilen karakter. Kendisinin konulduğu zıtlık; 'çalışmanın gereksizliği', 'paranın gereksizliği', 'kapitalist ilişkilerin insanı bozduğu', aydınlık olarak görünenin aslında karanlık veya tersi, ölüm denilenin aslında yaşam olduğu veya tersi veya gerçekliğin fonda göründüğü, fondakinin gerçek olduğu hissini uyandırmak için veya madenciliği ve madencilerin içinde bulunduğu durumların da başka yönlerden zıddına dönüşmüş hali olmaktadır.

"delirmek, insanın kendine dönmesidir. Delirmekten korkmam, çalışmaktan korkarım. Çalışmak insanın hayatı ihmal etmesidir. Tehlikelidir." (1.cilt sf.377) Ya da

"dinlemek ve anlamak kadar korkunç bir şey var mıdır bu dünyada." (2.cilt sf.32

Şu halde, bilindik tüm gerçeklik tersyüz edilerek başka bir gerçekliğe varılmaya çalışılmakta ve fakat bu arzulanan ve ulaşılmaya çalışılan eşitlikçi toplum hayali; içine girilen kapitalist ilişkilerin içinden geçerek değil, tarihin tersinden yapılmaktadır. Yazar sadece kapitalizmi değil, işçi ve işçiliği de bilmemektedir. Yazar bu eksikliğin üstünü; kapitalizmden daha ileri bir toplum idealini savunuyormuş izlenimi vererek yapmaktadır: Cebeli üzerinden parayı eleştirir gibi görünür, mülkiyeti ve devleti eleştirir gibi görünür, kapitalist ilişkileri eleştirir gibi görünür ve saire. .

1.cildin 376.sayfasında Cebeli, kendisinin listelerini oluşturup, Süleyman'ın da avantasını aldığı madencilerin çalıştığı ortam olan madene indiği bir tablo şöyle anlatılır: *"Ben ömrümde, bir dakkamı bile işe vermedim, dedi. Çalışmaya hiç vaktim olmadı. Hep yaşadım. Düşündüm. Anladım." Durdu, düşündü biraz. "baharda toprağın uyanışını dinledim. Suların köklere sızışını duydunuz mu? Köklerin seslenişini duydunuz mu? Duymadınız. Çalışan adam duymaz. Ben duydum. Kardelenlerin birbiriyle konuşmalarını dinledim. Toprağa çöken isin meramını anladım. Bir otun bir başka ota benzemediğini keşfettim. Bir otun hayatı ciddiye aldığını, insandan daha iyi anladığını anladım. Çiftleşen hayvanları seyrettim. Hayvanın, çiftleşme anındaki o halis duygusunu insanda bulamadım ben. İnsan yırtıcıdır. Yediyi leşe kimseyi yanaştırmayan bir yırtıcının duygusu ürpetti beni".*

Bir yandan da Cemal ile konuşurken "*bu köyde bana danışmadan yapılan işler çoğaldi*" diye söylenirken, gelmekte olan kapitalizm şöyle eleştirilir Cebeli'nin sözleriyle: *"Cebeli, Kara Süleyman'ın gülüşlerinin değiştiğini fark etti. Ocaklara gönderdiği her amele başına aldığı avantalardan, orman kesimlerinden ve kömür seferleri yapan gemilere yiyecek içecek satışından elde ettiği karlardan bu yana, bu gülüşlerin normal gülüşler olmaktan çıktığını, itaat ruhunu ve eski safiyetini yitirerek, küstah ve ceberut tınılarla donandıklarını ve bir hakimiyet aracı haline geldiklerini düşündü"*

Ve yine 1.cilt 261.sayfada *"insanların dertlerini taşıya taşıya, yük hayvanları gibi taşırgadım, Cemal. Sonunda şaşıya şevşiriye kaldım. Havzada amele bakkalları açanlar, kazmakeş toplaya toplaya sevk memuru olanlar, ormanları tahkimat direklerine tahvil edip, kumpanyalara satanlar, ameleye faizle para dağıtanlar, kerhane açanlar....say sayabildiğin kadar."*

Yine aynı şekilde ocaklarda rastladığı amale çavuşlarından Fısfıs Kamil hakkında düşündüklerine bakalım: *"Hayır ben insan olmayacağım diye direttiğinin farkında değildi. Hayvan kadar akılsız, saf ve temiz de olamazdı bu adam. Peki ne olmak istiyordu o zaman? Köleliğe ve zalimliğe çok yatkın bir mahkuka benziyordu."*

Asıl mesele Cebeli'nin gözünden yukarıda yazıldığı gibi verilip de yorumlanan bu tür gelişmelerin, işçiler tarafından nasıl yaşandığını ortaya koyabilmekte. Ama yazar havzadaki sınıfsal-toplumsal ilişkilerin değişimini canlı biçimde, toplumsal - edebi somut olarak işlemek yerine, Cebeli gözünden metinsellikle değinip geçme kolaycılığını seçiyor. Romanın bir türlü kanlı-canlı bir tarihsel-toplumsal değişim sürecini ortaya koyamamasının nedenlerinden biri, hep metinselliğe-seyirciliğe kaçan bu tarzdır. Öyle ya, o amele bakkalları, kerhane işleticileri, tahkimat direği pazarlamacıları vb ile işçilerin ve köylülerin ilişkileri, çelişkilerini canlandırmak uzun iş! Hakikaten o amele bakkallarına -ki çoğu tefecilik de yapar- işçiler nasıl bakıyor, ne diyor, ne yaşıyor, bir cümle olsun yok.

Yine aynı şeklide Cebeli'nin ütopyası da hayvanlığa, deliliğe, yani bunlar bir de çalışmanın karşısına konulunca, aslında kapitalizm öncesine de değil, insanlaşma- eşittir toplumsallaşma- öncesine dönüş olabiliyor ancak. İnsanı insan yapan en temel şey toplumsal çalışma değilmiş gibi!

Buradan da hareket ederek, Cebeli karakterini OBLOMOV ile karşılaştırmak mümkündür. Bir farkla; Oblomov yazarı, Oblomov üzerinden bir toplumsal kesimi eleştirirken, Muzaffer Oruçoğlu tüm dünya görüşünü Oblomov'vari bir kişiliğin üzerine oturtmakta, bu kişiliği eleştirme yerine, tam tersine, ütopyasının bir taşıyıcısı olarak yazarın kendisini dile getirdiği bir kişi olarak tarif edilmektedir.

Bu durum 3.cildin 190.sayfasında Cebeli üzerinden dillendirilir: *"Cebeli, pallardan, gelirlerden, imtiyazlardan, hesap ve paralardan başlarını kaldırıp güneşe bakamayan binlerce insanın içinde hissetti kendini. Beyni uğuldadı. Aklına hizmet etmiş olmaktan tiksinti. Bakışında insan aklı olmayan, saf, temiz, her şeyi olduğu gibi gören bir göz aradı, bulamadı. Bütün gözler kömüre, şirkete ve paraya bakıyordu. Ve ışık, onların baktıkları yerleri aydınlatıyordu sadece."*

Yani; insan eşittir kapitalist rasyonalizm! Burada Post-Modernizm o kadar belirgin ki!. Sanki, tüm bunlara karşı örgütlenmek, mücadele etmek, yıkmak, daha iyi ve güzel bir dünya kurmak için insan aklına ihtiyaç yokmuş gibi! Asıl akıl, bunu yıkacak ve değiştirecek toplumsal gücü görmekte, onun gelişimi ve bilinçlenmesine ön ayak olmakta değilmiş gibi, böylece Cebeli "pek radikal" miş gibi sunuluyor, ama tüm yaptığı sömürü ve yağma düzenini reddetmek adına akıl ve gerçekliği reddetmek, karşısına "***gönül gözü***"nü koymak!

Evet, biz isterdik ki, böylesine güçlü imgelerin, olağanüstü bir anlatımın, bize göstereceği, bizi götüreceği yer; kapitalizmden sonrası işçilerin kuracakları bir ortaklaşacı sistem olsundu. Bu ışık, gelenin üzerini aydınlatırken, gözünü geçmişe dönmesin. Çareyi, kapitalizmin de eskisine gidip, çok geçmişte aramasın! Bu duygudan çıkmaktadır elbette; Cuma'nın madenlerde parasız çalışma düşüncesi çünkü. Ve çıkan bu düşünceden yazarın kelimelerinin ışığının kapitalizmi ve kapitalizmin sonrasını değil, öncesini aydınlatmaya çalıştığını söylememizin nedeni budur.

Buna; Recep'i beğenmesi için Dürdane'ye, Recep hakkında söylediklerini de ekleyebiliriz. Recep ki, Cebeli'in çalışma konusundaki tam zıddıdır. Tüm üç cilt boyunca çalışmak dışında tarif edilemeyecek olan Recep'in; Cebeli tarafından nasıl övüldüğünden de aynı sonuçlar çıkarılabilir.

Cebeli'nin evinin tarif edildiği cümlelerle 3.cildin 51sayfasında söylenmektedir: "*itirazın olmadığı, sözün anlaşıldığı, tarihin bilindiği ve sessizce onaylandığı tek evdi. Cebelinin evi; korkusuzca konuştuğu ve kendisini yeterince ispat ettiği tek ev....*" Ama beri yandan sorunlarını konuşmak için evine gelen madencilere, madenlerle ve işçilerin mücadelesiyle alakalı olmayan genel hayat dersleri vermeye çalışmaktadır Cebeli. Ayrıca hangi bilinen tarih!? Cebeli'nin tarihten bildiği ve anlattığı, sömürücülere ve ezenlere karşı tek isyan mı var! Cebeli sadece kendine filozof, kendini tatmin ediyor. Ama olup bitene gönül gözü eleştirileri ne olursa olsun, aslında onayladığı, onaylanmasına hizmet ettiği doğru!

3.cilt 222.sayfasında *"Amalelere bir sözün var mı Cebeli Dede?"* Diye soran isyankar ve madencileri örgütleyen Cemal'e Cebeli şunları söyler : *"az kaldı yanınıza gelmeme, diye başladı Cebeli. "suların derinliğinde, cam misali parlayan eğreltilere tutunurum. Şimşek alazına tutunurum. Rezene kokusuna tutunurum. Nisyan aşklarına tutunurum. Alakarganın gagasındaki pelite tutunurum. Bir yolunu bulur, gelirim yanınıza. Yerin bin metre dibinde de olsanız, ben delilerimi (madencileri b.n) unutmam, gelirim. Karışırım onların muhteşem karanlığına. Ben onların kazmalarıyla yarattıkları hakikati severim. Ben hekim değilim; onlara, 'yarattığınız bu güzel hakikati bırakın' demem. Delirmeden evvelki hakikatinize, sizi delirten hakikatinize dönün, demem. Bunu hekimler der. Ben hekimlerin delilere dayattığı hakikatle barışmam. Ben sizin karanlığınızın bir parçasıyım. Adımız orospudur, ekmeğimizi kuru yeriz, aç kaldığımız zaman da göbeğimize taş bağlarız, köpük kusarız ama kimseye minnet etmeyiz."* Cebeli ne zaman aç kalmış, ne zaman kan ter içinde ekmeğini kazanmaya çalışmış? Kimse çalışmasaydı o, ömrü boyunca asalak yaşayabilecek miydi? Adımız oruspuymuş, 3 kadına hizmetçiliğini yaptıran, üstüne dördüncüyü alan sen değil misin? Bunları da herhalde, Cebeli neden servetini göz göre göre türedi vahşi zenginlere yedirdi de, işçiler için bir tane sağlık ocağı yaptırmadı, tarzı akla gelebilecek sorulara karşı söyletiyor. Burada yapılan tam da sefaletin, yoksulluğun, ezilmenin estetiği! Bunları tam da 2000'li yılların subcommandente Marcos'tan filan aşırmış. İşçilerin tam da kendi durumlarını değiştirebilmek için anlamaya ihtiyaçları varken, yapılan akıl, bilim, gerçeklik, hepsinin gerici inkarı.

Yazarın savunduğu eski doğu mistik felsefeleri, tanrıyı doğaya ve insana içerili sayan eski mistik naturalist panteizm (kamutanrıcılık) ya da animalizm (cancılık) felsefeleri. Bu eski mistik ortaçağ (ki antik sınıflı topluma kadar giden) felsefeleri, aslen geçmişe (insanın yabancılaşmamış ve eşitlikçi-doğacıl olduğu) ilkel komünal topluma özlem duyarlar. Ancak geçen zaman içinde ilkel komünal toplumun yerini de, doğaya ve insana daha yakın ve hatta içerili bir tanrı imgelemi almıştır. Maddi dünyadan el etek çekerek, nefsi ve aklı körelterek, çilecilikle, cefa çekerek, içe dönerek, kanaatkarlıkla, bilinçdışı sezgi ve tefekkürle ona kavuşulacağı vazedilir. Yazar, madencilerin/kazmakeşlerin çektiklerini de, eski mistik dervişlerin (malum "içlerinde bulacakları"!) tanrıyı ararkenki çektikleri akıl-dışı çilecilik, cefacılık ile özdeşleştiriyor.

Eğer Cebeli karakteri çalışmamanın, çalışmadan yaşama fikrinin bir uygulanışı ise; çalışma fikrinin de en ilkel ve tipik karakteri Recep'tir. Zaten yazarın diyalektik anlayışı, zıtların birliği ve savaşımı ilkesini, her bir zıddın içinde göstermek değil; zıddını bir başkasında göstermektir, kendi içinde değil!. Bu nedenle çalışmayan Cebeli'nin bu çalışmama tipik unsurunun zıddı, Recep'te çizilmiştir.

Çalışkan, çalışmadan başka bir şey bilmeyen Recep gibi bir karaktere bu nedenle ihtiyaç duymaktadır yazar. Peki bize karşıtlığı olan çalışmama fikri ile çarpışmasından ne doğmasını ummaktadır? Bir hiç!. İşte bu zıtlıkların ele alınış şekli, çalışma-çalışmama bağlamında irdelersek, eğer toplumsallaşan emek sürecinin evriminden insanlığın yeni bir özgürlük yaratabileceğini düşünmüyor isek, ne işe yarar?! Bu nedenle Cebeli gibi üç cilt boyunca hayli bölümde yer ayrılan Recep'in romanda bir "misyon" yüklenmeyişini ancak bu şekilde değerlendirmek gerekir. Bizce bunca anlatılan bu insanın bir tek karşısına konulduğu zıddının çarpışmasından da bir şey çıkaramadığımız için, roman eğer işçi romanı olarak düşünülmüş olsaydı, Recep'te tümden gereksiz olacaktı. Romanı gereksiz yere hantallaştıracak ve yayacaktı. Ama Recep'in de konulduğu zıtlık, bize, ancak yazarın kendi ütopyasının ipucunu verir. Bu da yukarıda değindiğimiz gibi, kapitalizmi çözümleyerek, içinden geçerek, gerçek anlamda yadsıyarak, insanlığın bu gelmiş olduğu noktadan daha ileriye bir duygu, düşünce ve hareketi ortaya koyarak yapılması değildir. Yazarın bu karakterleri yaratmasının temel nedeni, kapitalizm ilk evresinde, kapitalizm yerine, eskiye gitme isteğinden başka bir şey değildir.

Recep...

Recep gibi tipler hayatta vardırlar. Safiyane bir çalışkanlıkla, çalışmaktan başka hiçbir şey düşünmezler. Kimse evlendirmezse kendileri evlenemezler, birileri onlara iş vermezse, kendileri yeni ve talimatı verilmemiş bir iş çıkaramazlar tek başlarına. Çalıştığım inşaatlarda uzun süre ustabaşının talimatı ile çalışan Recep tipine benzer bir işçi arkadaş vardı. Bu işçi arkadaş üzerine yaptığım değerlendirmelerde bu kişiliğin toplumsal olarak oluşmuş bir kişilikten çok, bir tür zeka geriliğinden böylesi bir duruma geldiğidir. Aslında toplumda buna benzer tipler hayli yaygındır. Kendileri, olabildiğince saf oldukları için herhangi bir özellikleriyle öne de çıkmazlar. Öylesine yaşarlar. İtaatkar olmaları nedeniyle saflıkları kolay kolay bozulmaz. Ancak başkalarının telkini veya yönlendirmesi ile, kendilerinin alışageldikleri bir şeyi yapmanın dışına çıkarlar. Ağır çalışma koşullarından kaynaklı böyle oldukları düşünülebilir ama, tıpkı romandaki deliler gibi, esasen, bunlar yukarıda da değinildiği gibi, toplumda doğuştan zeka geriliği olan insanlardır. İşte Recep de öyle bir tiptir. Çalışmaktan başka bir şey bilmeyen bu tipler, bazı hususlarda çokça duygusaldırlar. Tıpkı Recep'in romanda Katır ile birlikte sohbetleri, katırla ilişkisindeki gibi. Her ne kadar bu tip, yaratılmamış, deli Davut gibi, her toplumda bulunan bir deli gibi, zeka geriliği bulunan bir tipten öteye gitmez.

Burada sorulması gereken soru şudur: Öyle bir tipi romana sokmayı neden gerekli görmüştür yazar?. Kendinde bir kişi olarak Recep'e oynatılan bir senaryo veya ona yüklenen bir misyon da yok iken! Burada yukarıda da değinildiği gibi, yazar bizce Cebeli'nin bir karşıtını ortaya koymak istemiştir. Diyalektiği, her şey karşıtıyla birlikte ele almaktan ibaret olarak gören yazarın, diyalektik bakış açısındaki bu düzlük, karşıtların bu şekilde tek yönlü ve kaba karşı karşıya getirilmesinden ibaret olarak gördüğü söylenebilir. Şu halde, Recep tipi romandan çıkarıldığında roman bir şey kaybetmez. Cebeli bahsinde söylediğimiz gibi, Cebeli çıkarıldığında nasıl ki, romanın işçilerle ilgili kısmında hiçbir azalma söz konusu olmayacağı gibi, Recep çıktığından romanın kaybedeceği hiçbir şey olmaz. Yani sırf ilginçlik olsun diye bu kişi roman sokulmuş gibidir. Zaten postmodern roman oluşunun bir diğer göstergelerinden birisi de bu türlü sadece ilginç olaylar anlatmak değil, ilginç tipleri de gelişigüzel serpiştirmek, okurun olmasını beklediği gerçekliğin deformasyonu için işlev görürler bu tipler.

Yazarın işçiyi, işçiliği, kapitalizmi ve kapitalist ilişkilere hiç değinmemesini, üzerinden atlamasını ancak bu şekilde yorumlamak gerekir. Peki bu günden geriye doğru yazılmış bir romanda, yazarın, kapitalizm öncesi ekonomik ve sosyal ilişkilere geri dönerek, eşitlikçi bir topluma varma ütopik yaklaşımını, kapitalizm eleştirisi olarak okuyabilmek mümkün müdür? Bu da kesinlikle mümkün değildir. Romanda ele alınış şekliyle Hibetullah'ı, ahırda yaşayan ve eğer işçi romanı olsaydı hiçbir işlevi bulunmayacak olan Yakup'u, Hayri'yi öldürdükten sonra işlevi de biten Kumru'yu, dilenci kadını, Cuma'yı, Abbas'ı ve dahi temel pek çok karakterin temel yönlerini de dikkate aldığımızda; Yazarın, görünürde kapitalizm karşıtlığından bizi esasen daha derin bir şekilde yine kapitalizme bağladığını görürüz.! Postmodern romanın işlevi de budur zaten.

Romanın özellikle 1.cildinde çoğu yerde kurulan her cümleye bir sınıf çatışması bakış açısı, henüz köylülükten kopmamış ve bireysel olsa da bir sınıf gerilimi sinmiş gibi gelir okura. Yazar bu konuda kendisini sanki zorlamıştır. Sonraları ise böyle bir zorlanmayı hissetmediği görülür. En başta yazarın kendini bu konuda rahat hissetmeye ve böyle bir zorunluluğunun olmadığını düşünmeye başlamış olduğu hissedilir. Hatta işçilik olgusunu bile unutur olmuştur. Evet işçiler vardır ama işçilerin işçilik özellikleri, bundan kaynağını alan duygu ve düşünceler yoktur artık. Yani sorun, yeterince işçileşmemiş olsalar da, hiç işçileşmemiş olsalar da, çalışan bu köylülerin işçiliklerinin, çalışma olgusunun üzerlerindeki etkisinin anlatılmaması da değildir artık.

1.Ciltte anlattığı bir tek Devrekli Bayram'da tepki, çalışma koşullarına itiraz etme vardır. Örnekler: "*o kütükse ben de baltayım.*" *Dedi. Konuşma isteğini birden bastırdı. Etrafındakilerden değil. Ken-*

dinden de kuşkulandı. Ağzından taşan keskin söz, ağır sonuçlara yol açabilirdi. Sesini yükselterek, hepimizin kaderi birdir diye sürdürdü. Biz kendi isteğimizle gelmedik, bizi gönderdiler. Buradan söz çıkar da başka kulaklara giderse, ben şikayetimi kendi kazmama yaparım. Benim kazmam, hiçbir kazmaya benzemez. Yanantaşı mezarından çıkarır ama aklı eserse mezara da götürür." Roman boyunca işçilerin anlatıldığının iddia edildiği 4 ciltlik eserde bu kadar kuvvetli bir tepkiyi görmüyoruz. Ama 11.sayfada daha, yani daha çalışan köylüler işçileşmemişken söyleniyor bunlar. Ya da "*mına goduğumuzun dızlağan böcekleri diye homurdandı Devrekli Bayram. Yakacam bir gün buraları*" gibi. Ya da " "*...biz kazmakeşler zaten arkamızı koruyan bir kavim değiliz....*" gibi. burada "***biz kazmakeşler***" şeklinde kurulan cümle, roman boyunca neredeyse kurulan en az cümledir. Ya da "***hepimizin kaderi birdir***" ya da "***biz kendi isteğimizle gelmedik, bizi gönderdiler***" gibi cümleleri neredeyse bir tek romanın 1.cildinde tek tük görür ve Devrekli Bayram'dan dinleriz. (**Not:** tüm roman boyunca bizim bu yönlü tepkileri gördüğümüz başka yerler sırasıyla sadece ve sadece şuralardır ve bu sözlerde de hiçbir irdelemenin ve çözümlemenin de olmadığını tekrar belirtelim: 2.cilt 230, 231,232.sayfa. 3.ciltte de 14,15,16,17,18.sayfalar)

Bu da bilinçli bir tercihtir. Fakat bu bilinçli tercihin asıl nedeninin, kapitalist ilişkiler içerisine zorunlu olarak girmek zorunda kalacak olan yazarın bu bağlamdaki sorunlarla baş edemeyecek olması da değildir. Kendi ütopyasını, ortaya koyacağı bir zemin olarak bu işçileri fon olarak kullanmasıdır. Öyle kurgulanmıştır. İşte bu nedenle ilk ciltte yer alan yoğunluğu düşük olmayan sınıf çatışması bakış açısının, bir anda ortadan kaybolmasının nedeni budur.

İşçilerin işçilik sorunlarını kendileri değil, seyircileri olan Cebeli, Semiz Ali gibi ve hatta patronları tarafından anlatılır.

Romanın en azından ilk iki cildinin konusunun işlendiği zaman ve mekan dikkate alındığında elbette işçileşme oranının çok düşük, her bir işçinin de işçileşme bilincinin geri olduğu görülür. Bu konuda eleştirdiğimiz husus, var olan bu durumun aksine sanki o zamanın işçilerinin ileri bir işçi bilinci olduğu şeklinde bir yanılsama yaratılması değildir. Anlatılan işçilerin bilinci ile, yaşamlarının farklı yerlerden akıtılmasıdır. Bilinç ile yaşam arasındaki bu kopukluk, işçilerin yaşadıkları ile duyguları ve düşündükleri arasındaki bağdaşmazlığı, ilişkisizliği, farklı yerlerden akışlarını getirmektedir.

Tıpkı roman fiziki olarak maden havzasında geçerken, ayın yarısını madende geçiren işçilerin geri kalan yarısını köyde nasıl geçirdikleri, köy ekonomisi ve sosyalitesi içerisinde nasıl yer aldıklarına da değinilmemesi gibi. Köydeki bu emek sürecinin dışındaki bir anlatımın benzeri, madende çalışan işçiler için de geçerlidir. Kısaca işçilerin yaşantısı bir yerden akar, duygu ve düşünceleri başka bir yerden.

Kabaca bakılınca 120 yıllık bir emek-zamanı yaşantısı anlatılmaktadır kitapta. Madenci olmayanlar dahi, madencilerin emek süreciyle ilgili kimselerdir. Çünkü herkesin yaşantısı ve tüm olaylar, maden havzasında geçmektedir. Şu halde böylesi geniş bir zaman ve mekanda, kapitalistçe bir emek sürecinin bir topluluğu nasıl evrimleştirdiğinin, değiştirip, dönüştürdüğünün elbette edebi olarak, ortaya konulması beklenir. Örneğin yukarıda Cebeli bahsinde değinildiği gibi, değişim; Kara Mustafa'nın gülüşlerinin değiştiğinin Cebeli üzerinden söylenmesi şeklinde olmakta ve dile getirilmektedir. Ya da ileride de değinileceği gibi, romana sokulmasının nedeninin; yazarın bu kişi üzerinden romanın eksik taraflarını kapattırmak olan, Semiz Ali ye anlattırması gibi, değişimin de, pek çok kez bu icat edilen kişi üzerinden anlatılması. Anlatılması diyoruz, gösterilmemesi, doğallığında ortaya konulamamasıdır. Bu ise, anlatılan ile yaşananlar arasındaki ciddi kopukluğu, bağdaşmazlığı, ilişkisizliği getirmektedir.

Yanı sıra işçilerin kendi yaşantıları da gösterilemediği gibi, işçilerin çalışma ve yaşam koşulları da çoğu zaman başkaları tarafından anlattırılır. Ya Cebeli üzerinden anlattırılır ya romana sırf bu anlatım eksikliğini kapatmak için sokulduğu anlaşılan kişilerce anlatılır ya da hatta işçilerin bir takım istek ve talepleri bizatihi kendileri üzeriden değil, patron tarafından anlatılır. İşçilerin sorunlarının anlatıldığı bölümlerde, patronların ağzından dahi daha ayrıntılı anlatıldığı görülür. Ya İhsan Soyak'tan öğreniriz nerede yatıp kalktıklarını veya yemek yediklerini ya da Halim Usta'dan öğreniriz mükellefiyetin işçileri mağdur ettiğini ya da Ruhi Bey'den.

Biz romanda her şeyin bu şekilde anlatılması ile başka türlü bir yaşam gerçekleşmesi, bu emek sürecinin insanlarda nasıl bir evrime, değişime yol açtığını göremeyiz. Ya da en azından kapitalizm koşullarındaki emeğin nasıl asıl sahibi insana dahi yabancılaştığı gösterilmez. Sonuçtan bakınca hissedilse bile ve bu sistemin insanı nasıl yozlaştırdığı ve insanlıktan çıkardığının sonuçları görülse bile, tam da zorunlu, zahmetli, tüketici, sömürülmeye dayalı ve kölece olmaktan çıkmış, gönüllü ve ihtiyaç haline gelmiş emek üzerine kurulu bir yeni hayat hayali kuramayışımızın nedeni; bu emek sürecinin evrimini, değişimini ortaya koyamamaktadır. Çünkü nedenler ile sonuçlar arasında uygun bağ kurulamamaktadır. Aynı nedenlerden başka sonuçlar umulmaktadır. Umulan sonuçların nedenleri üzerine yanılgıya düşülmektedir.

Bu temel üzerine yazarın kurmaya çalıştığı ütopya, toplumsallaşan emek sürecinin evriminden çıkarsanmadığı için, bu kitap ile anlatılan madencilerin; yazarın, bu geriye dönük ütopyasının aleti olmaktan başka bir şekilde ele alınmış olmadığı sonucunu çıkarıyoruz.

Bir romanda yazar; olay ve durumların anlatılan kişilerin kafalarında, bilinçlerinde, nasıl sorgulandığını, nasıl sonuçlara yol açtığını irdelemez ve ortaya koymaz ise, gerçekçi bir yazar olamaz. Oysa bu sorgulama yapılsa, yeni bir emek sürecinin, insanı da değiştirip, kafada da buna uygun yeni hayaller üreteceğini düşünürdü yazar. Oysa bunu yapmadığı içindir ki, ileriye gidememekte, en fazla keşke bu yeni emek süreci, kötü olduğu -kapitalist olduğu – için olmasaydı da, eskiyi düzeltip, eşitlikçi ve 'özgür' bir toplum kurabilseydik duygusu uyandırmakla kalır.

Çalışma olgusu hakkında yazarın yanılsamaları

1.Cildin 371.sayfasında "*öküz çalışırken düşünür insan düşünemez*" "*çalışmaya hiç vaktim olmadı, hep yaşadım, düşündüm, anladım.*" diye iki cümle yazılıdır. Yazar böyle düşündüğü için çalışan işçilerin, bu çalışma sırasında ve bu çalışma nedeniyle ne düşündüğünü yazmamaktadır. Çünkü yazarın bizzat kendisi de hiç çalışmadığını söylemektedir. Yazarın kendi tercihidir ama yazarın bir işyerinde çalışmayı veya bir patrona çalışmayı deneyimlememiş olduğunu, bu nedenle zaten, çalışan işçinin duygusunu anlayamadığını not edelim.

Haliyle yaşamak ile çalışmak su ile zeytinyağı gibi iki farklı süreçler olarak düşünülmektedir. İki gerçekliğin bu şekilde zoraki birbirinden ayrıştırılması veya parçalanmasına roman boyunca tüm anlatımlarda defalarca rastlarız.

Emek sürecinin evrimi ile, Cebeli'ye söyletildiği gibi çalışmamanın değil; çalışmanın bir zevke dönüştüğü, insanın anatomik bir faaliyetin toplumsal niteliğinin ifadesi olduğu, insanın kendisi ve başkaları için bedeni ve fikri ve duygusal zenginleşme faaliyetinden başka bir şey olmayan çalışmanın, insanın kendine yabancılaştığı değil, bol özgür zamanla birlikte kendini bütünlediği ve toplumla da bu çalışan bireyin kendini bütünleyebildiği, 'iş' olmaktan çıkmış bir 'çalışma'nın nasıl bir zevk haline geleceği hayal edilebilirdi. Cebeli'deki sorun, kapitalizmde çalışmamak değil. Her türlü sistemde, emeğin her türlü örgütlenişinde, emeğin sömürülmediği sistemlerde de, çalışmamaktır.

İnsanın en temel faaliyeti ve kendini de kendisiyle ve toplumla bütünleştirebildiği zaman, çalışmanın bir zevk haline gelebileceği zaman; işte o zaman, emeğe başkalarının el koyamadığı bir zamanda gerçekleşebilir. Bambaşka bir toplumsal formatta insanın emeğinin evrimi, üretim, yeniden üretim ve yönetimin gerçek anlamda toplumsallaştırılması sonucunda, emeğin kendi içindeki çelişik yapısını da aşarak, her türlü özgür faaliyet ve çok yönlü gelişim için en geniş özgür zaman ve olanakların olduğu yeni bir bireşime varması sonucu gerçekleşecektir.

Toplumlar, toplumsal emeklerini toplumsal üretim, yeniden üretim ve emeklerini nasıl örgütledikleri ile birbirinden ayrılırlar. Zaten sınıflı toplumların sınıflı toplum olmalarının nedeni; toplumsal emeğin örgütlenişinden, bu toplumsal emeğe, emekçilerin değil, küçük bir azınlığın el koymasından doğmaktadır. Şu halde, toplumun toplam emeğinin; toplumsal-bireysel çok yönlü gelişim ve özgürleşme ihtiyacını karşılayabilecek şekilde örgütlenmesi, gerçek eşitlikçi veya komünist bir toplumda ancak mümkündür.

Şu halde, emeğin insanı özgürleştirmek için yaratıcı faaliyet olarak örgütlenmesi ile, topluma özgülenmesi ile, bir prangaya dönüşmesi, sınıflı ve sınıfsız toplumu karakterize eden bir temel ayrımdır. Muzaffer Oruçoğlu, ütopyasının yönünü, kapitalizmden öncesine değil, sonrasına çevirmiş olsaydı bunları irdeler, romanda ortaya koyduğu ve anlattığı yaşantıya temel yapardı.

Toplumun toplam emeğine bakış açısı, esasen biz tüm insanlar ve insanların tüm örgüt ve organizasyonlarını da bu temelde değerlendirmeyi gerekli kılar. Şu halde emeğin toplumun dışında ele alındığı bir yaşantının anlatıldığı bir sanat eserinin gerçekçi olması ve esasen sanat değeri taşınması da mümkün değildir.

Tıpkı kapitalizmin emeği ele aldığı gibi yani insanı kendi öz emeğinden koparması veyahut zaten emeği kendi öz mülkiyeti olarak da gördüğü için bu emeği insandan koparmasında bir sakınca görmemesi gibi. Haliyle, emeğin görünmezleştirilmesinin, özellikle neoliberal kapitalizmde had safhaya vardırıldığı gibi, sanat alanından da dışlanması tipik post-modern anlayıştır. Sanatta gerçekliğe ihtiyaç duyulmamasının nedeni budur.

Ya da neslini devam ettirme kaygısının ortadan kalktığı, sevişmeyi bir zevk olarak düşünen insanın, sevişmeyi çocuk yapmak için düşünmemesi gibi; çalışmayı da zorunluluktan bu şekilde çıkaran ve zevke dönüştüren bir yaklaşım mümkündür. Çelişkinin kendi içindeki savaşımından, yeni bir düzlemde başka bir çelişkinin unsurları içinde dönüşerek, yeni ve daha mükemmel bir bileşim ortaya çıkarması!. Diyalektik, bize bu savaşımın esas olduğunu anlatırken, insanın estetik anlayışının gelişmesinin de zeminini izah eder. Bir sanatsal yapıtta bize zevk veren, güzellik duygusu uyandıranın; yaşam, gerçeklik, duygu ve düşünce bileşimini meydana getiren, olguların ele alınışı, insanın ve insanlığın bir ihtiyacına (toplumsal bir ihtiyaç ve özlemine) denk gelebilmesi ve böylesi bir ihtiyacın toplumsallığının bilincine varıldığının görülmesidir.

Oruçoğlu'nun Grizu romanında duyguları çıkarınca kalıcılaşmış bir şey göremeyiz. Bir süre sonra uçmuş gitmiştir. Oysa ikisi de aynı maddeden oluşmuştur. Tıpkı atomun çekirdeği ve onun etrafında serbestçe dolaşan elektronlar gibi….işte Grizuda o duygular, kendi çekirdeğinden kopmuş ve başka atomlarla ilişkiye geçmiş ve başka atomlar bağlamında değerlendirilmesi gereken elektron-duygulara dönüşmüştür. Oysa bu elektronların ilk bağlamı işçi ve sınıf değil miydi sanki? En sonunda ise bu duyguların kendi sınıf bağlamlarından koptuğu ve kendinde bir şeye dönüştüğü, bir sınıf ve işçi düşüncesine de bağlanamadığı görülür. Tüm bu imgeler, işçi insanın ve sınıfın hangi ihtiyacına denk düşer? Kendi yerinde geleceğini hayal eden işçiyi, tam da kendi bağlamının dışında bir yerde kurgulamak, orada oldurmaya çalışmak, işçi romanı görünen bu romanda tüm romanı işçi bağlamından koparmaktadır. Bu "yetenek", postmodern romanın başarısıdır. Ve eğer Grizu romanının yazarının bir başarısı varsa, bu konuda vardır.

Grizuda görünüşte duyguların gelişkinliğine rağmen, düşüncenin fakirliğinin yarattığı bileşimin zayıflığından bir güzellik duygusu oluşmamaktadır. Çünkü bunlara temel kazandıran yaşamın kendisinin üzerinde yükselmemektedir bu duygu ve düşünceler. Bu nedenle ne kadar duygusal sözler yazsanız da hep bir şeylerin eksik kaldığı duygusunu uyandırmaktadır. Bunun bizce kaynağı bu bileşimdeki "düşünce"nin, elbette uygun duygu ve yaratılan iklime uygun bir düşüncenin eksikliğinden, ya da diğer tarafı bütünleyebilecek gelişkinlikte bir düşünselliğin olmamasından kaynaklanmaktadır. En başta duygu ve düşünce kopukluğu, bağdaşmazlığı gibi, duyguların ve düşüncelerin ait olduğu, neşet ettikleri yaşam ve olaylar da birbirinden kopuktur. Şu halde, bir duygu yumağından biz, geleceğe uzanacak, ileri bir ufka varamayız.

Şu halde, bir yandan 130 yıllık bir işçileşme süreci, bir yandan emeğin bu şekilde evrimi üzerine düşünme fırsatını kendi kendinize yarattığınız bu eserde, bu emek damarı neden takip edilmez!

Anlaşılmıştır ki, biz insanlık olarak, emek - sermaye çelişkisini dibine kadar yaşamadan, çalışmayı böylesine bir zevk haline getiren bir toplumsal sistemi kuramayacağız. Ama bu demek değildir ki; bu tarihi evrim sürecinde karşımıza çıkacak engeller nedeniyle, tarihi eskiye sarıp, bu sistemi dolanarak bu amacımıza varabiliriz! O halde, bu idealimizin maddi zeminini ortaya koymak gerekirdi. Bu da en geniş anlamıyla, bu geniş bir zaman ve mekana yayılan emek sürecini, evrimiyle birlikte, bu temayı bütün bağıntılarıyla, ana odağımıza almakla olurdu. Emek sürecinin irdelenmesinden, bunun yarattığı toplumsallıktan kopuk bir ütopyanın ayakları havadadır. Hangi emek süreci bu ütopyayı yaşama geçirecektir? Hangi toplumsal ilişkiler bağlamında bu ütopyanın yaşama şansı olabilecektir? Şu halde, bir emek süreci sadece ve sadece kuru bir şekilde işçi kitlesinin çalışması ve sadece çalışması değildir.

Yazar, bir işçi romanı, hele ki tarihsel bir işçi romanında en kritik olması gereken bu konuyu neredeyse tümüyle kapsam dışı bırakıyor. Geleneksel işçi sınıfının, ve onun en kritik bölüklerinden birinde sınıf bilincinin gelişim sürecine, (bunun kesintileri, engelleri, gelgitleri ne olursa olsun, genel bir eğilim olarak ileriye doğru mücadeleler içinde tarihsel gelişim sürecine değil), tam tersine, neoliberal kapitalizm koşullarındaki bu geleneksel sınıf yapısı, bileşimi ve bilincinin çözülme sürecinden bakıyor. Hem günümüz işçi sınıfında bu çözülme içinde yeni ve daha yüksek düzeyden yeniden oluşum sürecini görmüyor, hem de günümüzün birey ve küçük grup aidiyetlerine doğru çözülme (ve bu çözülmeye karşı din, mistisizm vb.ye sarılma) sürecini, romanın geçtiği dönemlere taşıyor. Hem de üretim, emek, sanayileşmenin merkezde olduğu bir döneme, günümüz üretim ve istihdamın parçalanması, çok parçalı/çok katmanlı değişen yapı gözüyle, "yaşam tarzı" gözüyle bakıyor. İşçi sınıfının günümüz dağınıklık ve çözünüklüğünü, kendini işçilik dışındaki (ulusal, etnik, dinsel, cinsel vd.) kimliklerle ifade etmesini, post-modern "yaşam tarzı", "kültür", "kimlik siyaseti", "arzu politikası", "çokluk" gibi anlayışlarını olduğu gibi o döneme taşıyor. Gelişim sürecine, çözülme sürecinin (elveda proletaryacı ruh hali eşliğinde) bakışını taşıyor. Roman boyunca çok parçadan ve yüzeysel verdiği bir iki örgütlenme girişimi ve kitle grevi dışında, işçileri o kadar çözünük, atomistik, ayrı tellerden çalar, her biri kendi hayal aleminde yaşar vaziyette resmediyor ki, zaten bu grevlerin de, örgütlenme girişimlerin de nereden çıktığı anlaşılmaz hale geliyor.

Aslında tüm yapmaya çalıştığı sınıf oluşumunu, sınıf bilincini, "yapı-bozuma" uğratmak. Bunu da örneğin sınıf değerlerinden bahsetmek durumunda kaldığı her yerde bunu başka şeylerle (grevle civcivleri, grizu katliamı veya işçi toplantısıyla aşk-meşki, ortak yemekle bireyciliği, vb vb) "eşdeğerlikli" hale getirerek, ya da anlamsızlaştırıp keyfi oportünist anlamlar yükleyerek, dolayısıyla sınıf bilinç ve kültürünü değersizleştirerek yapıyor. Sınıfı, "çokluk, çok kültürlülük, melezleşme, marjinallik, kişisel ve grupsal aidiyet" gibi postmodern yapı-bozuma uğratıyor. Sınıfsal açıdan "doğru/yanlış", "iyi/kötü", "esas/tali" (ana tema/yan tema dahil) "güzel/çirkin" gibi tüm değerler, anlamlar sisteminin zeminini kaydırmaya çalışıyor. En önemlisi de, sınıfın özneselliğini ortadan kaldırıyor.

Romanın dili

Romanın göze ilk çarpan tarafı, geniş bir sözcükler zemininde yazılmış olmasıdır. Bugünün dilinden yazılmıştır ama, çok geniş bir sözcükler denizinde yazılmıştır. O kadar ki, TDK kitabı alıp, pek çok duruma uygun kullanılabilecek pek çok sözcüğün bu şekilde farkına varabilir. Fakat dilin, tüm roman boyunca, 'bugün'den kurulması romanı zayıflatmıştır. O günün işçisinin anlatıldığı gibi geniş bir Türkçe kullanamadığını biliyor, tahmin edebiliyoruz. Gerçekçi olmak adına değil tabii ki, anlatım dilinin bu günden kurulmuş olmasının, üstelik bunun çok zengin bir sözcükler diyarında yapılmış olmasının, o günün işçisini- anlatmakta yararlı olduğu kanaati taşımıyorum. Bu konuda Orhan Kemal örnek gösterilebilir. Bazen yetkin bir dil yerine, yerel ve döneme özgü bir diyalog anlatım açısından pek çok işlev görebilirdi.

Kaldı ki, eğer işçi sınıfının tarihinin de yazılması gibi bir kaygı ile romanın yazıldığı iddia edilebiliyorsa romanın dilinin bugünden kurulmasının sakıncalı olduğunu, işçilerin, çalışma, yaşam, duygu ve düşünüş şekillerinin nasıl olduğuna dair bir fikir vermek konusunda yanlış bir dil tercihi olduğunu söylemek gerekiyor. Ha eğer bu günün dilinden yazılmakla; işçi sınıfının bilinen tarihinin parçalanması, çarpıtılması, sınıf mücadelesi açısından ileriye taşınması ve miras olarak kabul edilmesi gereken öğelerin özünün gözden düşürülmesi gibi bir kaygı var ise, işte dil üzerinden görüntüde güzel bir dil inşa edilir. Burada da dil, var olan gerçekliği anlatmak için değil, adeta, gerçeklik, dilin gösterişli, imgeli yapısını ortaya koymak için kullanılmıştır.

Bu nedenle Orhan Kemal'de, kişiliklerin yetkin bir şekilde ortaya konulabilmesi, olayların uzun uzun anlatılmadan, çok zengin, yetkin ve derin bir dil zemini ortaya konulmadan da, sınıfsal özellikler üzerinden düşünülmesi nedeniyle daha gerçekçi bir serilişi söz konusu olabilmektedir.

Tam da aynı bölgenin maden işçilerini anlatan ÖLÜMÜN AĞZI romanında, İrfan Yalçın bu duruma farklı bir çözüm getirmiştir. İşçileri anlattığı bölümler tamamen işçilerin kendi dilinden akmakta, yazarın anlatımı ise, tamamen modern ve yalın Türkçe olmuştur. Her ne kadar bu romanda sırıtmakta ise de işçilerin, çalışmanın, işçinin dilinden anlatıldığı bölümler çok iyidir. Argosuyla, küfrüyle, birebir yaşayanın kendisinin oluşuyla kelimelere kattığı ruh, pek çok imgeden bile daha iyi olabilmektedir.

Romanın en dikkat çekici ve etkili bölümleri, her bir bölümün başına yazılan bir iki dizedir. Fakat bu şiirsellik, bölümlerin başına yazılan dizelerden ibaret değildir. Metin içinde, anlatı içinde, kahramanların konuşmaları içinde de bolca geçer. Bu nedenle çok geniş bir anlamlar denizinde olduğunuzu hissedersiniz. Ama yazarın bunu bu şekilde yapmasıyla, döneme, kesimine, olaylara ve sair durumlar dikkate alındığında romanın gövdesi ile bu gövdenin anlatılış biçiminde uymazlıklar hemen dikkati çeker. O dönem yaşayan insanların değil, şimdi bile, böylesine cümleler kurabilen bırakalım işçileri, aydınları bile görebilmek neredeyse mümkün olmaz.

Burada asıl sorun olarak gördüğümüz şey şudur: Tüm bu imgeselliğin aktığı yer, bir anlamlı yer, bir anlamlı hedef, bir anlamlı son, bir anlamlı gerçekliğin olamamasıdır. İmgeler hep kendine kırılmaktadır. Bize açılan ufka baktığımızda yerimiz değişmemektedir. Aynı yerde kalmaya devam etmekteyiz. Şu halde yazarın gelişkin dilini bu şekilde bu roman kapsamında boşuna heba ettiğini düşünüyorum. Romanda dil, gerçekliğe ve olgulara işaret etmiyor. Sözcükleri taşıdığı anlamların romanın içinde hayatta bir karşılıkları yoktur. Dil, kendi başına, hayattan bağımsız akmaktadır.

Kitaptaki bu dil; kendisinin de parçası olduğu gerçekliği parçalamaya, ondan bağımsız akmaya değil, daha özgür bir yerde hayatı bütünlemeye, bunun imgesini üretmeye yönelmeliydi. Dil, hayalini kurduğumuz özgürlüğün bir parçası- aleti- kılınmalıydı. Dil, anlatılanın imgesini içerirken, gerçekliği temel alan imgenin açacağı ufuk, ilkel kalmamalıydı. Dil madencileri anlatmak için araç kılınmamış tam tersine madenler, dil için araç kılınmıştır. Şiirden farklı olarak, bir romanda, dil ile yaşamın karşıtlık oluşturması değil, birbirini geliştirmesi gerekmektedir. Evet, bu gerçekçi bir romanda olması gereken bir şeydir.

İmge yoğunluğuna ve imgelerin güzelliğine, benzetmelere pek çok örnek verilebilir. 1.ciltte; "*çuvalın yırtılışını andıran öksürük*", "*ağzından çıkan söz molozunun içinde taş da vardı, cevher de.*", "*memelerinin ucu üzüntüden kütürdek üzümü kadar irileşti*", "*para kasasında patlayan dinamit gibiydi grizu*", "*insan neden kendi cevherinin kazmakeşi olamıyor*", gibi pek çok örnek verilebilir.

Post-modern romanda dil, konuşmalar, metin vb gerçekliğe, olgulara vb işaret etmezler, göstermezler. Yalnızca kendi kendilerini gösterirler. Yani dil, gerçekliğin dili (ister gündelik konuşma ister edebi dil olsun) olmaktan çıkar, gerçeklik hayal ve inşa edilen dilin ürünü (aslında dilin içinde, ve dille birlikte değişen bir şey) haline gelir. Üstelik, post-modernizm dilin toplumsal-maddi gerçeklik ile bağını kopardığı gibi, dilin kendi içindeki kavramsal sabite ve kuralları da kaldırır, sözcükleri kavramlarından kopararak birbirine görelileştirir. Yani kelimelerin günümüzdeki veya ele alınan dönemdeki anlamlarını da bozar, keyfi biçimde farklı ve oportünist anlamlar yükler. Bu yüzden post-modern metin dilinde anlam, ne kendi dışındaki bir gerçeğe işaret ettiğinden, ne de kendi içinde bir anlam bütünlüğüne/istikrarına sahip olmadığından, hep bir sonraki cümleyi/metni/yorumu gerektirecek tarzda askıdadır. Yazılmış olanlarda bir anlam bulabilmek için hep daha sonra yazılacak olanlara ihtiyaç duyarsınız, ama onlar da yeni yazılacakları gerektirir ve böylece "anlamsızlığın anlamı" okuru hep "askıda" tutarak sürer gider.

"Metnin dışında hiçbir şey yoktur" (Derrida), "Dünyam dilim kadardır" (Wittgenstein), mottolarından görülebileceği gibi "hakikat dilden ibarettir", dil de hiçbir anlam sabitesi, bütünlüğüne sahip olmayan, hiçbir sonuca da varmayan, diller arası labirentlerde sürgit ve amaçsız (ya da tek amacı kendisi olan) bir seyahattir. Dildeki yanıp sönen ve sadece kendilerine işaret eden imgeler bombardımanı da tipiktir.

Post-modernizm toplumsal simge haline gelmiş kavramları (örneğin ekmek, emek, gül, eşitlik, vd) sevmez, çünkü bunlar az çok toplumsal anlam sabitesine sahip, nesnel-dizgesel ve kategorik kavram ve simgelerdir. Yerine öznelci, göreci, anlamları (eğer varsa) ancak bulanık, yap-boz, yüzeysel olarak birbiriyle anlık ilişkisinden (dikkat edilsin: toplumsal-maddi ilişkilerden değil imgelerin kendi aralarındaki ilişkiden!) doğan imge bombardımanını geçirir. Bu "imgelerin kendi kendilerine kırılması" kaçınılmazdır, çünkü dayandıkları hiçbir toplumsal-maddi, gerçek referans, anlam sabitesi yoktur.

Romanın bir işçi romanı olarak kurgulanmadığını veya buna dair gerçekliği nasıl parçaladığına dair başka pek çok olay ve tip, örnek verilebilir.

Romanda anlatılan tüm eylemlerin ya başı yoktur ya da sonu...

3.cildin başında işçilerin eylemi salt bir olgu olarak anlatılıyor. Bu grevin sonucu da yok. Nasıl mayalandığına da hiç mi hiç girilmiyor. Diğer grevlerde de süreç yok. Ya başı var sonu yok. Ya başı yok, sonu var. Esasen bu noktanın bu şekilde kurgulanması, romanın tümündeki işçi eylemleri konusundaki diyalektik bağı da koparmaktadır. Gerçekliğin parçalanışının da, yazarın gerçekliği parçalayıp, istediği parçayı istediğine yamamaya ve bundan da anlamlı bir kolaj çıkaramadığının tipik bir örneğidir bu durum.

Havzada ilk defa bir grev gerçekleşiyor ise (gerçi biz, başka kaynaklardan, yazarın bizi inandırmaya çalıştığının da aksine ve inşa etiği eylemliliğin esasen evvelinin de olduğunu biliyoruz.), bu ilklerin hazırlanışının çok yönlü derinlemesine anlatılması, irdelenmesi şarttır. Yazarın bu süreçlerden de kopararak, bu şekilde öncesiz ve sonrasız, süreçsiz romanında yeni bir eylem inşa etmesi kabul edilemez. Bu sürecin hazırlanışının ayrıntıları önemlidir.

Yine aynı şekilde 80 yıl gibi uzun bir zaman boyunca iki cilt olarak anlatılmış bulunan ağır çalışma koşullarının olduğu bir gerçeklikte, işçilerin adeta bir gün aniden uyanıp ayaklanması mümkün olmaz. Romanda bu konuda üzerinde durulan en önemli şey; 1908 devriminin memlekete getirdiği iklim değişikliği ve İstanbul'da Tramvay çalışanlarının elde ettiği hakların duyulmasıyla, kendilerinin de bu hakları istemelerinin mümkün olduğunu düşünmelerinden ibarettir. İyi de, İstanbul'u örnek alan Zonguldak Maden işçilerinin başkaca talepleri nasıl belirlenmiştir? Bu talepler kafada nasıl oluşmuştur? Neden başka talepler yok? Bu işçilerce tartışılmadığı için midir? Yazarın keyfi böyle istediği için midir?

Biz, başka kaynaklardan, Osmanlı İmparatorluğu döneminde

gerçekleşmiş ilk grevin de havzada gerçekleştiğini, 1908 den önce de pek çok fiili iş bırakmaların olduğunu biliyoruz. Şu halde, 1908'de meydana gelen grevi bu şekilde düşünsel ve duygusal olarak besleyen bir öncesinin olduğu es geçilemez.

Yine aynı şekilde çok dar bir işçi çekirdeği, İstanbul işçisinin elde ettiği kazanımlardan haberdar iken, genel işçi kitlesinin bu kazanımlara nasıl baktığı nasıl sahiplendiği gibi çok önemli hususlar neden yer almamaktadır?. Yazar Cebeli'ye ayırdığı bölümlerin birini buna ayırsaydı biz yine de eh..işçi romanı olması için gayret gösterilmiş derdik.

Grizuda baskı ve sömürünün de bir parçası olan Ustabaşılar anlatılmamıştır

Aynı tarihi dönemi anlatan Ölümün Ağzı kitabında bu ustabaşıların, firar edenlerin ağızlarına tükürmeleri gibi zalimlikleri daha çarpıcı anlatılmıştır. Yine aynı dönemi konu edinen Metin Köse'nin Mükellefiyet kitabı, sözünü ettiğimiz ustabaşıların işçileri başka yönlerden de nasıl soydukları, sömürdükleri, değişik baskıları uyguladıkları anlatılır. Metin Köse'de anlatıldığı gibi, dağlarda bulunan eşkiyalarla ustabaşıların anlaşarak, işçilerin köylerine döndükleri saatleri ve yol güzergahlarını eşkıya çetelere söyleyerek, hatta bir kısım çete ile birlikte bizatihi ustabaşıların da bu fiillerde yer alarak işçileri soydukları anlatılmıştır. Şu halde, böylesi bir durum havzadaki yaşam ya da işçilerin yaşamı için de önemli bir veridir. Havza gerçekliğinin böylesi bir parçasının eksikliği, geçiştirilemez. İşçi sınıfının tarihinin yazılma kaygısı taşındığı söylenen romanda hele hiç geçiştirilemez.

Bu durum ayrıca işçilerin aldıkları ücretin geçimlik bir ücret de olmayabileceğini düşündürmektedir. Çünkü salt geçinebilmek için işçilik yapmamaktadırlar işçiler. Köyde de ekip biçtikleri bir şeylerin, yetiştirdikleri hayvanların olması gerekir. Fakat yazar tüm bunlara değinmiyor

Mehmet Akkaya'nın kitabına adını koyduğu kopuş kavramına uygun bir şekilde yazarın da Osmanlı ve Cumhuriyet eleştirisi yapmaya gayret etmiş olduğunu var sayıyoruz. Öyle ya, Akkaya, romanın Cumhuriyet ve Kemalizm'e getirdiği eleştirilerle yerleşik bir düşünsel sistemden kopuş gerçekleştirdiğini iddia etmektedir. Diğer yönlerine başka yerlerde değineceğiz ama, Cumhuriyet dönemi uygulamalarını köklü bir rejim eleştirisine vardıracak denli eleştirebilmenin ve buradan doğru bir kopuş gerçekleştirmenin yukarıda ustabaşıların çetelerle işbirliği yapmalarına karşı devletin bir önlem almadığı gibi, teşvik eder durumda olmasından daha uygun bir gerekçe olabilir mi? Ya da Ölümün Ağzı kitabındaki gibi, jandarmanın açıktan işçi ve halk düşmanı yönü anlatılırken, Grizu'da, bırakalım bunu aşan bir anlatımı; buraya yaklaşan bir anlatımı, jandarmanın işçiler üzerindeki baskılarına örnekler verilememektedir.

Her halde, işçilerin emeklerinin yağmalanması demek ki, zorbalıkla da yapıldığı gibi, ücret kesintileri, ücretlerin keyfi bir şekilde verilmeyişi, hatta köydeki işçinin tavuğuna da vergi diye el konulması yoluyla ve her türlü yolla da işçiler borçlandırılarak, zaten bir kısmı tefececilik de yapan ustabaşılarına işçiler yem ediliyor.

İşçilerin ekonomik ilişkileri yok

Romanın tam bir işçi romanı olamayışının bir başka temel belirtisi; bir işçi romanında işçilerin tüm bağıntılarıyla anlatılamaması, ama özellikle ekonomik bağlantılarıyla anlatılamamasıdır. Alınan ücretin miktarı, nereye harcandığı, yetip yetmediği, nedenleri ve sair. Romanda işçilerin aldığı ücretlerin işçiler tarafından nereye harcandığına dair sanırım 1.ciltte bir bölümde bir anlatım var. Bir de 4.ciltte Cumhuriyet dönemindeki yenilikler bağlamında kurulan Ekonomar'dan bahsedilir. Biz alınan bilmem kaç kuruşun miktar olarak bu kadarıyla ne alınabileceği bu paraların nereye ne kadarının gıda ne kadarının başka başka yerlere harcandığı konusunda en ufak bir fikre sahip olamıyoruz.

İlk konudaki anlatım, romanın ilk bölümleri ve mükellefiyetin konulduğu ilk dönemlere denk geliyor. Burada işveren olan Osmanlı devleti-patron ve yabancı ortaklar, ücreti ayni olarak vermek istiyorlar. Bunu nakit olarak isteyenin ücreti de daha düşük oluyor ve fakat var. Ve yine bir kısım ayni ödemenin nakdi ödemeye çevrildiği de olabiliyor. İşte bu nakdi ödemenin işçilerce nereye harcandığına dair en ufak bir anlatım yok. Keza, ayni olarak ücretini alan işçilerin esasen ihtiyaç duydukları metaları nerelerden temin ettiklerine dair de bir değini yok. Bir işçi romanında böylesi bir eksikliğin doğuracağı boşluk- bir işçi romanında işçilerin tüm bağıntılarıyla anlatılması ihtiyacından-düşünülmüş olsaydı, ayni ödemelerin neye yaradığı üzerinde durulurdu. Madem çalışılmazdan önce, işçilerin geçiminde, anlatılmasa da, tarımdan elde edilen ürünler başat rolü oynuyor idiyse, şimdi bunlara ne oldu?

Tüm 4 ciltlik romanın anlatımından, olağanüstü bir yoksulluğun ve yoksunluğun olduğunu hissettiğimiz bir zaman ve mekanda yaşayan işçilerin ve de köylülerin bir geçim sıkıntısına dair bir yaşanmışlığa rastlamıyoruz. Bu durum küçük birkaç cümle ile, birkaç karaktere söylettirilir, hepsi bu. Oysa bu zor değil, fakat böylesi bir bakış açısı olsaydı, romanın tüm cümlelerine bu şekilde işçi bağıntıları, ya da işçilikle alakalı olan husus sinmiş olurdu. Romanın yukarıda değinildiği gibi, eklektik kurulmuş hissini de yok ederdi. Ayrıca kapitalizmin anlatılması, karşı olunan sistemin niteliği gibi hususlarda da bu bize yeni ufuklar açabilecekti.

Biz yer yer ufak değinmelerden şunları çıkartabiliyoruz; maden çevresinde genelevler kurulmuş, bunların büyük kısmını ustabaşılar kurdurmuş, işçilerin bir kısmı da buraya gitmektedir. Biz romanı okurken muhtemelen diyoruz. Ama işçilerin bir kısım ücretlerinin bu şekilde de geri alındığı veya kapitalizmin doğası gereği işçilerin nasıl yozlaştırdığına dair en ufak bir epizot olmaz mı?

Bir diğer husus da şudur: Roman koskoca bir işçi havzasında geçmektedir ama işçilerin alışveriş yaptıkları esnaflar yok. En fazla devletin madenciler için kurmuş olduğu 'Ekonomar' lar var ve o da Cumhuriyet döneminde var. Örneğin Germinal kitabında bunun başarılı bir örneği vardır. Orada işçileri bir de esnaf soymaktadır. Hatta işçilerin o zor durumlarından öyle faydalanmaktadır ki esnaf, işçiler kızlarını bu esnafa cinsel ilişki için vermek zorunda kalıyorlar. Oysa Oruçoğlu, koca havzada bir işçinin bir alışverişini göstermez, denilebilir ki, işçiler ne yer, ne içer bu konuda da pek bir şey söylememektedir.

İşçi demek ücretli köle demektir. Ücretin kendisi kölelik durumunun zinciridir. Siz ücreti anlatmamakla bu zinciri görünmez kılmış olursunuz. İşçi romanı olduğu söylenen bir romanda bundan daha büyük bir eksiklik olabilir mi?

Havza tarihine ilişkin tüm araştırmaların işaret ettiği, köylülerin topraktan kopartılmadan işçileştirilmesi, böylelikle ücretlerin emekgücü değerinin de çok altına düşürülmesi konusunun da romanda olmamasının, bilinçli bir görünmezleştirme olduğunu düşünüyorum. Kaldı ki, havzada sadece 1908 ve 1909 yıllarında en az 6 grevin olduğu söyleniyor ve bu grevlerin temel nedeni en başta düşük ücretler ise, konu, yazdığımızdan da önemlidir.

Ücret, tarım ürünlerinden ne elde edildiği, geçim koşullarının romanda olmaması post-modernizmin karakteristiği. Post-modernizm üretim ilişkilerini, ekonomiyi, geçim koşullarını "ekonomizm, temelcilik" vb diye lanetleyerek yok sayar. Neoliberal kapitalizm, sosyo-ekonomiyi ve sosyo-ekonomik talepleri bir bütün olarak politikanın dışına çıkarmış, uzunca bir süre "kamuoyu" gündemi olmasını bile engellemiştir. Bir bütün olarak görünmezleştirmiştir.

Neoliberalizmin sosyo-ekonomik istemlerin (ücret, asgari ücret, sosyal haklar, sosyal güvenlik vd) sosyal ve siyasal gündem olmasını yasaklaması, görünmezleştirmesi, olduğu gibi post-modern edebiyata da taşınır. Yazar da aynı şekilde işçi sınıfı tarihine taşıyor.

İşçilerin sosyal ilişkileri yok

Yanı sıra romanda sık sık işçilerin çalışma ortamında, madenin içinde, yemek yedikleri anlatılır. İşçiler, yanlarında götürdükleri huriyelerindeki yiyeceklerinden yemek yerler çoğu zaman. Bu yiyecekler de çoğu zaman peynirin ekmek arasına konulması ile veya malay dedikleri mısır ununun suyla karıştırılması ile elde edilen bir yemek olmaktadır. Biz buradan, ayın bir yarısını köyde diğer yarısını ise her ne kadar işyerinde çalışarak geçirdiklerini ve 16 saat çalışıp, madenlerin etrafında kurulu barakalarda uyuduklarını anlasak da, çalışılan bu 15 gün boyunca yenilen yemeklerin bu bahsedilen huriyelerine konulan yemeklerden mi ibaret olduğu konusunda bir fikir sahibi olamadık.

Bir diğer ihtimal, huriyelerin işverence hazırlanıp, öğlen için işçilere verilmesidir ki, bunun yatılan yerde de yemek yenildiği vaki olmadığı için, ihtimal vermiyoruz. Ama her halde doyurucu olmadıkları açık olan bu huriyelerdeki yemeklerin nasıl hazırlandığının da, hangi motivasyon ve duygu ve düşüncelerle hazırlandığı, bu sürecin anlatılması da önemlidir. Çünkü çalışan işçinin en temel sorunu ekmektir, çalışabilecek bir enerjiyi alabileceği besin bulabilmesidir. Ağır çalışma koşullarının olduğu maden gibi bir sektörde bu olmazsa olmazdır. Yani karnının doymasıdır. Fakat biz bu konuda romanda kurulan hiçbir cümlede işçilerin yediklerinden şikayet ettiklerine dair bir şey okumayız. Bu gerçekçi değildir. Siz bir insan olarak değil 16 saat, 8 saat bile çalışsanız, ilk aklınıza gelecek olan yemek olacaktır. Bu kadar temel bir öğenin romana neden sokulmadığı, genişçe anlatılmadığı, bir muamma olarak kalır romanda. Bu da romanın en büyük eksikliklerinden birisidir.

İşçilerin güzel yemek hülyalarını da okuyamıyoruz. Düşünebiliyor musunuz bunca ağır çalışma koşullarının olduğu yerde böyle hayaller yok. Bu hayaller yine yazarın dilinde ve sadece bir kez o da 1.cilt 273.sayfasında şöyle bir dillendirilir ama işçilerin ağzından duyamayız.

Bir işçinin, ilk çalıştığı zaman, bu mükellefiyet altında dahi olsa, aldığı ücreti; onun bilinci üzerinde derin izler bırakır. Toplumda yaygın olarak 'bunu ilk maaşımla aldım' deyiminin türemesinin nedeni de budur. İşçi için aldığı ücret çok kıymetlidir. İşte bu konuda işçi Cemal ile oğlunun ilk aldığı ücret konusunda düştükleri hayal kırıklığı ile nakit para ile bu parayı erzak ile değiştirme ve bu konuda da patronun tüccarı tarafından tokatlanmış olmaları pek güzel anlatılmıştır. Fakat bu yetmez. Bir roman da aynı şeyin dönüp dönüp tekrar anlatılmasının yararı var mıdır? Vardır. İşçi için aldığı ücretin önemi kavranmamıştır. Bu onun özgürlüğü kadar prangasıdır. O bir ay sonra alacağı ücreti kuruşuna kadar nereye ne kadar harcayacağını hesaplar ama her gün ve gün içinde en az 3-4 kez düşünür. Öyle ki, en temel insani ihtiyaç olan cinsellik kadar insanın kafasını meşgul eder bu durum. İşte Muzaffer Oruçoğlu 4 cilt ve 1400 sayfalık bu romanında işçilerin bu durumunu birkaç sayfa ile geçiştirir. Diğer anlatımların hiçbirinde bu hususla ilgili bir değini ve bağ kurulmaz. Gerçeklikten bu denli kopuş bizce kabul edilemez. Gerçekliğin bu şekilde göz ardı edilmesi – nasıl irdelendiği ayrı bir konu- eğer işçi romanı iddiası da var ise, kabul edilemez.

İşçilerin ilk ücretlerini alışlarının dışında başka bir anlatım olmaz ama, işyerindeki bu ücret ve eklerinin ödenme şekline dair başka anlatımlar çok cılız da olsa vardır. Fakat bunlar da ne yazık ki, işçilerin ağzından anlatılmaz. Bunlar ya patron veya temsilcileri tarafından dile getirilir, ya da havzadaki kapitalist ilişkilerin gelişmesinin, işçilerin ağzından değil de Semiz Ali tarafından dile getirilmesi gibi, başka kişiler tarafından dile getirilmektedir. Yazarın bu tercihinin, romanın kurgusuyla ilgisinin olmayışından, biz bunun yazarın bilgisizliğine, işçilik bilincine ve yaşantısına yabancılığıyla ancak açıklanabileceğini düşünüyoruz. Elbette roman ilerledikçe eksikliklerini de fark edip, ileride bunların bazı kişilere anlattırılması şeklinde bir tamamlama şeklinde olmuştur.

1.cilt 118 de bir başkasının ağzından, bazı tefecilerin işçileri senetle borçlandırdıkları söyleniyor. İşçilerin dilinden dile gelmemekte ve bunun işçiler ve işçilik bilinci üzerindeki hiçbir etkisini biz eser miktarda dahi göremiyoruz. Ama bir kısım kişilerden işçilere senet verildiğini okuyoruz. Soru şudur: Okuma yazma bilmeyen işçiler bu senetle nasıl borçlanmaktadırlar? Niçin borçlanmaktadırlar? Ya da çalışmakta olan ve anlatıldığı iddia edilen işçiler bu senetleri nasıl ödeyeceklerini hiç düşünmezler mi? Çalışırken akıllarına gelmez mi? Ücretleri yetmediği için mi bu senetler imzalanmakta? İyi de bu işçiler çalışmadan önce ihtiyaçlarını karşılıyorlardı, bunu köyden yapıyorlardı ve bu durumda da bir değişiklik yok. Yani köyden ürün almaya devam ediyorlar. Çünkü ayın yarısını da köyde geçiriyorlar. O halde, borçlanmalarını gerektiren durum nedir?

Bizim yaptığımız araştırmalarda mükellefiyet altına alınan işçilerin çalıştırılmasının sağlanması açısından devletin bir takım vergi uygulamalarıyla bu borçlandırmaları yaptığını öğreniyoruz. Yani devlet o kadar ağır bir vergi koyuyor ki, köylü-işçilerin madende çalışmak ve geçimlerini sağlamak zorunda kalmaları dışında, köylerinde de geçimlik ne bir hayvan ne de bir ürün bırakıyor. İşte bu ihtiyaçlar için işçi mecburen ya ustabaşıların kurdukları tefecilikten ya da muhtarlardan ya da yasadışı oluşmuş başka tefecilerden temel ihtiyaçlarını karşılamak için borçlanma dışında başka bir seçenek bulunmamaktadır. Şu halde, madenlerdeki mükellefiyetin bir halkası da bu şekilde örülüyor.

Fakat romanda bu yazdığımız açıklık yoktur. Neden memurlarca vergi toplandığına dair bu şekilde bir fikir belirmez kafanızda. Ya da işçilerin köyde olmaları nedeniyle neden tavuksuz, buğdaysız, ve saire geçimlik ürünlerden yoksun kaldıklarını göremezsiniz. Ya da borçlandıklarında da aldıkları borcun hangi eksikliğe denk düştüğünü göremezsiniz.

Bu borçlanmaların senetle yapıldığına dair en ufak bir belirti yoktur. Muhtemeldir ki, havzada borçlarını tahsil için oluşmuş pek çok çete benzeri oluşumun nedeni bu olsa gerek.

Bizim yaptığımız araştırmada Mehmet Seyda'nın Yanartaş adlı eserinde maden havzası ile ilgili çıkarılmış pek çok yönetmelik veya tüzükte senet konusunun geçtiğini gördük. Yazar da muhtemelen havza ile ilgili olarak çıkmış, başta Dilaver Paşa nizamnamesi olmak üzere tüm hukuk mevzuatında yer alan senedin işçi için değil, işçi çalıştıran madenciler için geçerli olduğunu anlamamıştır. Nizamname okunduğunda madenciler kavramından, maden işleticilerinin anlaşıldığını, işçilerin ücretlerinin verilmesinin garanti altına alınması için, hükümete senet verme zorunluluğunun getirildiğini okuyoruz. Maden kömürünü çıkaran ve işçi dediklerimiz ise, bu nizamnamede madenkeş olarak geçmektedir. Büyük ihtimalle

Osmanlı döneminde ve cumhuriyet döneminin başında işçilerin senetle borçlandırılmaları meselesinde yazarın yanlış bir anlaması vardır. Oysa kendi anlatımında da olduğu gibi senet olsa, alacaklıların madenin ağzında beklemelerinin anlamı da olmazdı. Senet yok ki, borçlanan işçilerin borçlarını alacaklılar, ücret aldıkları gün, maden girişinde işçileri bekleyerek almaya çalışmaktadırlar.

İşçilerin borçlandıkları ve bunun şekli üzerine çok az bir anlatım olsa da anlatılan da genelde şöyledir:1.cilt 276.sayfada "***....ne alacaklılar, ne tahsildarlar, ne de cebbarlar****....*" madem bu kadar borçlanıyorlar, bunun işçilerin ekonomik ilişkileri bağlamında anlatımı tek yönlü olmamalıydı.

Ya da köyden de yemek getirdiklerini pek çok kez okuduğumuz ve yine aynı şekilde en az bir öğün ilkin sadece ekmek olarak sonra yemek olarak ocakların yemekhanesinde karınlarını doyuran işçiler, acaba, kazanılan paralarla çevrede kurulan dükkanlardan yiyecek alıp ek olarak açlıklarını giderip gidermediklerini merak ediyoruz. Dükkanların açılmasının nedeninin bu olduğu konusunda yazar bizi bir fikir sahibi yapmamakta böyle bir niyeti de olamamaktadır. İşçilerin neden borçlandıklarını biz anlamakta zorluk yaşıyoruz. Elbette, 3.cilt ve sonrasında Cumhuriyet Dönemi için bunu söylemiyoruz. Çünkü işçilerin tüm ay boyunca çalıştırıldıklarını anlıyoruz. Fakat bu borçlanma hali, daha madencilik başladığından itibaren daha birinci cildin ilk yapraklarında yazılıyor. Hem de senetle ve saire ile. İşte bu hususlar, işçilerin yeterince algılanmamış, anlaşılmamış, olmasının yanında, işçilerin düşünce ve hayallerinin de bilinmediğini bunlara nüfuz edilemediğini göstermektedir.

İşçilerin borçlandırılmaları meselesi, havza ile ilgili yazılan sadece edebiyat eserleri de değil, bilimsel makale ve eserlerde de mevcut. Bu husus tartışılmaya değer gerçekten. Bu konuda bir kafa karışıklığının da olduğu muhakkak.! Yanı sıra işçilerin borçlandırılması sadece son dönem neo liberal kapitalizmin banka kredi kartları üzerinden yapılmadığı, en eski zamanlarda bile işçilerin borçlandırılarak, boyunlarındaki ilmeklerinin bir kat daha sıkılandığı anlaşılmaktadır.

Bu konuda E.Atilla Aytekin'in "Tarlalardan Ocaklara, Sefaletten Mücadeleye" adlı küçük araştırma eserindeki hususları da irdelemekte ve tartışmakta yarar vardır.

İlkin, havzadaki maden patronlarının, işçilerin köylerindeki ürünlerinin de vergisini toplama yetkisi aldıklarını okuyoruz. Patronların işçileri bu şekilde borçlandırmış olmaları mümkündür. Bu duruma romanda rastlayamıyoruz ama, kapitalizmin daha ilk dönemlerinde nasıl bir vahşilikle işçileri tüm açılardan zapturapt altına aldığını göstermesi açısından gerçekten çarpıcı bir örnektir bu. Yine aynı kitapta aynı yerde işçilere faizle borç veren tefecilerin olduğu da yazılmaktadır. İşte bu noktanın izaha muhtaç olduğunu düşünüyoruz. İşçilerin borçlanmasını gerektiren hususların ne olduğunun mutlaka bilinmesi gerekir. Bu noktada ne romanda ne de yukarıda değindiğimiz incelemede en ufak bir ayrıntı yoktur. İşçilerin borçlandırılmasının bir olgu olarak kabul edilmesi mantıklı görünse de bunun nedenleri ve nasılları ortaya konulmadan söylenmesinin bir öneminin olmadığını düşünüyoruz.

Sanatçı bunu, anlattığı işçilerin borçlandığını anlatarak değil, göstererek yapmalıdır. Roman boyunca bu borçlanmanın nasıl ve hangi ihtiyaca cevap verdiğine dair en ufak bir değini olmadığı gibi, doğallığında işçilerin birbirlerinden borç istemelerine de rastlamıyoruz. Oysa günlük yaşamda, işçilerin birbirlerinden borçlanmaları olağandır. Yaygın olarak çalışan insanların birbirlerinden borç istediklerini, isteyebileceklerini, yazar, düşünebilmeliydi.

Yanı sıra yukarıda adı geçen eserde devletin maden işletenlere bir de vergi toplama hakkı verdiği kabul edilecek olursa, patronların bu şekilde de işçileri sömürdükleri ve kuruşa, borçlandırma yöntemiyle muhtaç hale getirdiği düşünülebilir ama her halde, bu borçlanma ihtiyacını doğuran nedenlerin üzerinden mutlaka durulmak zorundadır. Bunun, işyerinde verilen yemeklerin-ki başlarda bunun bir öğünden ibaret olduğu söyleniyor- yetersizliğinden, madenlerin etrafında bulunan lokanta, dükkan ve saire esnaf vasıtasıyla bu besin ihtiyaçlarını karşılama yoluna gitmiş olabilecekleri ve bu bağlamda borçlanmaya ihtiyaç duydukları düşünülebilir. Fakat biz romanda esnaf kelimesine rastlıyoruz ama esnaf romanda yoktur. Romanda birinin esnafa gittiğine şahit olmayız, işçinin birinin esnaftan bir kez alışveriş yaptığına tanık olmayız.

İşte işçi sınıfının tarihini anlatma kaygısı taşıdığı da iddia edilebilen bir romanda bu temel ekonomik bağıntıların ortaya konulmaması büyük bir eksiklik. Ya da bunun önemsenmemiş bulunması ve romanın kurgusunun da bu gereklilikten uzak bir yerde kurgulanmış olmasıyla, biz, romanın bir işçi romanı olmadığı gibi, işçi ve işçilik bilincini parçalamak için burjuvazinin icat ettiği post modern bir roman olduğu sonucuna buradan da varabiliyoruz.

Bizim işçilerin ekonomik sorunları ve bağlamlarının romanda kurulamamış olmasından kastettiğimiz, bu ilişkilerin işçiler için ayrıca bir insanlar arası ilişkiler veya toplumsal-sınıfsal ilişkiler de olmasındandır. Bu hususlar sınıf bilincinin de unsurlarındandır.

Örneğin Marx, Engels, işçilerin üretimde vahşice sömürülmesinden sonra, ev sahibi, esnaf tarafından da nasıl soyulduklarını ortaya koyar. Türkiye'de Vehbi Koç bile bir bakkal dükkanından çıkmıştır! Dolayısıyla romanda bu farklı kesimlerin kendi sınıf karakteriyle olmaması, işçilerin de bunlarla ilişki biçimlerinin olmaması, sınıf bakış açısını zayıflatan etkenlerden biri.

Madencileri ve bu kitaptaki madenleri aynı döneme tarihleyerek anlatan pek çok kitapta işçilerin parça başına ücret aldıklarını da öğreniyoruz. Zaten işçilerin yaptığı eylemlerin bir nedeni de tüm işçilere öncelikle ürettikleri kömür kadar ücret yerine asgari bir ücreti vermeleri, bu asgari ücretten sonra kimin ne kadar ürettiğinin, ücretine eklenmesi talebidir. Oysa grizu romanında ücretin parça başı olduğuna dair, bunun işçilerin kafasında yarattığı durumlara ilişkin en ufak bir değini yoktur. Parça başı ücret, sermayenin sömürüyü azamileştiren en temel uygulamalardan bir tanesidir. Bu konuya İngiliz maden işçilerinin tarihini anlatan ve sözünü ettiğimiz kitapta da değinilmekte, Grizu'da 1921 Ereğli İş Kanunu'nda ve 1921 Ereğli grevi talepleri arasında geçen asgari ücret talebinin nedeni de budur.

Şu halde sektöre özgü olarak parça başına ücret uygulaması kadar, sömürünün derecesini anlatabilecek başka bir uygulama aklımıza gelmiyor.

Yine örneğin yukarıda da değinildiği gibi, eğer gerçekten senetlerle borçlanmanın veya esnafa borçlanmanın yaygın olduğunu kabul ettiğimizde işçilerin de daha fazla çalışarak bu borçlarını ödeme hayaline kapılmamalarını gerektiren hiçbir durum yoktur. Fakat kurulan bağlam daha baştan yanlış olunca, kulaktan dolma bilgilerlerle, 120 yıl sonra meydana gelmiş ve yaygınlaşmış uygulamaları anlamayınca, romana yedirilmesi de mümkün olamamaktadır. İşte bu nedenle elbette, işçilerin ücrete dair beklenti ve hayalleri olmaz.

Ama işçileri bölmek ve daha fazla işe koşabilmek için icat edilen parça başına ücret, işçinin kafasında değişik hayaller de uyandırır. Keza işçilerin üzerinde kafa yordukları önemli hususlardan biri de puantajlardır. Tüm 4 ciltlik eser boyunca çalışan işçilerin puantajlarına ilişkin en ufak bir değini olmaz mı? 4 ciltlik eserin en temel noktaları es geçmesi kabul edilebilir mi?

Tüm eser boyunca işçilerin iş ile ilgili olarak ufak ufak itirazlar geliştirdiklerini pek görmüyoruz. Evet çalışma koşulları çok ağır ve işçilerin hemen hemen hepsi, birkaç istisna hariç, bu koşullara boyun eğmek zorunda kalmaktadır. İşçilerin küçük küçük sorunları bahane ederek de olsa bir şeylere itiraz ettiklerini, alttan alta tepki gösterdiklerine rastlamıyoruz. En başta puantajlara ve parça başına ücret konusunda hemen hemen hiçbir tartışma yok. Zaten işçinin hayalleri de yok, aldığı ücret ile çelişmemekte bu hayaller! İşte roman öyle böyle sürüklenmektedir. Yazar biliyor ki, işçilerin bu esaslı meselelerine girse, çıkamayacağını hissediyor. Bu nedenle anlatmamayı tercih ediyor. Ya da zaten böyle bir amacı yok ve bilinçli olarak, emeği görünmezleştirmeye çalışmaktadır. İşçi denizinde işçisiziz. İşçi denizinde işçi bilincinden yoksun. İşçi denizinde işçinin hayallerinden, insani ihtiyaçlarından ve işçiye dair her şeyden uzak...Grizu da ortaya çıkan budur.

Yine bir dükkandan bir alışveriş yapan işçiye bir tek yine 1.cilt 276 da rastlarız. "*aha geçenlerde, emeğimin karşılığında saat aldım (yıl 1880 ler bu arada) Çuha aldım. Şeker aldım. Çuhayı bizim dük-*

kancı Ribahor Hidayete sattım, un aldım. Attım eve. Yiyin kokmayın dedim karıya, çocuklara. Neymiş yarınım. Yarınını düşünen, yarini yaranını düşünmez. ..."

Burada da anlatılan değini şeklindedir. Yoksa dükkandan yapılan alışverişin kendisi değildir. Burada elbette asıl olan ve talep ettiğimiz husus; yazarın bir alışverişi birinin ağzından anlatması veya anlattırması değildir. Asıl mesele, çoğu tefeci olan dükkancıların işçilerle sınıfsal ilişki/çelişki biçimlerinin gösterilmesinden kaçınılmış olmasıdır. En fazla bu tür anlatımlar, anlatıldıkça boşluğu hissedilen bazı hususların yama şeklinde, bütünlük olmadan, parça pinçikler, değiniler şeklinde, eksikliğinin giderilmesidir.

Aynı şey, işçilerin yattıkları ve baraka olarak nitelenen yerlerde neredeyse hiç sohbet etmemeleri, rüyalarının bile olmayışı (birkaç rüya gören var ama bunlar ya dağa kaçan Bayram ile ilgili ya da başka hususlarla ilgilidir. Oysa biyolojik ve psikolojik olarak oldukça ağır çalışma koşullarının olduğu yerde insanın yoğun bir şekilde bu çalışma koşullarına ilişkin rüya görmüş olması gerektiğini düşünebiliriz.) için de geçerlidir. İşçilerin rüyalarının aktarılmaması, aktarılsa bile, yaşanan gerçeklikle bağının kurulamaması, romanın gerçekçilikten uzak olduğunu başka bir açıdan gösterir.

Keza yatmadan önce epey sohbet etmiş olmaları gerektiğini düşünebiliriz. Gün içinde ve uzun erimli çalışma koşullarını konuşmuş olduklarını varsaymamak için neden yoktur.

Tam da bu fasılda şunlar söylenebilir: bu kadar külliyat içinde, yani 1400 sayfalık 'dev' bir eserde, o kadar önemli sorunlar ele alınıyor iken, böylesine 'küçük' ayrıntıların önemi var mıdır? Evet. Olmasa roman romanlığından belki bir şey kaybetmez, bu romanı buna göre değerlendirirdik. Ama işçi romanı denilen bir romanda bunun belirleyici bir önemi vardır. Romanın esas rengini de bu ayrıntıların toplamı damga vurur. İşçi sınıfını tanımak, işçi kitlesini her yönüyle tanımak ve tanıtmak şarttır. Tolstoy Sanat Nedir adlı yapıtında ***"oysa güzellik ayrıntı değil, gerçekliktir.***" der. Bunu burada şu bağlamda da okumak mümkündür: Gerçeklik bu pek çok ayrıntılardan oluşur ve güzel olan da anlamlı bir bütün oluşturabilecek denli ayrıntıyı birbiriyle diyalektik şeklide ilişkilendirerek çözümleyebilmektir romanda. Güzel bir işçi romanı, olabildiğince ayrıntılardan beslenen, tüm bu ayrıntıları sınıf ilişkileri bağlamında irdeleyen, sorgulayan, çözümleyen olmak zorundadır. Asıl mesele işçiyi tüm yönlü kuşatan maden sahipleri, devlet, tefeci, dükkancı, ağa vb yi sistemik bir bütün olarak ele alıp işlemek. Yani sınıfsal-toplumsal ilişkiler bütününü canlandırabilmek. Yazarın yaptığı ise, her birine laf arasında bir değini ile geçiştirmek.

Çünkü yine Tolstoy un söylediği gibi, ***"sanatçı, aksettirmeye çalıştığı duyguların başkalarınca hissedilmesini sağladığı ölçüde başarılı sayılabilir"***.

Kömür madeni havzasında yapılan araştırmalar özellikle ilk dönemlerde kömür sökmek için kullanılan kazmaların idare tarafından verilmediğini, kullanılan bu kazmaların işçilerce köylerde yaptırıldığı, kurulan sermaye birikimi sisteminin ilkin bu şekilde işlediğini öğreniyoruz. Romanda bu yöne ilişkin açık bir değini dahi yoktur. Bu bağlamda olgunun kendisinin işçilerin bilinç, duygu ve düşünce havuzunda nasıl bir değişikliğe yol açtığını, mücadele konusunda bir veri olup olmadığını anlayamıyoruz.

Kazmaları kırılan işçilere yapılan baskılara değinilse de, kırılan kazmaların yeri nasıl dolduruluyordu, bu konuda işçilerin yaşadıkları başkaca sorunlar, köyde bu kazmaları nasıl yaptıkları konusunda en ufak değini mahiyetinde dahi bir şey yok. Ya da kazmalarını kendileri yapan, bir nevi kendi idam ipini kendileri çeken bu işçilerin kafasında hiç mi hiç kazmaları tüm işçiler olarak getirmemek, kırmak gibi fiillerle eylem yapmak gelmedi? Gelmediyse neden? Bunları irdelemek yazarın işidir. Bizim değil.

Keza, her işin erbabının, işe ilk başlayacak elamandan farklılığı herkesçe bilinebilir çoğu zaman. Usta demircinin demire vuruşu ile bir çırağın vuruşu arasındaki fark hemen fark edilir. Keza, kazmayı ilk sallayan işçi ile yeni kullanmaya başlayacak işçi arasında kazmanın kullanılışı arasında fark vardır. Tüm bunları yapılan hareketin hem usta hem de acemi işçi için aynı olduğunu belirterek söylüyoruz.

İşte madenlerde binlerce işçinin ve kimi yeni, kimi eski de olan binlerce işçinin çalışma sırasındaki bu nüans farklarını da göremeyiz. Sanki kazma sallayanların hepsi aynı, sanki tahkimatçıların hepsi aynı. Bir katırların kendi aralarındaki farklılık kadar dahi, orada çalışan aynı kesimdeki işçilerin farklılığına değinilememiştir.

Keza havzada sık sık meydana gelen ve romanda da sadece anlatılmakla kalınan, üzerinde düşünülmeyen, irdelenmeyen, sonuçlar çıkarılmayan, iş kazaları çok önemlidir. Denilebilir ki, havzada çalıştırılan işçilerin ilmeği olan mükellefiyetten sonra biri ücret ise, bir diğeri de iş kazalarıdır. İş kazalarının nedenleri üzerinde durmak kadar, işçilerin kendilerince bu iş kazalarına karşı nasıl tavır aldıkları, olayları nasıl gördükleri, bu konuda örgütlenip örgütlenmedikleri ihmal edilebilecek cinsten değildir. Çünkü işçilerin ilk örgütlenme ihtiyacını hissetmelerinin nedeni bu sorundur: Kazalar sonucunda babasız kalan çocuk ve eşlerin bir şekilde ayakta kalmalarını veya sakatlanan işçilerin çalışamaz duruma gelmeleri nedeniyle ayakta kalmalarını sağlayıcı bir takım çözümler düşünülmüştür. Havzada ilk kurulan sandığın esasen böyle bir dayanışmaya hizmet ettiğini ve bu nedenle kurulduğunu biliyoruz.

İşçilerin Osmanlı döneminde kurdukları sandıklar, yani bu gün adına sendika denilen sandıkların adı, sanduka idi. Yani bunlar esasen örgütlenmeyi direkt hedeflemekten çok, kaza geçiren işçinin ailesine destek amaçlı tüm işçilerce yapılan düzenli kesintilerin biriktiği yerdir. İETT veya diğer illerdeki şehir içi ulaşımda görev yapan şoförlerin, bir kaza ile karşılaşmaları halinde ailelerine yardım amaçlı sandıklar, sendikalarının yanı sıra, hala işlevlidir. İşte romanda yer yer değinilen ve fakat ne olduğu konusuna hiç girilmeyen, sanki örgütlenmek içinmiş gibi algılatılmaya da çalışılan ve fakat temel yönü, kazaya uğrayan işçinin ailesine geçici gelir sağlamak olan bu sandıklar öncelikle iş kazaları nedeniyle akla gelmiş, bu nedenle kurulmuş veya kurulmaya çalışılmıştır.

Yazar, madenlere indim ama maden işçilerinin içine girebildim mi? diye kendi kendine sormaktadır bir ropörtajında. Biz işçilerin içine giremediğini düşünüyor, işçilerin içine girdiğini düşünmemize neden olacak en ufak bir delilin olmadığını görüyoruz. İşçilerin iç dünyasına girebilmek için, dış dünyasını, yani içinde oldukları, tüm o ilişkiler bütünü karşısındaki durumlarını işlemesi gerekirdi. Bunların çoğu yok sayıldığından, laf arasında değinmelerle, ya da orda burada parça pinçik değinmelerle geçiştirildiğinden, işçilerin durumunu, ruh halini, sıkıntılarını okurun anlaması ve kafasında canlandırması mümkün olmuyor.

Roman, durağan üretim ilişkileri üzerine kuruludur.

Bir ufak ama önemli gördüğüm bir nokta da şu: Roman, 120 yıllık bir tarihi kesitte geçmesine rağmen, üretim araçlarının gelişimini anlatmakta hayli eksik kalmıştır Yazar. Oysa sadece daha iyi tahkimat direklerinin yapıldığı, hayvanların dışında başka araçların da kullanılmaya başlandığına arada bir şöyle bir lütfen değinilir. Kazmaların bir kez bile nasıl bilendiğinden bahsetmez. Bu kazmaların hiç mi kırıldığından bahsetmez! Yedek kazma ihtiyacının nasıl karşılandığını yazmaz! Ya da yenilik diye getirilen bir takım yeni üretim aracının işçilerde nasıl bir yankı bulduğunu, onların kafasında neler yaratığını da okuyamayız. Durağanlık bu noktada da vardır.

Yukarıda kazmaları önceleri işçilerin beraberlerinde getirdiklerine değinmiş, getirmeyenlerin veya kazmalarını kıranların ağır işkencelere uğradıklarını söylemiştik.

Yine aynı şeklide 4.ciltte işe mühendisler de karışmıştır. Bunlardan bir tanesi de ayrıntılı anlatılır. Bu mühendis gerçekçi bir şekilde anlatılmaya ve tip yaratmaya yazarın odaklandığı hissini uyandırmasına rağmen, yeniliklerin de bu kişinin şahsında anlatılmasıyla sınırlıdır. Mühendisin işçilerle tartışmasından biz, alet ve edavat açısından nasıl bir yenilik gelmiş olduğunu sözlerden okuyoruz ama romanın yapısına sinmediğini ve bunun bir eklenti gibi durduğunu anlıyoruz. Evet, romandaki suni müsamere havasını yaratan da bu. Bir değişim, bir sorun, hep işçilere dışsal olarak birileri tarafından laf arasında anlatılıyor, ya da değinilip geçil yor. Asıl mesele, bu değişimler, örneğin emek organizasyonunu nasıl değiştirdi, işçilere nasıl yansıdı çalışma ve yaşamlarında ne değiştirdi, bunlar hiç yok. Ya da bu alet ve edevata bakan bir birim olmaz mı, kurum bu konuda hiç önlem almaz mı? Kırılanın yerine nasıl yenisi konulmakta. Ya da bu işçilere mi ödettirilmektedir. Bu konuda en fazla katırların durumu anlatılır o kadar.

Kapitalizmin tüm doğayı bir üretim aracına dönüştürmesi ve bu nedenle de tahribi anlamında anlatması birebir örtüşmemektedir. Yazar, Çevreci bir bakış açısıyla yazmıştır. "Derin ekoloji". Sanırım şöyle bir durum var: Kapitalizm öncesi tarım toplumu koşullarında, köylünün yaşamı doğa, toprak, hayvanla iç içe, kendini onlardan ayırmaz. Bunlar kullanım değeri, ihtiyaç, yararlılıktır. Yaşamı onlara bağlıdır. Recep'in, diğer işçilerin katıra, farelere bakışı bu zeminden. Kapitalizmde ise, bunlar ve her şey araçsallaşır, sermayeleşir. Ancak bu emeğin, insanın, doğanın bir bütün olarak kurtuluşunun da koşullarını oluşturur. Yazar ise, her türlü akla karşı olduğu gibi her türlü teknolojiye de bu eski dar doğacıl bakış açısından karşı çıkıyor. Diyalektik bir bakış açısı işin pek çok tarafına da projektör tutmayı zorunlu kılar.

Roman adeta bir öyküler dizisi, tren gibi öyküler katarıdır denilebilir rahatlıkla. Ardı arkası kesilmeyen bir öyküler-vagonlar dizisidir. Başlanan karakter bir yere bağlanamamakta, başlanan bir olay, çoğu zaman açımlanıp, açılıp, bir anlamlı noktaya ulanamamaktadır. Bu nedenle ortaya kompartımanlar çıkmakta, fakat toplamda anlatılan ve önümüze yığılan sorunlar olduğu gibi kalmaktadır. Çözümleye çözümleye ilerlenmemektedir.! Öyküleri birbirine bu şekilde bağlayan bağ; olayların kişilerini aynı olması veya olayların aynı yerde geçmesinden ibarettir. Bu sayısız öykünün tümümün içsel bağı konusunda yukarıda da değindiğimiz gibi, tümümün bu içsel bağının bırakalım iddia edildiği gibi "işçi romanı", "Türkiye işçi sınıfının tarihi" gibi olmasını, bu çerçeveleri doldurmayacak olsa da herhangi bir anlamlı bütüne de varamadığı görülüyor.

Grizu Romanı anlamlı hiçbir soru sormamaktadır. Bir soruya cevap olma gibi bir derdi de yoktur.

Günümüzde edebiyat maalesef, derin sorular sormuyor, derin cevaplar aramıyor. Gerçekçi romanın en temel özelliği olan çözümleyicilik artık yok. Bu ise, işçi deryası içinde işçiden başka şeyleri anlatmaya benzemiş. İşte bu bağlamda Muzaffer Oruçoğlu'nun Grizu romanındaki asıl derin soru nedir? Var ise, bu sorunun cevabı da nedir? Ya da yazar bu roman ile neyi sorun yapmıştır. Ya da romanın odağına, merkezine neyi koymuştur?. Romanı ve yazarını sağlıklı değerlendirebilmek için bu sorulara cevap bulmamız lazım.

Ortaya konulan 4 ciltlik romanın temel sorusunun ben şöyle olabileceğini, öyle olsaydı bunun çok iyi bir soru olacağını düşünüyorum: 120 yıllık bir tarihsel kesitte, bir bölgedeki tüm bir topluluk, 5 kuşak boyunca işçilik yapar da, bunun birey olarak işçide yarattığı değişim ile topluluktaki değişim ne olabilir?

Yücel'in kendi bölümümde sorduğu ve yanıt vermeye çalıştığı bazı kritik sorular şunlar olmuş: Kömür havzasında işçi sınıfının -bilinç, kültür, örgütlenme, sosyal-siyasal-demokratik haklar, vd-mücadeleler içinde oluşum ve gelişim süreci nasıl olmuştur? İşçi sınıfının/maden işçilerinin şekillenmesinde hangi iç-dış, ekonomik, toplumsal, siyasal temel etkenler nasıl bir rol oynamıştır? İki üretim tarzı arasındaki sarsıntılı dönüşüm sürecinde kömür havzasının ve buradaki mücadelelerin rolü, ve kritik tarihsel dönemeçler içinde maden işçilerinin tarihsel-öznesel rolü ne olmuştur? Maden işçilerinin bir bütün olarak işçi sınıfının oluşum süreci ve hareketindeki özgül yeri ve rolü nedir? İşçi sınıfının/maden işçilerinin serbest/bağımsız gelişme gerekliliği, dinamikleri, koşulları nelerdir, bu doğrultudaki mücadeleler nasıl yaşanmıştır, hangi durumlarda ne kadar başarılmış hangi engeller neden aşılamamıştır? Kömür havzasında çok uluslu işçi bileşimden tek-ulusluluğa nasıl geçildi, bunun işçi sınıfında etkileri nelerdir? Türkiye'de kömür madeni işçilerinin gelişiminin, dünyadaki evrensel maden işçisi örnekleriyle benzerlikleri ve özgünlükleri nedir? Günümüzde işçi sınıfı yeni bir tarihsel dönemeçte ve yeni ve genişleyen bir yeniden oluşum sürecinde ve sayısız engelle karşı karşıyayken, maden işçilerinin tarihsel oluşum süreci kazanım ve handikapının bu son derece zengin ve kritik deneyimlerinden bugün ve geleceğe doğru hangi dersleri çıkartabiliriz? Ve daha yalın sorular: Maden işçileri neden farklıdır? Maden işçiliğinin, işçi tipolojisinin, köy-kasaba-kent, maden sermayesi ve iktidarının farklı örgütlenme biçim ve dönemleri ve nesiller boyunca, ve mücadele ve deneyim birikimi çerçevesinde değişim ve gelişimi vd. Bu soruların da hiç birinin sorulmadığı, dert edinilmediği gibi, buna dair bir takım cevapların da peşine düşülmemiştir. Sorulan her bir soru ile ilgili olarak belki en fazla bir değini vardır.

Böylesi hacimli bir romanın bunlardan daha temel soruları olabilir miydi ki? Örneğin bu kadar uzun bir tarihsel evrimde işçiliğin kuşaklarca nasıl biriktirildiği sorusunun peşine düşülmez miydi? Ben böylesine hacimli bir sorunun, roman boyunca irdelenmiş olması durumunda esasen, Türkiye işçi sınıfının her seferinde bir aşamaya getirip de aşamadığı Mengen Barikatlarını da aşabilme ihtimalinin olabileceğini düşünürdüm. Oysa romanda tüm olaylar öyle bir anlatılmaktadır ki, sanki, tüm olayların birikiminin iç bağıntıları kurulmamış, her bir eylem, her durum, her kişilik, her süreç ve saire, kendi başına bir şey olarak ele alınmıştır.

Dipnot: Türkiye İşçi Sınıfının tarihinde Mengen barikatı olarak geçen olay kısaca şöyledir: 1989 yılında zaten 12 eylül sonrasında iyice düşürülen ücret ve diğer haklara karşı Zonguldak ve civarı maden işçilerinin sendika başkanları Şemsi Denizer öncülüğünde Ankara'ya yürüme kararı alınmış ve yola çıkılmıştır. Onbinlerce maden işçisi ocak ayında kar ve kış koşullarına rağmen Bolu Mengen e kadar yürümüş, burada jandarmanın kurduğu barikatı ise aşamamış ve çok küçük bir kazanımla yetinerek geri dönmek zorunda kalmıştır. Esasen 80 li yıllar İngiltere ve İspanya maden işçilerinin de benzer başkente yürüyüşleri vardır. özelleştirmeye karşı da yürütülen bu mücadeleler zaten 1990 lı yıllardan sonra iyice inişe geçmiştir.

Mengen barikatının kafada aşılamadığını belirtmek için kullanılan bir deyime dönüşmüştür. İşçi sınıfının bir eşiğe getirip de aşamadığı bir eşik olarak kalmıştır. Karşısındaki barikat sadece devlet değil, kendi içindeki sendika ağaları ve reformist anlayışları da ifade etmek için kullanılan bir deyim olarak kalmıştır.

Bunun yan bir konusu olarak da şu derin mesele de tartışılabilir. Zorunlu çalışma olan mükellefiyetin işçilik bilincinde yarattığı deform ile, bu mükellefiyetin bittiği dönemde işçinin aldığı form arasındaki fark nasıl gösterilebilinirdi? Yazar bunu gösterebilmeliydi ki, yukarıda sorduğumuz ve Türkiye işçi sınıfı ile örgütlerinin cevabına acil ihtiyaç duydukları o soruya cevap olabilsin. Romanın odağına aldığı işçilerin yaşadıklarından bu tür derin sorular çıkarmak ve bu derin soruların derin cevaplarının peşine roman içinde düşmek yerine, Oruçoğlu, malzemesini küçük küçük öyküler şeklinde bölmekte, gerçekliği istediği gibi istediği yerden parçalamakta, istediği öyküye istediği parçayı uysun uymasın yapıştırmaktadır. Sorun olarak ortaya koymaya çalıştığı izlenimi veya anlatmak istediği izlenimi uyandırarak, sorunları, bir süre sonra da okur takip ettiğinde bambaşka bir diyara vardığını görmektedir. Ama böldüğü gerçeğe ait olan parçayı da, emek sürecine bağlamadan ve fakat kapitalist sistem bağlamının dışında yapmaktadır. Neredeyse romanın tümünün ana temaları haline gelecek kadar yer ayırıyor bunlara. Bu haliyle bizce yazar ana temanın ne olduğunu tam olarak ortaya koymamayı yeğlemektedir, bu konuda bilinçli hareket etmektedir. Bu nedenle, bu bölümün başında sorduğumuz soruya karşılık diyebiliriz ki, romanın ana teması Zonguldak yöresinde maden işçilerinin 120 yıllık çalışma ve yaşamalarının ve hepsi de bölük pörçük, birbiriyle ilintisiz, anlatımından ibarettir roman. Daha ötesi değildir.

Aslında bu bile değildir. Cebeli gözünden kırılmış, mistifiye edilmiş, bir takım bölük pörçük anekdotlardan ibarettir. Yoksa örneğin Yanartaş'taki gibi bir takım öyküler olsaydı, birbirinden bağımsız da olsa en azından işçi çalışma ve yaşamı temelinde bir takım öyküler olarak gerçekçi bazı kesitler ile bir fikir ve esin vermiş olurdu.

İşçi oğul'un; babasının madende fikirsel olarak, sınıf bilinci, siyasal bilinç ve mücadele konusunda, varmış olduğu düzey ve noktayı daha da ileri götürdüğünün kanıtını yazar bize sunmak zorundadır. Eğer gerçekçi ise…ya da 5 işçi kuşağını anlatıyorsa.. ya da mükellefiyeti anlatıyor ve mükellefiyetin kalktığı dönemi de anlatıyor ise… ileri değilse, bunun nedenlerini irdelemelidir. Eski ile oluşan yeni arasındaki bağları kurmalı idi.

İşçi oğul işçi babadan her durum ve koşulda daha ileri olmayabilir. Ama genel bir eğilim olarak ikinci, üçüncü kuşak işçiler, öncekilerden daha ileri olabilir. Çünkü Ereğli'de örneğin 1906'da getirilen yabancı ve doğu Karadenizli, Kürt vd işçiler, 1905-1923'ün siyasal ikliminin çok farklı olması, 1930'larda Erzurum ve Gümüşhane'den 10 bin köylü-işçinin getirilmesi, mükellefiyet gibi pek çok başka etken de rol oynuyor. Ama genel olarak Fransız tekelinin varlığı, ve bu çerçevede kapitalist organizasyon ve çelişkilerin keskinliğinin de bir etkisi var. Bu çerçeve içinde kuşaklar boyu işçiliğin farklı bir etkisi olabilir. Özellikle erkek çocukların zaten daha doğuştan maden işçisi olması, ve kendi kuşakları içinde bile böyle büyümesi, belki maden işçiliği oyunları oynayarak büyümesi....Tabii romanda bu boşluğu yaratan, babanın çocuklarına maden işçiliğini nasıl anlattığı, küçük çocukların maden işçiliğini, babaların eve sağ gelip gelmeyeceğini gözlemesi, nasıl yetiştirildikleri vb ilişkilerin hiç işlenmemesi.

Bu noktada İngiltere Maden İşçilerinin romanı olan Olgunlaşma adlı kitap ile karşılaştırılabilir. Bu kitap da, sonradan işçi önderi olacak olan Len'den önce bir ana karakter olarak babasının anlatılmasıyla başlar roman. Baba, maden de çalışmaktadır. Çalışması üzerine kendisi bir fikir düzeyine varıyor. Bir süre sonra aynı madende işe başlayan oğlunun, babanın o güne kadar varmış olduğu düzeyden başlıyor yaptığı iş üzerindeki fikirsel süreci. Zaten zincirlerinden başka kaybedecek bir şeyi olmayan işçinin, çocuklarına bırakacağı fikirsel mirasın, işçinin biriktire geldiği bu işçilik deneyim ve bilincinden başka ne olabilirdi ki?!.

Sözünü ettiğimiz Olgunlaşma romanında küçük bir alıntı ne demek istediğimizi izah edecektir. (Len ana kahraman, konuşan Mary ise, işçi lideri babasına yönelik olarak konuşuyor. Kitapta yeni işçi lideri Len'in, yine madenci babasının deneyimlerini nasıl özümlediği ve ileriye taşıyıp liderleştiği de izlenebilir.)

> *"..bunu söyleyemezsin baba. Len'in ailesi ömürleri boyunca seninle alışveriş içindeydiler. Annesi en az herkes kadar düzenli olarak kiliseye gider ve Len'in kendisi ise kuzu kadar masumdur. Seni böyle görmekten alıkoyan, fikirlerine ters düşüncelere karşı seni böyle hoşgörüsüz yapan yaşamının darlığıdır. ...her şeyin aynı olmasını istiyorsun. Halkın öğrenmesini arzu etmiyorsun, onların akışsız bir nehir gibi olmalarını istiyorsun. Ama bu olamaz. Hayır, olamaz, ne hissedersen ve düşünürsen düşün. Suyun temiz kalması için nasıl akmaya devam etmesi gerekirse, insanların da dünyada mutluluk ve güvenlik sağlamaları için mücadeleye devam etmeleri gerekir. Başka türlü nasıl olabilir? Diye her ikisine de yalvardı. Akmayan su mikroplu ve ölümcüldür, mücadele etmeyen insanlar alık, duygusuz ve sefildir."*

Bu alıntıda bir yandan Grizu da pek görmediğimiz etkili bir mücadele çağrısı, bir yandan yine Grizu da görmediğimiz, eski kuşak işçi ve liderinin bakış açısı ile yeni ve bu liderlerin birikimine de dayanan yeni kuşağın bakış açısı var. İnsanlığın her şeyi biriktirmesi gibi, işçiler de biriktirir ve bu fikirleri ve ulaştıkları düzey, çocuklarına aktarılır.

Yazar 4.ciltte, sonlara doğru, gerçekleşmiş bir grevi de tüm romanın bir tepe noktası olarak düşünmüştür. Anlatılan bunca şeyden sonra metnin bir hedefi olmalıydı değil mi? En azından okura, 30 yıl sonra gerçekleşecek bir eylem haber edilmeli. Anlatımı tepe noktasında bırakılan 4.ciltin son bölümlerindeki eylem, en fazla romana artık bir nokta koyma ihtiyacından kaynaklanmış gibi görünmektedir. Hepsi bu. Romanı bir eylemle bitirme ihtiyacının nedeni bir eylemi anlatabilme, gösterebilme, iç ve dış bağıntılarını ortaya koyabilme ve buradan ileriye doğru bir mesaj verebilme kaygısı değil. Bu konuda da başarılı değildir. Yazar başarılı epizotlar ortaya koyma yazarıdır. Ama ana konuda ve bu yan konuları ana konuya bağlamada ciddi bir problem var gibi geliyor.

Yan konu bulma, değişik karakterleri romana dahil etme bir ustalık belirtisi değil, tam tersine, bu yeni yan konuların veya başka pek çok tipin romana gelişigüzel dahil edilmesi, eğer bu yeni unsurlar ana temaya bağlanamamışsa, en başta yazarın kendi romanı üzerinde bir hakimiyet kuramadığının göstergesidir. Acizliğinin bir ifadesidir. Peki kendi romanı üzerindeki hakimiyetini yitirmiş bir yazarın yazdığı romanı nasıl değerlendirmek lazım?

Post-modern roman, bütünsel bir perspektif, bakış açısı, tasarım, plana dayanmadığından, zaten kendiliğindenci bir esin ve gelişigüzellik çerçevesinde seyreder. Hemen her roman yazım sürecinde yeni esin, fikirlerle gelişir kuşkusuz, ama post-modern romanda, atış serbest olduğundan, yazar belli fikirlerden çok kendini akışa, hoşuna giden, keyif aldığı şeylere kaptırıp gittiğinden, bu kendiliğindencilik çok daha belirgindir.

Yazar, daha baştan tüm bu 120 yıllık tarihsel kesitin, 5-6 kuşak işçi ailesinin nihai evrede, sınıf ilişkileri ve sınıf mücadelesi içindeki yerini saptamaya çalışsaydı daha anlamlı bir soru sormuş olmaz mıydı? Romanın başarısını da konjoktürel olmaktan çıkarıp tarihsel kılmaz mıydı? Bence o zaman kılabilirdi belki.

Ama buna engeller var. Bizzat yazarın kafasında vardır bu engeller.

Ama romanı bence, seçilen ana tema ile ilişkilendirilmesi ve ana temayı gölgede bırakması yönüyle, toplamda bu yan temalar romanı başarısız kılmaktadır. Tüm romanı ana teması olmayan bir yan temalar yığınına çeviriyor. Zaten Post-modern romanda ana tema yan tema diye bir ayrım yoktur, anlatıların hepsi eşdeğerliklidir ve bir ağırlık merkezi veya ekseni de yoktur. Fakat biz bu yan temaların her birinin de ayrı ayrı esas olarak ele alış tarzını da eleştiriyoruz. Eğer yazar yan konuları da yanı sıra bu romanda çözeyim diye bakmamış olsaydı, salt şöyle bir değinip, bu konuların ana tema ile ilişkisini belirlemiş ve oradan kurmuş olsaydı, işte o zaman en azından her bir yan temanın da tartışmaya değer olduğunu düşünebilirdik. Çünkü ayrıca bu yan sorunları da aşamamaktadır bu şekilde yazar. Yani ne kadın sorununu, ne toplumun akıl danıştığı akil insanlarla ilişkileri bağlamında öncülük sorunu, ne de Türkleştirme sürecinin bir yansıması olarak Rum, Ermeni, Laz, Kürt gibi, bu toplum kesimlerinin ortadan kaldırılışı, ya da bu toplum kesimlerinin ortak bir zeminde buluşturulamaması ve bu bağlamda da bu kesimlerin ortak bir işçi davasında buluşturulamaması, ya da bizzat işçilerin işçileşme sorunu, ya da işçilik bilinci sorunu ve tüm bunlarla bağıntılı uluslaşma sorunu gibi pek çok sorunu çözememiştir kafasında.! Ya da net bir tarihsel sınıf oluşumu gibi bir ana eksen koyabilmiş olsaydı, bizim roman bağlamında yan konu olarak ifade ettiğimiz pek çok husus bütünlenebilirdi. Yan konular irdelenmeden gelişigüzel serpiştirilmiştir.

Yani yukarıda da değindiğimiz ve ileride daha ayrıntılı değineceğimiz gibi, toplumcu gerçekçi edebiyatın en başta gelen temel bir özelliği olan çözümleyici özelliğini burada göremiyoruz. Yazar, kafasında biriktirdiği her durum ve olaya ilişkin malzemeyi, kendi içinde bir öykü yapmış, bunları eklektik bir tarzda birbirine bağlamıştır. Tüm bu birbirine ekli öyküler treninden de anlamlı bir bütün çıkmamaktadır. Çünkü yazar bu açıdan bakıp yazmaya başlamamıştır. Öyle bakmadığı için zaten yukarıda bahsettiğimiz aksaklıklar, kopukluklar, bağdaşmazlıklar, ana temanın belirgin olmayışı, yan konuların çokluğu, yan konuların romanı hantallaştırmasını getirebilmektedir. Daha başta ilk düğme yanlış iliklenince, ne kadar düğme iliklenmiş olsa sorun kendini hissettirmeye devam etmektedir.

Bu konuda bunca kadın sorununa girilip çıkılmasına rağmen, neden romanın bağlanmak istendiği son grev aşamasında kadınlara da bir fonksiyon yüklememiştir örneğin, bu akla bile gelmemiş...

Yine aynı şekilde grev başlamıştır ama neden başladığına dair içsel hiçbir bağlantı kurulmamıştır. İstanbul'da Tramvay işçilerinin direnişinden başka bir şey yok bu konuda. Oysa on yılların küçük

küçük tepkilerinin bir sonucu olarak düşünülmeyen bir sürecin, değil İstanbul Tramvay işçilerinin havza işçilerini kıpırdatması, dünya yıkılsa kıpırdatamazdı. Çünkü en ufak bir şeye tepki gösterdikleri yok ki. O halde yapılan eylemin neyin birikimi üzerine inşa edildiği soru işaretidir.

"Özne öldüğüne göre, artık yazar da ölmüştür. Yazar, artık yazdığı metnin ardında duran mutlak bir otorite değildir. Yazara tanınan bu geleneksel statü nasıl 'insan çağı'nın bireyciliğinin tarihsel bir ifadesiyse, yazarın 'ben'i de, aynı şekilde kanlı canlı bir özne olmaktan ziyade gramatik bir kurgudur. Önümüzde sadece gösterenlerin içsel oyunuyla organize olmuş, daha doğrusu bu akışkan gösterenlerin oyunuyla sürekli organize edilen ve çözülen (yap boz-bn) dilsel bir doku olarak metin vardır, onun ardında da başka metinler... Kısacası, öznesiz ve insansız bir metinler labirenti içindeyiz." (Şükrü Argın, Nostalji ile Ütopya Arasında, Birikim yay., İstanbul 2003).

Yine post-modern romanda, merkez-kaçlık, yani gayrı-merkezilik özellikle hedeflenir, tüm öyküler, tüm temalar, (hatta insan ve hayvanlar) eşdeğerlidir. Bu yüzden ana tema-yan tema, ya da öyküleri birbirine bağlayan merkezi bir örgü yoktur. Tüm temalar, tüm öyküler, tüm bakış açıları eşdeğerliliktir. Aynı şekilde aşırı yüzeysellik (çünkü hep görüngüler üzerinden yani olgular ve bunların iç yüzüne nüfuz etme değil, yalnızca insanda bıraktığı sezgisel izlenimler üzerinden gider), post-modernizmin karakteristiğidir.

Romanın asıl olamayan, bir karakter de olamayan ve hep yan kalan tipleri...

Aynı durum romanın kahramanları açısından da geçerlidir. Romanı sürükleyen bir tipten bahsetmek mümkün değildir. Gelişigüzel seçilmiş pek çok tip vardır. Hatta bazılarının romana neden girdiği, eğer iddia edilen içerik hakkında iyi niyetli bir şekilde bir fikre sahip isek, meçhul. Çünkü; ha tamam şimdi eylemler başlayacak, işçiler örgütlenmeye başlıyor derken, ilgisiz pek çok yeni yan tip giriveriyor romana. Hurşit tam sendika çalışmalarına başlıyor, eşinden ayrılıyor, yeni kadınlar boy veriyor romanda. Gibi...Bunların içinde gerçekten özgün ve geliştirilmesi mümkün olan ve karaktere çevrilebilecek olanlar da olabilir. Ama roman birbiriyle ilintisiz, bir ana tema etrafında var olduğunu düşünmediğimiz yığma pek çok tipten oluşmaktadır. Romana yeni tiplerin sokulmasının nedeni, ana temanın gözden yitmesini sağlamaktır. Bu nedenle de üzerinde tartışılabilecek, değerlendirmeye tabi tutulabilecek, yazarca daha geniş yer ayrılmış pek çok tip vardır.

Örneğin Cuma böyle bir tiptir. Mesela Zehra tipini de bu kategoride ele alabiliriz. Abbas da öyledir. İlk iki ciltte Recep Emmi öyledir. Ve sair. Ya da burjuva roman sanatının genel özelliğinin, bir karakter yaratmak olduğu söylenir. Doğrudur. Fakat burjuva roman sanatında kolektif karakterler olmaz. Oysa roman, karakterler açısından kolektif karakterler üzerine yükselmektedir izlenimi verirken, tam da bu izlenimi edinmeye başladığınız yerde, tema farklılaşmaya, eski karakterlerin yerine kafanızda oluşturduğunuz düşünceyi bozmaya başlayan yeni bir karakterin devreye girdiğini görürsünüz. Fakat bu karakterler de öyle pek geniş bir şekilde ele alınmış değildir. Bunlar da eklektiktir. Ne olduğu belirsiz parçalı bir boşluğu kapatmak için oluşturulmuş bir yamadan ibarettir çoğu karakter. Bu nedenle karakterler de sahneden çekilmeden önce, bir şeylerin eksik kaldığını hissedersiniz. Eğer burada sayılan kişilerin temel özellikleri roman boyunca irdelenmiş, çözümlenmiş olsaydı, bu karakterler de eksik kaldı duygusu uyandırmayacaktı. Biz Cuma karakteri üzerinden ücretsiz çalışmanın mümkün olup olmadığı, ücretsiz çalışmanın insanın aklına nasıl geldiği, hangi bağlamda, farklı toplumsal ilişkiler bütünlüğünde olabileceği, gibi bir tartışmayı yapabilirdik. Ya da Zehra bağlamında işin kadın sorunu etrafında ele alınmış olması durumunda, kadının mücadeleye katılışını tartışabilirdik. Ya da havzadaki delirmelerin, intiharların, esasen kapitalizm bağlamında ele alındığını hissetseydik, bunu algılasaydık, bir kapitalizm eleştirisine kadar varacak şekilde vahşi kapitalizmi anlayabilir, buna daha bilinçlice karşı koyabilirdik. Grizu patlamalarının, göçüklerin temel nedeninin kar ve daha fazla kar olduğunu söylemek ve göstermek, bunu daha kalın çizmek, gerekirdi. Örneğin Abbas karakteri üzerinden, bunlar irdelenebilirdi.

Ne var ki, bu geliştirilmeye uygun karakterleri bizzat yazarın kendisi romanda kısırlaştırır. Gelişimlerine izin vermiyor. Kendisi ketliyor. Ya da Zehra'daki gibi, kendi iç ve dış dinamiklerinden koparak, kendi ütopik bakış açısı doğrultusunda hareket ettiriyor. Bunlar birey olmayan, daha çok yönlü ilişkileriyle işlenmeyen, bu yüzden karakter de olamayan, stilistik parça-kişicikler ve öykücükler toplamından ibarettir. Tiplerin zenginliği değil, biçimsel çoğulluğu söz konusu olan. Aklımıza çoklu karakterlerin burjuva romanından ayrılarak ilerletilebilecek bir damar olduğu gelse de, yazarın bizzat metninin buna engel olduğunu görüyoruz. Karakter zenginliği üzerinden pek çok konuyu, yan konuyu ve temel sorunsal niteliğindeki kapitalizmi tartışabilirdik. Her bir karakter üzerindeki tartışmalardan yeni ufuklara açılabilirdik. Roman bizi zenginleştirebilirdi. En azından böylesi tartışmalara sevk etmesiyle bize bir şey katardı.

Cuma Tipi...

Cuma konusunda hemen şunu da söylemeliyiz ki, bu tip özelindeki sorun, zaten romanın tümünün temel sorunu konusunda yazdıklarımızla uyumludur: Cuma karakteri çalışma karşılığı bir ücret talep etmeyen, hatta ücretini almamak için işkence görmeyi göze alan bir tiptir. Bu durum Cuma'nın kendine özgü, mistik, bir dine benzeyen bir anlayış geliştirmesindendir. Ki bu karakterin zenginliğini, alışageldiğimiz karakterlerden farklılığını değil, Yazarın bizi bunca ağır çalışma karşısında, romanını ve bizi sürüklemek istediği noktanın burjuva veya pre-kapitalist, mistik dünya olduğu anlaşılıyor. Bu durum sanki Cuma'nın tüm bu ezilmişliklere bir tepki olarak bunu geliştirmiş olduğu da söylenebilir. Anlaşılmaktadır ki, patronlar bunu tepki olarak algıladıkları için Cuma'ya ceza vermişlerdir. Fakat bu tepkinin Cuma'da, çalışma koşullarının bir sonucu olarak doğmuş olduğuna dair bağlar çok zayıf kurulmuştur. Denilebilir ki, bir tepki olarak anlaşılması gerekmesine rağmen, Cuma'nın bunu tepki olarak da ortaya koymadığını da göstermek için her şey yapılmıştır. Zira eğer tepki olsaydı, bireysel bir tepkiden öteye geçebilen bir tepkinin de romanda işlenmesi, bunu yansıtması ve egemenleri korkutan yanını ortaya koyması icap ederdi. İşte bu ilginç tipe ruh verirken de, romanı beslemek kaygısıyla, romanın varsa eğer bir ana temasına su taşımak gayesiyle yapılmış değildir. Bu şekilde Cuma karakteri gerçekçi çizilemediği gibi, romanın zaten olmayan fakat gerçekleşme ihtimali bulunan 'gerçekçiliğini' de dinamitlemektedir.

Gerçekten de, bir hakkını kullanmamayı, bir tepkiye çevirmeyi bu topraklar biliyorlar. Buna toplum olarak, muhalifler olarak da yabancı değiliz. Örneğin hapishanelerde açlık grevleri, ölüm oruçları tıpkı Cuma'nın tavrı gibi, bir hakkı kullanmamayı bir silaha, bir tepkiye çevirebilmektedir. Yine tıpkı açlık grevlerinde mahpusların yemek yemeyişine karşı devlet; yemiyorlarsa yemesinler demiyorsa, diyemiyorsa, romanda da Cuma'ya kömür kurumu, ücret almıyorsa almasın diyemiyor. Bunun gibi işçilerin yaptıkları yemek boykotları, işyeri işgalleri de bu bağlamda saymak mümkündür. Bu son sayılanların kolektif olmalarıyla da Cuma'nın ücret almama eyleminden ayrıldığı söylenmelidir. Fakat bir şeyi yapmamak ile direniş göstermiş olmak mümkündür. Ne yazık ki, Yazarın, hapishane deneyiminin de olduğunu bildiğimiz halde, Cuma karakterini ücret almamasının tüm bağıntılarıyla neden çözümlemediğini, irdelemediğini, Cuma'nın böylesi bir eyleme iten nedenleri sorgulamadığını, çözümlemediğini, sadece bir durum olarak sadece bir fotoğraf karesi olarak vermiş olduğunu belirtmemiz gerekiyor. Post-modern romanın tipik özelliği: Süreç yok, iç bağıntı yok, nedensellik yok, yalnızca an'lar ve anektodlar var! Bu nedenle esasen bir Cuma'nın bir karakter olup olmadığının da tartışılması mümkün. Elbette bu tipin bir karaktere dönüşmesinin önünde, karakterin tüm muhtemel gelişim yönlerini kısırlaştırarak, birincil engelin bizatihi yazarın kendisinin olduğunu belirtelim.

Recep karakteri üzerinde de düşünülmesi gerekmektedir. Recep de Cuma gibi, olabildiğince çalışkan, ama sadece madende değil, köyünde ve evinde de... bir makine gibi, asla yoruldum demeyen, çalışmak istemiyorum demeyen biridir. Yine aynı şekilde tüm roman serisi boyunca söylediği bir tekerleme gibi ...*"merak etme, yardım eder, rahatlatırım.."* sözü kendisini özetler niteliktedir.

Bir yandan ücret talep etmeyen ve bir tevekkül gibi, çalışmayı ve zorunlu çalışmayı da kabul eden Cuma ve yine aynı şekilde her ne kadar ücreti reddetmese de, her türlü işe koşan, tüm dünyası çalışma olan bir Recep karakteri ile yazarın roman ile kurguladığı dünyayı anlamamız mümkün olmakta mıdır? Hayır. Çünkü Recep çizilirken, kendi kişisel ihtiyaçlarına hiç girilmez. Anlatılmaz. Herkes yer Recep yemez. Herkes dinlenir, bir tek Recep çalışır. İyi de kendisinden başka herkesi düşünen bir insan olarak çizilen bu karakterin, sırf bu kendisi ile diğerleri arasındaki diyalektik bağ kurulamadığı ve kendi içsel ve insanal ihtiyaç ve çelişkileri çizilemediği için, gerçekçi olmaktan çıktığını söylemek zorundayız. Post-modern romanda hep olduğu gibi, bu tiplerin hepsinin çevresiyle bağı kopuktur. Kendinde "stiller" olarak varlar. Recep ancak yaşlanınca, ilgi ve saygı görmeye başlayan bir tip oluyor.

Yazar bir gerçekliği parçalarken, yeni bir bütün oluşturamamaktadır. Tıpkı, burjuvazinin kişiliğini parçaladığı insandan, demokrat, ilerici, aydın, veya kendi ilkeleri olan adaletli, eşitlikçi, özgürlükçü bir birey şeklinde yeniden bütünlemediği gibi, yazar da 'yeni'de bütünleyememektedir. Kendi haline bırakmaktadır tipleri. Hatta muhtemel gelişme yönlerini de bizzat kendisi törpülemekte, kısırlaştırmaktadır. Kendi gelişimlerinin önünü bizzat kendisi kesmektedir.

Arada bir, yazar, bir ütopyasının olduğunu, Cebeli'yi Hibetullah'ı anlatmasından çıkarmaya çalışsak bile, bu bütünlük kafada kesinlikle oluşmaz. Diyelim ki bir grevde, parçalanmış bu kişilikler, bu olaylar, bu durumlar, tarih, gerçeklik, ve her şey, yeniden bütünlenmez. Yeni bir bütün oluşturulamaz. Bu nedenle tipik postmodern romandır.

Romanın çok tip üzerinde inşa edilebilme imkanı veya genişliği, roman sanatında böylesi bir yeniliği ortaya koyabilme potansiyel malzemesi dururken, bir de bunun yarattığı eksiklik, yanlışlık ve uymazlıklar vardır. Bizce bu kadar fazla ana tipe yaslanan, adeta romanı kolektif sırtladığı hissini uyandıran, pek çok karakterin olduğu bu roman konusunda şunlar artık söylenebilir: Çoklu kişiler, odağı dağıtmak için kullanılıyor zaten. "Toplum diye bir şey yoktur, sadece rastlantısal olarak birbirine gevşek biçimde teğellenmiş kişicikler vardır".

Romanın bu şekilde pek çok karakterin kolektif çabası üzerinde kurulması gibi bir gaye güdülebilir ve bunun hakkı verilebilirdi. Burada, romanda başından beridir anlattığımız uymazlıklar, çelişkiler, problemler ve birbirine diyalektik olarak eklenmeye çalışılan ama başarılamayan pek çok yan konunun ana konuya da bağlanamaması ve romanın bu şekilde eklektik yapısının aşılabilmesi için de bu kadar tipe ihtiyaç duyulduğu anlaşılıyor. Romanın ilerleyişi sırasında ortaya çıkan bir sorun, bir başka karakter yaratılarak aşılmaya çalışılmıştır. Belki o bile değil. Çünkü sırf ilginçlik olsun diye arz-ı endam eden, sayısız kişi var. Örneğin mükellefiyet döneminde firar eden maden işçilerinin eşleri ve kızlarının jandarma tarafından rehin alınıp taciz edildiği için intihar eden kadınlar var. Yazar, bu meseleyi doğrudan işlemek yerine, intihar eden kadın resimleri koleksiyonu yapan ilginç bir tip icat edip konuyu alabildiğine "çok katmanlılaştırıp" dolandırıyor. Bu tip de sanki kadın-erkek ilişkilerinde otoriteymiş gibi sunuluyor, Hurşit ve arkadaşı ona fikir danışmaya gidiyorlar. Adamın "*intihar eden kadınlar onurludur*" dışında ettiği bir laf yok, ama ısrarla ona gitmeye devam ediyorlar. Tıpkı Cebeli'nin işçi mücadelesi üzerine söyleyeceği hiç bir şey olmamasına karşın, öncü işçilerin ona sanki tarikat Şeyhiymişcesine gitmesi gibi. Bunlar sadece aşırı zorlama, müsamere tarzı kurgu çarpıklıklarının ifadesi. Çünkü aslında apaçık ki, ne Hurşit ve arkadaşı intihar koleksiyoncusuna, ne de öncü işçiler Cebeli'ye çözüm bulmak için gidiyorlar, bunlar sırf Cebeli'ye ve koleksiyoncuya atraksiyoner laflar paralatmak için düzenlenmiş müsamere sahneleri. Yani asıl toplumsal sorunlar ilginçliklere meze kılınıyor. Bu ise romanın eklektik yapısını azaltmamış, arttırmıştır. Roman kahramanlarının parçalanmışlığı, olayların parçalanmışlığı, hatta romanın dahi, anlattığı her ne ise; var olduğunu bildiğimiz bütünlüğünün parçalanmış halinin yazılması, yeni gelebilir. Yeni değildir. Post modern denilen gerçekliği paramparça olmuş bir roman kurgusu, bir yeni dünya kurulması olamayacağı gibi, bir yenilik olarak da adlandırılamaz. Yazarın var olan gerçekliği istediği gibi eğip bükmesi ve kendi süzgecinden geçirip yeni bir gerçeklikte sentezlemesi de değildir bu. Tam tersine, ileriye götürülebilecek ne varsa bunu da parçalayarak, soyut ve bütünsüz bir yeni olarak bir şeyin imlendiğinin söylenebilmesi de mümkün değildir.

Bu nedenle Mehmet Akkaya "yeni karakterleri ustaca romana sokmuştur" sözü gibi değerlendirmeler yapamamaktayız. Sanki romanı çıkmaza sokan zaten yazarın kendisi değilmiş gibi. Burada esas sorun; tüm romanın da sorununun bir parçası olarak yaratılan yeni karakterlerin çoklu yönlerden derinleştirilememesidir. Siz her seferinde yarattığınız yeni bir karakteri yüzeysel bırakırsanız, çıkmaza giren romanınıza yeni bir karakter ile yol aldırmaya çalışırsınız ve yine aynı sorunla karşılaşırsınız. Yine aynı şekilde yeni bir kişi dahil edersiniz romana. Bunun sonu yok. Romanın dipsiz bir kuyu gibi sonunu bulamayız. Biz okurlar, esas anlatılmak istenenin ne olduğu konusunda bir fikre sahip olamayız.

Romanın bu şekilde pek çok yan konu etrafında eklektik bir tarzda, diyalektik olmaktan çok, kompartımanlar şeklinde kurulmuş olmasının bir başka göstergesi de, roman boyunca anlatılan tüm işçi eylemlerinin, öncesi (ve sonrası) süreçle diyalektik bağının hayli eksik kurulmuş olmasıdır. Birinde bir anda eylem gerçekleşmekte, eylemin nasıl mayalandığı hiç anlatılmamaktadır. Bir diğerinde eylemin nasıl mayalandığı anlatılmakta ve fakat eylemin en tepe noktasında henüz bir yengi veya yenilgiden de bahsedilmemekte iken, olay bitirilmektedir. Sorun yalnızca grevlerin zafer, kazanım ya da yenilgiyle bir sonuca vardırılmaması da değil, asıl o eylemi yapanlar üzerinde etkileri, değiştiriciliği ne oldu, hangi yeni ilişki biçimleri, düşünce, duyguları doğurdu, insanları nasıl değiştirdi, bunlar yok. Eylem yok, olduğunda da Eylemin, pratiğin bilinçsel dönüştürücülüğü yok. Şu halde, her ikisinde de eksik bir şeyler vardır. Sınıf bakış açısı ile yazılmış olsaydı, esasen 4 ciltlik romanda anlatılan her şey, işçiliğin doğal öfkesinin, bu iki temel eyleme nasıl bağlandığı görülebilecekti.

Yazar parantez içinde anlatılan Aydın Çubukçu gibi davranmıştır. (**Not:** 1994 yılında bir tekel işçisinin bizatihi bana anlattığı gerçek bir olaydır. Tekel işçisi arada sınıf çalışması yapan kurumlara gidip gelen, fazla kitap okumayan biridir. İzmir de yeni açılmış olan Evrensel Kültür Merkezi halka açık, ama özellikle işçiler için Aydın Çubukçu'nun sunacağı Diyalektik Dersleri şeklinde etkinlikler düzenlemeye başlamıştır. İşçi arkadaş da bu etkinliklere gitmeye başlamıştır. Bir gün Aydın Çubukçu sınıf mücadelesinden yoğun bir şekilde bahsetmeye başlamıştır. O kadar yoğun bahsetmeye başlamış ki, işçi dayanamayıp, "*ya hocam hep sınıf savaşından, sınıf mücadelesinden bahsediyorsunuz, ne zaman vereceğiz bu sınıf savaşını!*" diye sorar. Aydın Çubukçu gibi bir diyalektik materyalizm uzmanının cevabı şöyle olmuştur: "*günü geldiğinde bu sınıf mücadelesini-savaşımını vereceğiz*" İşçi ise şöyle demiştir Aydın Çubukçu'ya: *olur mu hocam ya, ben her gün sınıf mücadelesi veriyorum. Sabah kalkıyorum, işe geç kalırsam ücretim kesilir, ya da işten atılırım, ya da şunu alsam param yetmez gibi....* Esasen işçinin yaşamının 24 saati sınıf çatışmalarıyla doludur. Bununla geçmektedir. Görmesini bilmek gerekir sadece. (Not: bu alıntı ile Aydın Çubukçu'yu eleştirmek gibi bir düşüncemiz yoktur. İşçinin sorusuna kestirmeden bir cevap verme ihtiyacından da olabilir. Tartışmak istediğimiz husus, tüm doğallığıyla işçinin sınıf çatışmasını nasıl algıladığı ve sözümüz Aydın Çubukçu'ya olmasa da, Aydın kişilerin sınıf çatışmasını nasıl soyut ve kuru ele aldığıdır.)

İşte bu kısa öyküdeki gibi anlatılmıştır grevler romanda. O her gün ki işçilik deneyimi olmayınca, grevler de öylesine anektodlar gibi kalıyor. Zamanı gelince sınıfsal çelişkiler hatırlanmıştır. Romanın yarısından fazlasında anlatılan olayların sınıfsal niteliği üzerinde durulmayarak, işçi eylemlerine de bağlanamamıştır. Bu şekilde roman eklektik kalmıştır.

Oysa romanın 1.cildin başında yukarıda da yazdığımız gibi, kurulan her cümle bir sınıf mücadelesi bağlamında kuruluyordu. Bunu değerli ve çok güzel bulmuştuk. Ve bu romanın ayrıca dil açısından da en zengin kısmını teşkil ediyordu. Fakat, roman ilerledikçe kurulan her cümlede, anlatılan her olay, kurulan her diyalogun sınıfsal çatışma yönünden, bu ruh ve bilinçle kurulmasından vaz geçilmiştir. Roman bir rahatlamış ve kendiliğinden bir mecraya akmaya başlamıştır. İşte bu durum, yazarın kafasında kurguladığı romana da uygun gelen bir form. Biz buradan yazarın kafasındaki tüm gerçekliğin birbiriyle ilintisiz parçalı olduğunu anlıyoruz. Eğer bu romanda ilk başta yapılan ve kurulan her cümlenin bu şekilde sınıfsal bir yön gözetilerek kurulması hususu, tüm roman boyunca yapılmış olsaydı, olaylar zaten yazarı bu bütünü çözümleme sorununa götürecekti ve bu şekilde toplamda, bambaşka bir roman olacaktı. Ne var ki yazar bunun hakkından gelemeyeceğini düşündüğü için bunu terk etmiş olsa gerek. Ya da hakkından gelme sorunundan çok, ilginçlikler antikacılığına, piyasa atraksiyonerliğine sapmasından kaynaklanıyor. Bu nedenle de esasen bir 3 cilt daha yazmak zorunda kalmıştır. Oysa iyi bir kurgu ile, yukarıdan beridir sıraladığımız eklektik kurulum dahil, pek çok sorunlu husus, zaman engeli de aşılarak, iyi kurulmuş 3-4 diyalog veya iyi kurgulanmış birkaç eylem ile bir işçi romanı yazılabilirdi.

Belki 120 yıl gibi uzun bir zamana yayılmamış olsa da, ana tema bağlamında İrfan Yalçın'ın topu topu180 sayfalık bir 'Ölümün Ağzı' romanının bile, bu 4 cilt olan Grizu'yu çok geride bıraktığını düşünebilmemizin nedeni budur.

Yazar, Madencilerin ulusal kimliklerinin zenginliğinden doğru sonuçlar çıkaramamaktadır.

Aynı yörede aynı dönemde aynı işçileri anlatan Metin Köse'nin Mükellefiyet adlı romanında bahsedilen birkaç husus üzerinden Grizu da göremediğimiz bir şeyi daha dile getirmek istiyoruz. Metin Köse kitabında çalışan işçiler üzerindeki baskıları ve/veya madenden kaçan işçileri anlattığı pek çok yerde, Ustabaşıların işçileri 'KIVIRCIK' diye aşağıladığı yazılır. Grizu'da da birkaç yerde Kıvırcık diye işçilerin hor görüldüğüne değinilir. Metin Köse nin kitabının ana kahramanı bu sözü tam bir aşağılama olarak algılar ve şöyle tepki gösterir: "***ben kıvırcık değilim, ben yürürüm, yörüğüm...***" der. Buradan anlamaktayız ki, işçiler, Türkmen, Yörük oldukları için de aşağılanmaktadır. İşçilerin ulusal kimliklerinin kullanılarak, bölündüğü ve aşağılanarak baskı kurulduğu durumları Grizu'da okuyamayız ama, sadece ve sadece Gayri Müslim'lerin yani Rum ve Ermenilerin sürüldüklerine ve mallarına havzada nasıl el konulduğu ve bazı kişilerin bu şekilde zenginleştiğine dair pek çok değini var. Bunlar romanı zenginleştirebilecek konulardır. Fakat sınıf mücadelesi ulusal etnik çelişkiler bağlantısı doğru kurulsaydı, doğrudan işçi sınıfının oluşum sürecinin temel sorunları ve bağımsız sınıfı politikasının sorunları ele alınabilirdi. Fakat Grizu'da bu konu taraflı bir şekilde ele alınmıştır. Sanki sadece Rumlar veya Ermeniler baskı görmüşler gibi bir algı oluşturulmuştur. Evet, Ermeni ve Rumların, baskıların en şiddetlisine maruz kaldıklarına itirazımız yok. İtirazımız, madende çalışan ve kendine Yörük, Laz veya Türkmen diye adlandıran pek çok işçi, sırf işçi olduğu için de değil, bu niteliklerinden de kaynaklı baskı görmüştür. İşte tam da kurulu Kemalist rejimden bir kopuş için bir imkan varken, yazar, bu imkanı kullanmamaktadır. Çünkü esasen böyle bir düşüncesi de yoktur.

Eğer Türkiye'li işçiler de Ermeni ve Rum ve diğer milliyetlerden sınıf kardeşleriyle bir ortak işçi sınıfı paydasında sahip çıkabilselerdi, bugünün tarihi de farklı olabilecekti. Yazarın önünde böylesine bir malzeme var iken edebi anlamda en azından bunun nasılını, olurunu düşünmemek, ya da olmayışlarını sınıf bağlamında irdelememek, insanda ciddi bir "*eksik kalmış*"lık duygusu uyandırıyor.

Keza, sınıf mücadelesinin seyrinde de bu tür sirkülasyonların mücadeleyi gerilettiğini görmek gerekir. Bir yandan Ermeni ve Rumların tehcirinin sınıf mücadelesini nasıl zayıflattığını, bir yandan da deneyimli işçilerin yerine, Doğu ve Karadeniz illerinden ve de aynı bölgenin köylerinden işçiler getirildiğinde, sınıf bilincinin birikmesinin nasıl engellendiği de ortaya konulabilirdi. Ya da sınıf bilinci ve mücadelesinin yeni unsurlarla harmanlandığına odaklanılabilinirdi.

Kendine ait kimliği bile aşağılamayı, burjuvazinin işçilerdeki tüm direnç noktalarını ortadan kaldırma gibi bir amaçla yaptığını belirtelim. Bu nedenle Türkiye'de kendini Türk kimliği ile de tanımlayan bir işçinin yeri geldiğinde patronlar tarafından bu niteliği nedeniyle de aşağılanmasının nedeni budur. Bu denli yoğun baskı, havzada yaşayan yerli insanları tamamen uysallaştırmış görünmektedir.

Bu nedenle bir eylem olsa genelde bu, ya Laz'lar tarafından ya da Doğudan getirilen Dersim'liler, Kürtler tarafından yapılmaktadır. Yazar, havzada insanların bu baskılar sonucunda tek tük birileri dışında böylesi bir çalışmanın herkesi uysallaştırdığı gibi bir tezden hareket ettiği izlenimi edinmekteyiz. Romanda salt bu yönlerden ortaya konulan dağınık, birbiriyle ilintisiz de olsa malzemenin, yeniden farklı kurgulanarak sonuçta aslında işçilerin ulusunun olmayışının özlü bir anlatımına varılabilirdi. Ya da sermayenin ulusallığı, işçileri salt bölmek için kullanmaktan gayri bir amacının olmadığının da, işçi sınıfının ulusal kimliğini kazanmasının yolunun diğer uluslarla eşitlik temelinde bir zemin yaratması ile mümkün olabileceğini de yerinde gözleyerek dikkatimize sunabilirdi.

Şu halde eğer enternasyonal bir düzleme taşınamayacaksa bu malzemenin de pek bir anlamı olmamaktadır.

Romanın her konusu ve kişisi diyalektik bağıntıdan yoksun kurgulanmıştır.

Daha önce de değinildiği gibi, yazarın; bir şeyi zıddıyla birlikte anlatırken, ortaya koyarken, her bir zıddın kendi içindeki çelişik yapısını ihmal ettiğini belirtmiştik. Ve yapıtın temel felsefik bakış açısının bu şeklide kurguladığını söylemiştik. Roman değerlendirmesinde aslolanın bir de karakterler açısından bunun doğrulanması gerektiğine kuşku yoktur. Esasen bu felsefik hata, olayların örülüşünde değil sadece, karakterlerin yapısında da vardır. Olaylar içinde; karanlık-aydınlık, çalışma-çalışmama gibi, hususlar karakterlere de sindirilerek yapılmıştır. Yani Cebeli kişiliğinin karşıtında biz, örneğin bir Recep'i rahatlıkla koyabiliriz. İsyankar Cemal'in karşısına yine Cuma'yı koyabiliriz gibi. Ya da Hurşit'in karşısına sevgi konusunda Abbas'ı ve benzeri.

Marksist tarihsel-diyalektik materyalizmde olduğu gibi, toplumsal gerçekçi romanın en önemli yönü, içsel çelişkilerin tarihsel gelişim sürecidir. Yani belli bir durum, olay, süreç vb'nin içindeki çelişkilerin açığa çıkması, serpilip gelişmesi. Tabii düz bir çizgide değil, ama kesinti ve sıçramalarla, gelgitlerle, uzlaşma ve çatışmalarla, farklı girdilerle zenginleşerek, keskinleşerek, yayılarak gelişmesi. Bu emek-sermaye çelişkisi olabilir, bizzat işçilerin içindeki diyelim ki köylülükten gelen alışkanlıklarla işçi bilinci arasındaki çelişki olabilir, belli bir kişinin içindeki çelişki olabilir (örneğin kendiliğinden işçi bilincindeki sezgisel sınıf bilinci tohumları ile egemen ideoloji biçimleri), ya da diyelim ki patronun sindirme çetesi ile işçilerin oluşturduğu milis arasında çatışmanın derinleşip yayılması biçiminde olabilir, vb.! Romanı toplumsal gerçekçilikten uzaklaştıran en temel sorunlardan biri, çelişkileri -belki bir Bayram vakası dışında- tarihsel süreç olarak, sıçramalı, altüst oluşlu, gelgitli biçimlerde zenginleştirerek sonuna kadar götürmemesi. Bu da, aslında birincisi, çelişki yerine post-modern farklılıkları koymasından, ikincisi de tarihsel süreç, yani bizzat insanlar arası eylem ve etkinliklerle yaşanan değişimlerin olmamasından kaynaklanıyor.

İşte bu kişiliklerin tamamı düz, çelişkisiz, değişmeyen, durağan olarak vardırlar. Değişmezler. Nasıl isyankar olduklarını bilmeyiz, ya da itaatkar olmalarının nedenini bilmeyiz. Süreç olarak yer almazlar çoğu zaman. Tipler durağandırlar. Bu tipler değişmezler. Anlatılan tipler hayatlarından ders alıp, değişmezler. Örneğin Cuma hiç kızıp, çalışma şartlarından bunalıp, patronlara veya ustabaşılarına sayıp sövmez, tepki göstermez. Ya da tam tersinden durum Cemal için geçerli. Romanda değişen bir tek Tayyar Çavuş'tur. Çavuşluktan işçilerin safına geçer. Fakat bu değişim süreci ve nedenleri anlatılmaz. Olup bitmiş halini anlatır yazar. Romanda yer aldığı ilk halinden son haline kadar Tayyar Çavuş zaten işçilerin safındadır gibi. Ya da mühendis de bu değişimi çok yoğun yaşayan biri olarak anlatılmaz, irdelenmez, çözümlenmez. Hatta o kadar ileri gidilir ki karakterlerin durağanlığı konusunda, defalarca Hayri'yi öldürmeyi düşünen Abbas'ın Hayri'yi ölümden kurtardıktan sonra dahi Hayri'nin değiştiğine falan rastlamayız. Belki Mühendis Ruhi'nin sadece ufak bir değini olarak, sendikal çalışmadan sonra hayal kırıklıklarına uğrayıp İstanbul'a yerleştiğine değinilir en sonu. (**Not:** Bahsettiğimiz şekilde kendi iç çelişkileriyle verilen tek tip; Devrekli Bayram'dır. Hapis yatar değişir ve saire. Aynı şey, çalışırken tepki gösteren, patronlara, madenlere ve saireye verip veriştiren tek tip olarak da Devrekli Bayram'ın öne çıktığını söylemiştik.) İşte bu durumlar yukarıda ortaya konulan temel felsefi bakış açısındaki yanlıştan kaynaklanır. Bu durum, her şeyi zıddıyla birlikte anlatmanın eksik ve yanılgılı yönüdür. Tarihsel sürecin olmaması, insanların toplumsal ilişkiler bütünü olarak iç çelişkilerinin olmaması nedeniyledir. Oysa roman sanatında pek çok örneği vardır değişen olgunlaşan ve saire karakterlerin. Gerçekçi sanat zaten kişileri de süreç olarak izleyip, onlardaki değişimleri takip etmek ve bir noktaya bağlamayı ve bu noktanın da mevcut durumdan daha ileri, farklı, değişik bir nokta olmak zorunluluğu vardır. Yani Yazarın bizzat kendisinin yarattığı hayatı, kendi diyalektiğine uygun anlatması gerekirdi.

Benzer bir durum, yazarın sınıf çelişkisinin aktığı ve bu çelişkinin hafifletildiği mekan olarak düşündüğü yer; madenler olmamaktadır. Çoğu zaman bu yerler işyeri dışında bir yerdir. Ya Osmanlı döneminde Zonguldak kent merkezi, patron şirketin bulunduğu yer. Ya da Cumhuriyet döneminde Ankara olmuştur. Esasen bunlar kadar önemli bir diğer mekanda Dağ'dır. Keza 3.ciltte anlatılan ve önemli kazanımların elde edildiği ve işçilerin Zonguldak kent merkezini işgal ettiği eylemde, Laz EMİN ile Madenciler kitlesi arasında kopukluk vardır. Elbette gerçek böyle olabilir. Ama gerçekçi bir yazar bu durumu çözümler ve gerçek çözümün ne/neler ve nerede olabileceğine de değinir. Örneğin bahsi geçen İngiltere İşçileri bunu işyerini fiilen işgal ederek ve yerlerine getirilmesi düşünülen işçileri işgalle engelleyerek başarmıştır. Şu durumda sınıf çelişkisi kendi doğal halinde ilerlemiştir. Keza kendilerinin ortaya çıkarttığı kendi liderlerine insiyatif tanımış, işçiler, istemleri dışına çıkan liderleri azledebilmiştir.

Söylediklerimizden, sınıf mücadelesinin tümüyle işyerine hapsedilmesi gerektiğinin çıkarılmaması gerekir. Çünkü gayet doğal olarak sınıf çelişkisi veya savaşımı işyerinin dışında da devam eder. Hatta bazen işyerinden bile daha öne geçebilen yerler olabilir; dağ gibi, meclisler gibi, barikatlar gibi. Bizim romanda tespitini yapmaya çalıştığımız sorun; dağ mücadelesinin sınıf mücadelesinin önüne bu kadar geçirilmesidir. Zira dağda cerayan eden sınıf çatışması ile madenlerdeki sorunlar ayrı yerlerden akıtılmaktadır. Burada da kopukluk vardır.

Yazarın sınıf çatışmasını çözümleme gibi bir derdi olmadığı için, işçi denizi içinde, sınıf çatışmasının nüksettiği veya örtük olduğu bir sorun, olay veya mekan ve zamanı çözümlediği hiçbir bölüm veya paragraf bulamayız. Sorun budur. Post-modernizmde çelişkinin üretim alanında kopartılıp kültürel alana kaydırılması tipiktir. Cebeli, Hibetullah, dilenci kadın, deliler, ve emek süreci görünmezleştirilen kadınlar, çoğu kişi zaten üretim alanının dışından seçilerek, gündelik yaşamı üretim alanındaki ilişki ve mücadelelerden koparmaya hizmet ediyor.

Yanı sıra örneğin maden işçilerinin, doğada doğal olarak bulunan ve doğaya ve bu nedenle herkese ait olması gereken madenlerin neden birilerine ait olduğunu, bundan ancak birilerinin kazanç sağladığını düşünmeyişleri bizim dikkatimizi çekmiştir. Yazar bu konuda işçilere bu noktayı neden hiç düşündürmemiştir. Bu da çözümlenmesi gereken bir noktadır.

İşçinin kendince biraz düşünüp, madenin kendisi için neden işkence haneye dönüştürülmüş olduğunu, buna Osmanlı döneminde Padişahın nasıl izin verdiğini neden irdelemez. Bu durum acaba 2. Meşrutiyet'te İttihatçıların doğrudan padişahı hedeflememesi, sorunu padişahın çevresindekiler ve yerel yöneticilerle sınırlaması, kitlelerde de belli bir zemin bulduğu için midir? Veya esasen madenin tüm doğaya ait olduğunu, dindar insanın bu madenin Allah'a ait olduğunu düşüncesi neden akla gelmez!

Romanda mülkiyet bahsi hiç yok. Hani onca tasavvufi kelama karşın, "mal sahibi mülk sahibi hani bunun ilk sahibi" diye düşünen de yok. Cumhuriyet ilanından sonra Fransız maden tekelinin millileştirilmesini isteyen de yok. Oysa 3. ciltin sonunda anlatılan grevden sonra bir grev de bunun için var. Kömür madenlerinin tam millileştirilmesi ile mükellefiyet çakışmasına karşın, böyle bir bağlantı kuran da yok. Ama işçinin bunları düşünmesi için sosyalist ideoloji gibi bir takım etkenler olması gerekir. Kemalist ideolojinin "sınıfsız, imtiyazsız millet" ideolojisi ve devlet mülkiyeti ters yönde bir etken olsa gerek.

Elbette mükellefiyetin uygulandığı zamanlarda işçilerin madenleri sahiplenme yerine kaçmaları en olağan davranış olacaktır. Bahsettiğimiz mülkiyet hususları, bir yandan mükellefiyetin kalkması sonucu, aynı düşünce ve duygunun devam etmesi, işçilerin madenleri ekmek kapısı olarak görmeyişleri, (elbette bunun doğru olduğunu düşündüğümüz için değil, doğal bir duygu olması yönüyle ele alıyoruz) ya da az ya da çok bir ulusal mücadele de verilmiş olması ile, Fransız şirketini havzadan kovmak istemelerine karşın şirketin, Kemalist devlet tarafından korunması veya madenlerin millileştirilmesi sonucunda da işçilerdeki madenler konusundaki duygusunda hiçbir değişiklik neden olmaz.?

Bunun ideolojik olarak doğruluğu veya yanlışlığını tartışmıyoruz. Ama yazarın işçilerin doğallığında kafasında oluşan bir durumu tartıştırmamasıdır problem edindiğimiz. Çünkü belki diğer üretim dallarında işçinin kendince düşünerek böylesi sonuçlara varması beklenemez. Ama madenciliğin doğasında bunun olduğunu ve bu doğasal durumun işçilerde de yansımasını bulması gerektiğini düşünebiliriz.

Oysa karanlıkta yaşamak gibi bir imgeyle, Cuma söz konusu olduğunda Mağarada da yaşanabileceğine dair madenlerde çalışmak ile ilgili bir ilişki kurulmuştur. Demek ki, yazarın işine gelince bu bağlantılar kurulabilmektedir. Tabii Cuma özelinde söylersek, yazarın amaçladığı mistik, ütopik dünya görüşünü beslemek için bu ilişkinin kurulmuş olduğunu söylememiz gerekir.

Romanda işçi sınıfının tarihine dair bir şey yok

İşte yukarıdan beridir anlata geldiğimiz gibi Grizu romanı Mehmet Akkaya'nın dediğinin aksine, bir işçi romanı olmadığı gibi, "***Osmanlı-Türkiye işçi sınıfı tarihini yazma kaygısının güdülmüş***" olduğu tespiti de yanlıştır. Roman için yapılan böylesi bir tespit kesinlikle romanın içeriğiyle örtüşmemekte, çok abartılı durmaktadır.

Biz, işçi sınıfı tarihinden bir kronoloji veya takvimsel bir şey anlamıyoruz elbette. Ama işçi sınıfının henüz olgunlaşma döneminden öncesini -1965 ler öncesi- böyle buharlaştırarak anlattığınızda bunun işçi sınıfı tarihini anlatma ile bir ilişkisi kurulamaz.

En önemlisi, işçi sınıfı tarihinin anlatıldığı söylenirken, roman mükellefiyeti de anlatamadığı, bu konuda başarısız olduğu, işçi sınıfının genlerine ne gibi bir şeyleri kattığının irdelenemediği, böyle bir şeyin akla bile gelmediğini romanı okuyan herkesçe görülüp, söylenebilir. Şu halde, kitap, mükellefiyetin dahi bir tarihi niteliğinde olamamaktadır. Keza, kitaplarda vahşi kapitalizmin oluşum sürecine dair Avrupa ile ilgili okumuş olduklarımızın da, Türkiye'den farklı olmadığını görebiliyoruz. Bunu yazarın amacından bağımsız olarak düşünüyoruz. Yani yazar bunu anlatmayı dert edinmemiş olsa da Türkiye de de kapitalizmin vahşi gelişimine ve ilkel birikim süreçlerine denk gelen bir dönemin olduğunu anlıyoruz. Mükellefiyet de böyle bir ihtiyacın ürünü olduğu gibi, gayri Müslimlerin kovulmasını da öyle değerlendirmek gerektiği gibi, işçilerin bu yazıda değinilen, çalışma tarzlarının da böyle olmasının önemli bir nedeni budur.

Marx'ın Kapital Cilt 1 İlkel Birikim bölümünden iki alıntı: "(İlkel birikim yöntemleri-bn) hepsi de, feodal üretim tarzının, kapitalist tarza dönüşüm sürecini yapay bir biçimde hızlandırmak ve bu geçişi hızlandırmak için, devlet gücünü, toplumun bu örgütlenmiş kuvvetini kullanırlar. Zor, yeni bir topluma gebe her eski toplumun ebesidir. Zor, kendisi, bir ekonomik bir güçtür." "Eğer para, Augier'in dediği gibi, bir yanağında doğuştan kan lekesiyle geliyorsa, sermaye tepeden tırnağa her gözeneğinden kan ve pislik damlayarak geliyor."

Ayın bir dönemi madenlerde zorunlu çalışma ile geçirilmekte, diğer günler köyde, geçimlik tarımla geçirilmektedir. Ya da anlatılmasa da parça başı ücretin nedeni, aşırı uzun çalışma saatlerinin, işçilerin hiçbir sosyal hakkının olmayışının, dayakların, ücret kesme cezalarının, borçlandırmanın ve sairenin nedeni yine bu ilkel sermaye birikimidir. Ya da tabii ki grevlerin, hatta her türlü eylemin yasak ve suç olması ile sendikalaşmanın da yasak olmasının bir nedeni budur. İş kazalarının olanca fazlalığına rağmen, bir dayanışma sandığının veya sigortasının da yüz yıl boyunca kurulamamış olmasının da nedeni budur. Yazar bu yazdığımız bağlamda ele almamaktadır sorunu elbette. Biz, yazarın ortaya bölük pörçük koyduğu malzemeden böyle bir bütün oluşturabiliyoruz. Hepsi bu.

Şu halde, yazarın işçi sınıfının tarihini yazma gibi bir kaygısı olmadığı gibi, böyle bir kaygıyı hiç mi duymamış olduğu da, ya da kendisini böyle bir misyonla asla bağlamadığını söylemek mümkün.

Tekrar ve yeniden Grizunun sorusu nedir?

Büyük Rus yazar Toltoy'u büyük yapan ve Lenin in devrimin aynası diye nitelendirmesine vesile olan husus bence şudur: Tolstoy yapıtları ile büyük ve derin bir soru soruyor ve sorduğu soru da bence şudur: "*Ne olacak bu Rusya'nın hali? Ne olacak bu Mujik'in hali?* Bu derin sorulara da kendince bir cevap arar. Bu cevap hiç de övgüsünü kazandığı Lenin'in önerdiği cevap değildir. Ama cin şişeden çıkmış, sorgulama başlamıştır. İşte bu sorgulamaya Lenin cevap vermiştir. Bu da Tolstoy u daha da büyük yazar yapmıştır. Aynı şeyi Çernişevski için de söyleyebiliriz. Keza Balzac için de aynı şey geçerlidir. Esas sorusu şudur Balzac'ın; kendisinin de siyasi muhaliflerinden olduğu Burjuvazinin önerdiği yaşam şekli, romanlarında çok mükemmel ve gerçekçi bir şekilde serimlediği, çözümlemeli bir şekilde ortaya koyduğu yaşam şeklidir. Bunu ortaya koyduktan sonra bir çözüm getirmez Balzac. Ama Burjuvazinin topluma dayattığı yaşam şeklini de çok iyi ortaya koyar. Esasen Balzac'ın bir önerisi vardır; gönlünden geçen de eski feodal sistemdir. Ama bunu romanlarında ortaya koymaz. Biz romanlarını okuduğumuzda, yeni ve devrimci sınıf olduğu iddiasındaki Burjuvazinin ne mene sahte bir yaşam veya özgürlük, adalet ve kardeşlik getirmiş olduğunu falan öğrenmiş oluruz. Balzac'ta bunu mükemmel ortaya koymakla kalmıştır. Balzac, Oruçoğlu'nun yaptığı gibi, zamanı geri çevirmeye de kalkmaz. Eski sistemi savunmasına rağmen, romanlarındaki gerçekliği oraya akıtmaz. Ve bu durum bile Marks'ın övgüsüne mazhar olmaya yetmiştir. Peki günümüz romanının; arayışında olduğu ve topluma önerdiği bir şeyin sorusu sorulabilmekte midir? Hayır. Oruçoğlu'da bu derin soruyu soramayanlardandır. Soramadığı gibi, var olanın Balzac gibi etkin bir eleştirisini, gerçekliği parçalayarak ele aldığı için yapamamaktadır. Hal bu iken bir kopuştan bahsedebilmek mümkün değildir.

Peki yazarın bu roman ile sorusu "***ne olacak bu işçilerin hali***" olabilmekte midir? Hayır. En temeldeki soru bu olabilirdi. Fakat Oruçoğlu derin ve temel bir soru sormadığı gibi, tüm bu anlattığı ve kendisine göre madenci sorunlarının çözüm yeri de basitçe ve simgesel olarak Ankara'dadır. Yoksa yazar bizi bu konuda ikna edecek bir çaba göstermez. Neden Ankara olduğu konusunda da bir şey söylemez. Bu kadar az ve bu kadar kuru. Evet evet bu kadar! Üstelik bu cevap da yazılanların doğal bir sonucu olarak kurgulanmış değildir. 30 yıl sonra aynı havzadaki madencilerin büyük Ankara yürüyüşü Oruçoğlu'nu bu konuda esinlendirmiş olsa gerek. Ama 30 yıl sonrasına yapılan bu göndermenin altı boştur.

Olaylar var ama bu yoğun olaylar bizi, derin sorular sorup, cevaplarını aramaya çıkarmıyor. Ya da bu yoğun olayların ve sorunların ortaya çıkardığı sorular değildir bunlar. Sorun budur.

Ya da işçilerin tüm bu yaşam şartlarına ve bu şartlara başkaldırışlarına dair öngörülerinin ne olduğu, planlarına dair bir diyalog dahi yoktur. Yani işçilerin şöyle yapsak ne olur, böyle yapsak ne olur dedikleri bir bölüm olmayınca, bu eksiklik romanı sığ yapmaktadır. İşçiler bir tartışan konuşan düşünen kitle olarak değil, bir yığın olarak dışarıdan bir fotoğraf karesi olarak ortaya konmuştur. Bu kişiler düşünmez, tartışmaz örgütlenme çalışmaları yürütmez ve sair. Günlük hayatta iş yapan, eylem yapan, bir şey eyleyen kişilerin tartışmaları kadar olağan bir şey yoktur. Kitapta onca eylemi yapanların bir tartışmasına, bir diyaloğuna rastlayamıyoruz. Bu durum romana derinlik katmamaktadır. Tam tersine sığlaştırmaktadır. Yoksa simge olarak Ankara bir yere otururdu. Ama bu da tercih edilmemektedir. Bir değini yok çünkü.

Şu halde, bir işçi romanı olduğu dahi söylenmeyecek bir romanın ayrıca bu işçilerin tarihini de anlattığını söylemek mümkün değildir. O halde kopuş nerededir? Neyi anlatmış da kopuş olmuş, neyi nasıl anlatmış da, eskisinden farklı olmuş ve kopulmuş. Kopulan bizatihi gerçekliğin kendisi olmasın sakın!.

İşçi edebiyatı denildiğinde hayli bir külliyat olmasına rağmen, işçilerin iç sıkıntı ve çözümlemelerindeki yetersizlik dikkat çekiyor. İnsanların iç çelişki ve çözümlemelerinin burjuva ve küçük burjuva romanında veya sanatında, bu iç çözümlemeler, bunalıma varacak şekilde vardır. Fakat işçi romanlarında elbette bunalım şeklinde değil, ama derin kişilik analizleri, içsel çelişkiler, çözümlemeler neden yapılmamaktadır.? En geri işçilerde bile bir sınıf sezgisi, yakınmacılık, bazı özlemler vardır. Fakat işçilerin tüm yönleriyle anlaşılaması sorunu en temel sorundur. Bu Grizu için de geçerlidir. Bu kadar kapsamlı ve baştan sona kadar madencileri ve çevresini anlatan Grizu romanında işçi karakterlerin içsel çözümlemeleri, bir Zehra kadar yapılmayışı gariptir. Bu durum, romanın eğer işçi romanı ve hele Türkiye işçi sınıfının romanı diye nitelendirecek isek, ciddi bir diğer eksiğini ortaya koymaktadır.

Fakat bu eksikliğin, yazarın kendisinden çok, Türkiye İşçi sınıfı öncülerinin de temel bir eksiği olduğunu belirtmek gerekir. Bu konuda esasen malzemeyi sanatın sunduğu dünya örnekleri vardır. Bu nedenle sanatın kurduğu yapı üzerinde işçi sınıfı öncülerinin bu ortaya konulan yapı üzerine teorik çözümlemelerini inşa etmeleri beklenir. Yukarıda Tolstoy'u bu nedenle örnek gösterdik. İşçilerin içsel çözümlemeleri konusunda Gorki tam bir örnektir. Gorki'nin ortaya koyduğu işçi karakterlerinin iç çözümlemelerinden, işçi sınıfını örgütlemeyi amaç edinenler çokça faydalanmışlardır.

Oysa ülkemizde edebiyat derin sorular sormadığı gibi, işçi edebiyatının da, genel olarak edebiyatın, öncüsü olması için, sanat karakterlerinin içsel çözümlemelerinin üstesinden gelmesi ve özellikle işçilerin iç dünyasının bir aynasını ortaya koyabilmesi gerekir.

Tam da burada bence Türkiye'de yazılmış en iyi işçi-direniş romanı olan Direnen Haliç'in de en büyük eksiğinin bu olduğunu belirtmenin sırasıdır. Bir direniş başından sonuna kadar çözümleyici, gerçekçi, çoklu ilişkiler içinde anlatılsa da, temel işçi karakteri Birol'un içsel çelişkilerini, hayallerini, gel-git'lerini, kendisiyle konuşmalarını okuyamıyoruz. Bu yönüyle kendisinin örgütlediği direnişi çok yönlü olarak okur, işçilerin üzerindeki dışsal etkilerini de anlar iken; işçilerin içsel dönüşümlerini, bu arada bizatihi temel karakter ve direnişi örgütleyen Birol'un içsel süreci romanın dışında bırakılmıştır. Bu ise, gerçekçi toplumcu edebiyatın ülkemizdeki bir diğer açıdan eksiğini ortaya koymaktadır. Biz, bireyi anlatmayı değil de, toplumu ve toplumsal sorunları anlatacağız diye, bireyi, ihmal ederken, esasen toplumu da ihmal ettiğimizin farkına varmıyoruz. Çünkü bireyin içsel çözümlenmesi romanda olmadığında, toplumsal sorunların da gerçekliğinde bir temel halka eksik kalmaktadır. Tersi de elbette doğrudur.

Grizu gibi 4 Ciltlik bir eser bile, işçi karakterlerin içsel çözümlemesini neden yapmaz?

Bu konu o kadar önemli ki, ileride aynı roman uzatılsa, mutlaka değinileceğini düşündüğümüz 1991 yılındaki Mengen'e kadarki, Ankara yürüyüşünün bir anlatımında; işçilerin kafalarındaki Mengen Barikatlarını neden aşamadıklarını da çıkarsayabilelim. Evet bu konuda politik çözümlemelerimiz kadar, sanatsal, tarihsel ve bilimsel pek çok yönden kafalardaki bu barikatların nasıl oluştuğu ve aşılamadığı ve aynı şekilde aşılması için neyi gereksindiği tartışılabilinirdi.

Hala da derine inen bir işçi edebiyatından bahsedemiyoruz. Buna işte Grizu da dahildir maalesef.

İlk köylü işçilerin işçilik bilincini nasıl geliştirdiğini ve işçilik bilincindeki bu değişimleri de gözlemleme fırsatı – bizzat romanın geniş işçi zaman ve mekan kapsamı nedeniyle - ortaya konulmuş iken, roman bu hususları bile dert edinmemiştir.

İşçi romanı veya Türkiye işçi sınıfının tarihinin anlatılma kaygısı vardır şeklindeki nitelendirmeler için, yazarın bu hususlara dair ortaya karışık bir malzeme koyması yetmez. Yazar ısrarla bu konulara girmesine rağmen, bu girişler biraz zorakidir ve ilk fırsatta da bu sorunlardan kaçmaktadır. Elbette bunun bir nedenin, işçi kitlesini özellikle ekonomik ilişkileriyle çözümleyememesinden ileri geldiğini düşünüyoruz. Bu nedenle ister istemez, yazar, kendi ortaya koyduğu iklime aykırı olarak, romanın içeriğini işçilik bilincine dair hususlardan başka hususlara çekmiştir.

Eleştirinin eleştirisi ve Mehmet Akkaya

Mehmet Akkaya'nın, Epistemolojik Kopuş adlı kitabının 210. sayfasında Burjuva Siyaset Biliminden Kopuş olarak tarif ettiği şeyin bırakalım bir kopuş oluşunu, yazarın, burjuva ufkun içinden ileriye bir türlü gidemediğini tüm bu değerlendirme ortaya koymaktadır.

"...düşünüyorum da Cumhuriyetçi Kemal'e karşı şeriatçı Şeyh Sait'i; İngiliz Kralına karşı Emir Emenullah Hanı, Sovyetlere karşı Mücahitleri, Amerikancı Şaha karış Hümeyni'yi Buch'a karşı İmam Ömer' i destekledim. Bunların görüşleri mi? Hayır. Bunların önderlik ettikleri hareketin haklılığını.....hangisi modern, hangisi geri? Sorusunu sormadım hiç. Tavrımı haklı olandan yana koydum galiba" şeklinde yazarın düşüncelerinden bir bölüm aktarmaktadır.

Kendine komünist diyebilen bir insandan bahsediyoruz. Haklılık mı? Kime karşı? Neye göre? Hak kelimesinin dahi kendisi bir sınıflı toplum kavramı iken, bu yanında tavır alınan kişilerin haklılığının kaynağı nedir? Bu nasıl bir komünizm anlayışıdır?

Mehmet Akkaya buna Burjuva siyaset biliminden kopuş demekte ya, savrulduğu yer, tarihsel olarak Burjuva sisteminden daha geri bir toplum olan, Feodal sistemdir. Ya da feodal sistemin içinden çıkan eşitlikçi toplum ütopyalarıdır. Hatta bu bile değildir. Çünkü tarihte ortaya çıkmış bu fikirlerin alt yapısını da bilmemektedir. Şimdi yazarın romandaki Hibetullah'lardan, Cebeli'lerden neden bir türlü vaz geçmediği daha iyi anlaşılır. Oysa bizim tarihsel süreçte baz alacağımız temel nokta, haklılık haksızlık değil, tarihin tekerleğinin nereden nereye gittiğidir. Bunun dinamikleridir.

Mehmet Akkaya'nın Grizu romanı üzerine yaptığı ve bizim eleştireceğimiz pek çok değerlendirme vardır. Esasen bunları küçük küçük ama yukarıda ortaya koyduğumuz temel perspektife uygun olarak dile getirmekte yarar vardır. Tüm bu yazı boyunca ortaya çıkarttık ki, kitabına ismini koyduğu isme atfen, romanın bir epistemolojik kopuş değil, tam tersine bir epistemolojik çöküş olduğu net olarak anlaşılmaktadır.

Öncelikle Mehmet Akkaya'da romanın kuru bir propaganda dilinden uzak yazıldığını doğru olarak tespit etmektedir. Alışageldiğimiz politik kişilerin veya politik bakış açısıyla yazılan romanların dışında, propaganda dilinin çok uzağında kurulabilmiştir dil. Buna katılıyorum. Fakat, işçilerin bunca eylemliğinin anlatılmasına rağmen, işçilerin bilincindeki politik gelişimleri de mi unutmak icap ederdi? Kuru bir politik ajitasyon olmasın diye, politika da mı olmasın? En iyi anarşizm türlerinden bile olsa, politikadan uzaklık, sosyalizmden, komünizmden uzaklık olarak tarif edilebilir ancak. Bu uzun bağlamı çıkardığınızda bu nedenle elinizde arkaik bir eşitlikçi toplum projesinden başka bir şey kalmamaktadır. Bu ise, işçileri politikadan uzakta tarif etmek kadar, kendisinin de politikadan uzaklığını ortaya koyar.

Romanda din ve bu bağlamda bir ele alış zayıf kalmıştır. Dili çok gelişkin olmasına rağmen, dilin bu günün dilinden kurulmuş olmasının da etkisiyle olsa gerek, din ve dinin etkilediği her alanda dine yönelik bir bağlam oluşturamamıştır yazar. Buna dikkat çekmek isteriz. Ayrıca romanın anlattığı olayların büyük kısmının Osmanlı döneminde geçtiği düşünülürse olaylardaki, karakterlerdeki ve saire anlatılan her şeydeki din bağlamının ne kadar zayıf kurulduğu görülür. Bu durum romanı gerçeklikten uzaklaştıracak denlidir.

Yine aynı şekilde işçi dayanışması da çok zayıf kurulmuştur romanda. Bunun kendiliğinden olması gerekir. Bu dayanışma anlatımları veya değinmeleri çok azdır.

"Gerçi zaman zaman ücret kesintileri, geç ödeme ve baskılar için ferdi ya da grup direnişler gösterilse de ete kemiğe bürünmüş bir işçi mücadelesi görünmüyor ufukta" diyor Akkaya. Zaten bu ufak tefek şeyler pek olmadığı için, roman eklektik kalıyor. Ufukta bir işçi mücadelesi görünmez tabii. Esasen bir işçi mücadelesi vardır. Sadece yazarın görmesi için büyümemiştir! Yukarıda Aydın Çubukçu ile ilgili yazdığımız bölümde dediğimiz gibi, işçi mücadelesi, sınıf mücadelesi alttan alta yürümektedir ama yazar fark etmiyor. Çünkü Onun sınıf mücadelesinden anladığı büyük tarihsel olaylardan baş-

ka bir şey değil. Üstelik bu büyük tarihsel olayların da hakkını vererek değerlendirmiyor, anlamıyor. Çünkü bunları da küçük anekdotlara indirgiyor. Bizce bir sanatçı için olmazsa olmaz olan temel bir husus, o büyük olaylara bağlayabilecek şekilde dipteki akıntıları görebilmektir.

Esasen Rus romanlarındaki belirgin özellik, Türk romanında bizce başarılamamaktadır. Rus romanını bize göre sırtlayan, karakterlerden de önce, derin düşünce ve duygular atmosferinin içinde karakterlerin yaratılması ve olayların bu temelde akıtılmasıdır. Yoksa olaylara kalsa, karakterler de olaylar da yazarların kontrolünden çıkardı. Nitekim yazarın Ankara'ya! diye biten şiarı bu nedenle artık romana şu ya da bu şekilde bir nokta koyma ihtiyacının ötesinde, romanın kendi iç dinamikleriyle ortaya çıkan bir sonuç değildir. Tam tersine olaylar bir doygunluk noktasına vardığı için değil, yazarın dağarcığında söz bittiği için roman bitirilmiştir.

Grizu 3. ciltte dünyada yaşanan olaylar-altüst oluşlar olağanüstüdür. Ama bunun romanın geçtiği madenlere ve bu madenlerdeki işçilere yansıması bizce az olmuştur. Olaylara, diyaloglara, duygulara ve saireye daha fazla yedirilerek bu da daha yoğun dile getirilebilirdi.

Kemalizm'den kopuş veya yerleşik devlet anlayışından kopuş olarak tarif edilen de sorunludur. Sınıfsal kurgulanmamıştır.

Mehmet Akkaya "*olaylar karmaşıklaştıkça, roman türünün gereği olarak kişiler de çoğalır*" demektedir. Genel olarak bu tespite katılmamak mümkün değildir. Fakat olayların karmaşıklaşması ile ilgili midir bu, yoksa romanın çıkmaza girmesinin bir sonucu mudur?!. Sonuç olarak bu karakterlerin ve olayların derinleştirilmemesi yazarın tercihidir. Nitekim Mehmet Akkaya'da şunu söylemektedir roman için : "*Ana öyküyü ete kemiğe büründüren yan öykücüklere başvurma, sıklıkla rastlanan uygulamalardır. Öykünün de sıklıkla kesintiye uğradığı ve farklı bir yanından ilerlediği gözlerden kaçmaz*". Yazar niye bunu tercih ediyor?

Çünkü post-modernizmde gevşeklik, keyif-ehli kuraldır. Yazarın derdi, sınıfsal-toplumsal süreçleri derinlemesine işlemek olmaktan çıkınca, sorun sadece şuraya nasıl ilginç, seyirlik bir şeyler iliştiririme indirgeniyor. Derinliği olmayan, yüzeysel bir roman olmaktadır bu nedenle.

Romanda bir hacimli diyalog da mı olmaz? Oysa roman içindeki diyaloglar da önemlidir. Ben diyaloğun hiç olmadığı romanları birer anlatı olarak nitelendirmenin daha doğru olduğunu düşünüyorum. Çünkü roman, gerçekliğin ve çözümlemenin temel bir aracı olan diyaloğu kapsamak zorundadır. Aksi bir anlatıdan ibarettir.

Her bir şey bir başka şey ile birlikte verilir ama, her bir şeyin kendi içsel çelişkileriyle birlikte verilmesindeki eksiklik, romanın gerçekliğini tümden eksik bırakmaktadır. Mehmet Akkaya şöyle demektedir: "*Yazar romanı kurgularken madencileri kendi başlarına ve yalnızca maden işinde çözümlemekle yetinmemiştir. Sıklıkla maden alanından uzaklaşmıştır*". Kesinlikle katılıyoruz. Ama o kadar uzaklaşmıştır ki, roman madenci romanı olmaktan çıkmıştır. Kaldı ki, işçilerin bir ayının yarısı çalışmakla geçerken, romanın neden sadece onda biri madenlerde geçsin! Ya da madende çalışanlar neden sadece birkaç kişinin etrafında anlatılsın?! Oysa yukarıda da değinildiği gibi, işçilerin bu emek süreçleri takip edilmediği, temel sorunsal bu olmadığı için, işçilerin madenler dışındaki ve özellikle köydeki yaşayışları da anlatılmaz.

Biz, yazarın hazinesindeki malzemeden esasen, daha güzel bir roman çıkabileceğini düşünüyoruz.

Buna işçilik olgusunun bu gün gelmiş olduğu noktayı da ekleyebilir isek, bize yeni ufuklar açılmış olur. İşçiliğin artık klasik anlamda bir işyerinde 8 saatlik çalışma şeklinde olmadığı, angaryanın bir türü olan mükellefiyet şeklinde hiç olmadığının da dışında, artık işçilik denilen olgu, bir işyerine bağlı kalmadan da, zaman ve mekana da bağlı olmadan yapılan her türlü şeyin de bir işçilik olduğunu üstelik, eski mükellefiyetten daha güçlü bir fiili mükellefiyet halini aldığını görebiliriz. Ve yahut, fiziki üretimin dışında artık fikri üretimin her yere sirayet etmesi, her türlü üretime fikri üretimin eklenmesi ile, işçiliğin, işyeri dışına da yayılması ile gece uyurken dahi çalışanların zihnini kemirmesi gibi, yeni işçilik olgularıyla tarihsel bağını kurmak bize yeni ufuklar açabilirdi. Ayrıca işçiliğin toplumsallaşması ile toplumun işçileşmesi bağlamında da bir ele alış söz konusu olduğunda toplumların gelecekleri hakkında yeni ip uçları elde etmek mümkün olabilirdi.

Türkiye'de hala, tüm kendine sosyalist veya komünist diyen örgütlerin de işçileri örgütlerken, işçileri üretim ilişkileri bağlamında ele alışlarında ciddi eksiklikler vardır. Hala, bu örgütler, işçileri örgütlerken, işçilerin yer aldığı üretim ilişkileri örgüsü içindeki yerlerinden önce, memleketi ve ait olduğu mezhep veya etnisite anlamında tanıyarak, sonuçlar çıkarmaktadır. Çünkü her ne kadar teorik bilgi var ise de bu bilgilerin somutta işçi örgütlerken de bir yansıması görülmemektedir.

Bunu mikro ölçüde ele alırken, makro planda da bundan farklı bir tablo göremiyoruz. Hala, bir veya birkaç il dışında veya belli bazı kesimler (alevi, kürt ve benzeri) dışında işçiler içinde etkinlik kuramamaktadır sol örgütler. İşte bunun işçilerin üretim ilişkileri bağlamında ele alınmayışıyla ilgisi vardır. Bunun kim olursa olsun, işçileri anlamak ve örgütleyebilmek için, öncelikle onun işçilik bilincinin ne olduğunun saptanmasıyla mümkün olabileceğinin değerlendirilmesiyle ilgisi vardır. Biz işçi sınıfının mücadelesini de ve dolayısıyla da toplumsal olayları da bu eksende ele almak zorundayız

Bu açıdan Grizu romanının salt bu işçilik bilinci birikiminin gözlemlenebileceği Zonguldak yöresinde geçiyor olmasından dahi, çıkaracağımız sonuçlar olabilmeliydi. Ki romanda yer yer Kürt, Gayri Müslim kesimlerin de olay ve kişilere etkilerini görebiliyoruz. Fakat bu da diğer pek çok nokta gibi, romanda rastlantısal kalmıştır.

Sorun; işçi sınıfı adına konuşanların, yazanların, işçileri örgütlemeye çalışanların, işçileri tanımamasıdır.

Gerçeklik denilen yaşantı içerisinde olayların meydana geldiği zaman ve mekanda, gerçeklik birer fon, kafada kurgulanan hayaller birer gerçeklik olarak görünmektedir. İşçilerin yaşadıklarını zannettiklerimiz fondan konuşur, işçi sınıfı mücadelesi fondan konuşur. Oysa bunlar, yaşanmakta olanın içinde bir gerçekliktir. Sevgi yaşanmakta olanın içindedir.

Yazar önce filmi çekmiş, sonra senaryoyu yazmış gibidir.

Gerçi bir romanda, üretim, yeniden üretim ve emek ilişkilerinin belirleyiciliğinden hareket etmemek, bu konuda hatta tam tersine, neredeyse her şeyi bunun dışında, ekonomik ilişkilerin dışında bir yerde işlemek, sevgiyi de, çalışmayı da, yaşamayı da, bu toplumsal ve ekonomik ilişkilerin dışındaymış gibi algılayıp yazmak mümkün olabilir ama bu gerçekçilik olmaz. İşçiler anlatılacaksa bunun şart olduğunu söylüyoruz. İşçilik öncelikle toplumsal bir kavramdır. İşte bu nedenle sosyal- ekonomik-politik bağlamlarından koparılmış bir işçi yaşamının, biçiminin, gerçekçi olmadığını söylüyoruz. Bu kadar ağır çalışma koşullarına işçilerin üretim ve emek ilişkilerini ve buna da bağlı gündelik yaşam ve ilişkileri içindeki tutumlarını, tepkilerini, mücadelelerini ve hayallerini yok saymak, sevgiyi düşündüklerinin en az yarısı kadarı bile olsa ekonomik kaygılarını anlatamamak, başka türlü nasıl izah edilebilir. Bu kişilerin ve olayların uzayda gerçekleşiyor olduğu hissini uyandırır bizde. Dilin imgesel ve zengin olması da bu hissimizi beslemekten başka bir işlevi bulunmamaktadır.

O kadar ki, firardan sonra Zehra ile Bayram'ın konuşmaları, diyalogları ve yaşantısı bize Holywood veya Yeşilçam filminden alınmış gibi gelir.

Bir işçi toplantısı yapılıyor, bu toplantının anlatımı kısa kesilip, işçilerin aşk meşk işlerine dönülüyor. Havzanın en önemli ve ilk sendika toplantısı yapılıyor, Hurşit ve Abbas bu toplantıya işçilerin en güvendiği kişiler olarak katılıyor ama yine kısa kesilip Hurşit ve Abbas'ın gönül işlerine dönülüyor.

Yanı sıra özellikle 3.ciltte zamanın hızlı aktığı, 1908 devriminin gerçekleştiği, ortamın kitleler açısından kısmi ve kısa süreli bir rahatlama döneminden geçtiği olaylar sırasında romanda az da olsa bir hareketlenme sezinlenir. Katı çalışma disiplini yerine yer yer diklenmelerin yer aldığı görülür. Fakat bu değişikliklerin, havzada 1908 devriminden kaynaklandığına dair bağ zayıf kurulmuştur. Genel olarak sinik, itaatkar kişiliklerden ayrı olarak bir de isyankar birkaç tip ortaya çıkar. İlk romandaki Bayram gibi, Cemal, Tayyar Çavuş, Dikran ve hatta tipik bir anarşist olan Macar Bela tipleri ortaya çıkar. Ama bir anda ortaya çıkar. Bunlar da gökten zembille inmiştir. Ne olmuştur da bu tipler bir anda isyankar birer kişilik olmuştur? Yaşadıklarının romanın geneline bir katkısı olmayan Nafiye'ye gösterilen itinanın çok azı bu isyankar tiplere gösteriliyor. En fazla isyanlar Cemal'in feyzini Ninesi Zehra'dan aldığına dair bir cümle yazılır. Romandaki bu asi tipler, diğer tipler kadar anlatılmamıştır. Üzerinde durulmamıştır. Açılmamıştır. Hatta daha önce az da olsa bir yönüyle anlatılan 4.ciltteki Cuma kadar bile, çözümlemeli ele alınmamıştır. Bu da yazarın romanını esas olarak kurmak istediği yaslamak istediği ve çözümleyerek varmak istediği yerin sınıf mücadelesi olmadığını ele vermektedir.

Romanda yer alan tüm eylemler iki ya da üç taneden ibarettir. Birinde, İstanbul'da yapılan bir TİS'in haberinin alınmasının havzada işçileri fişeklediği görülür. Diğer birinde de Sendika Kurma özgürlüğünün olmasının fişeklediği bir eylem. Ama hep maden havzasının dışında meydana gelen değişikliklerin havzada bir değişikliği getirdiği görülür. Biz bunu inandırıcı bulmuyoruz. Havzadaki işçi mücadelesinin kendine özgü ve bağımsız bir hat tutturduğu dönemlerin olmadığını düşünmek doğru değildir. En azından ocaklardan firarların da pek çok olduğu, küçük küçük pek çok ciddi tepkinin olduğu ve bunun pek çok maden ocağını tutuşturup, kitleselleştiği, havzada görülmüştür. Havzanın kendi dinamiklerinden de çıkarsanmalıydı tüm eylemlilik süreci.

İşçilerin hayalinde canlanmadan, patronların işçilere duşluk, yemekhane ve benzeri yerleri yapmaları, işçilerin bunu daha önceden ön görüp, talep etmemiş olmasından da anlıyoruz bunu. İşçi o kadar sinik çizilmiştir ki, buna inanmamız istenmektedir adeta. Gerçek böyle olmadığı gibi, eğer böyle ise de, gerçekçi sanat bunun nedenlerini ortaya koyar.

3.cildin sonunda yapılan grev (tatili eşgal) ile ilgili pek çok ayrıntıya ihtiyaç vardır. Yazar aşk meşk işlerinden başını kaldırıp, romandaki kahramanlarına şu hususları hatırlatması gerekirdi: a-

Eylemin talepleri nasıl belirlendi. İşçiler bu talepleri nasıl benimsedi. Kafada nasıl oluştu. Bu oluşum süreci nasıl işlemiştir. B- Neden başka talepler akla gelmemiştir. Keza grevin liderleri ile işçiler arasında su ile zeytinyağı gibi bir kopukluk var. Ara halkalar yok. Tüm bu hususlar romanda yok.

En fazla kendiliğinden bir hareket, kendiliğinden bir eylem olarak anlatılır. Söz konusu isyancı çekirdeğin, diğer işçi kitleleri üzerinde en ufak bir ajitasyonları dahi olmaz. Romanda mücadeleci olduğu görülen bu tek tük insanlar da kendi kendine akar. Diğer işçi arkadaşlarıyla fikir alış verişleri bulunmaz. Söz konusu mücadeleci tipler niye vardırlar ki... sorusu doğar kafada.

Duşluklar yapılır ama bu işverenin lütfudur. İşçilerin istememiş olduklarını anlıyoruz. Yemekler konusunda talepleri yoktur. Emeklilik için bir talepleri hiç yoktur. Öldüklerinde en azından kefen parası bile istemiş olabileceklerini düşünemiyoruz.

Yazarın, bunca malzemeden anlamlı bir mücadele düşüncesi de çıkaramadığını görüyoruz.

Yine de 4 ciltlik roman boyunca çalışma koşullarına en makul tepkileri ortaya koyan, bunu söylemde ifade eden, henüz kolektif bir eylemlilik olmamasına rağmen, bireysel de olsa, çalışmanın bu şekilde gerçekleşmesine tepkisiz kalmayan Bayram'dır. Küfürleriyle, söylemleriyle, tepkileriyle ve saire bunu ortaya koyar. 3.ciltte direnişi örgütleyen Cemal bile, çalışırken bu şekilde tepki ortaya koymaz.

Yine aynı şekilde daha ilk başta 1.ciltin sınıf bakış açısı itibariyle iyi dokunmuş olduğunu söylemiştik. Ama beri yandan işçilerin ufuklarının çok da dar olmadığını ortaya koyması açısından 1.ciltin 41.sayfasında Şinork şöyle der: *Çalışırdı beygirle su dolabı, diye başladı. Derlerdi vador, vardı bir adam. Derlerdi pavel Milapen. Yedi kafayı, esridi. Döküldü ağzından herzeler, döküldü hezeyanlar. Kesti urganı. Durdu dolap. Bağırdı. Girdi ambara yaktı kazmaları. Vardı çok kazma. Yandı, kalmadı kazma.*" Şimdi köyden işe gelirken daha, işçilerin çalışacakları kazmaları kendilerinin yapıp getirdiklerini bildiğimiz işçilerin, bir gün kazmalarını yakıp, kazmasız kalıp, çalıştırılamadıkları bir anı düşünebilirlerdi. Ama yazar bunu bir tek

Şinork'a söyletir ama anlatmaz. Ama insanın aklına da gelir: Böylesi bir nesnel durumda, yoğun çalışma şartlarında, kazmaları yakıp, işten kaytarmanın fikrine işçiler varamıyorlar mı? Biz, geri, cahil işçilerin bu fikre varamadıklarını değil, yazarın bu fikre uzaklığıyla esasen gerçeklikten de uzak olduğunu ortaya koymuş olduğunu düşünüyoruz. Eğer bir hayali kurmak için tüm şartlar mevcut olup da yazar bu hayali işçilere kurdurtmuyorsa, bu yazarın gerçekçilikten uzaklığıyla ilgilidir. İşçilerin geriliğiyle ilgili değildir.

Yazarın önünde, bizim, işçi sınıfının tarihini anlamada yararlanabileceğimiz, işçi sınıfının mücadelesinde de yararlanabileceği bir hususu daha çözümlemesinde yarar olurdu. Bu da şudur: 2. mükellefiyette çalışma şekli değişmiş, vardiya sistemine geçilmiş, işçiler artık 15 gün çalışıp 15 gün de köylerine veya evlerine gitmemektedirler. Bu şekilde köyden de koparılmışlardır. İşte bu değişikliğin işçilerin bilinci ve eylemi üzerindeki etkilerini hiç irdelememiştir. Aklına bile gelmemiş.

Toplu çözümlerin yaşandığı, bunların önerildiği kesitlerde dahi, yazarın tüm bu sorunları, karakterlerine bireysel çözüme daraltması ne kabul edilebilir, ne de gerçekçidir. Belki o gün olan odur. Biz, böylesi bir karakterden böylesi bir bireysel çözüme daralmayı bekleyebiliriz. Fakat gerçekçilik, böylesi bir durumda, zor olan bireysel çözüme daralmak değildir. Zor olan çünkü zaten yazar toplu bir çözümü, işçilerin birliği sorununu anlatmaktadır. Tam da o esnada karakterleri bireysel çözüme yöneltmektedir. Yani, yazar kendi oluşturduğu malzeme içinde işçiler kazara bir topluluk teşkil etmeye başlasalar, birlikte hareket etmeye başlasalar, yazar bunu hemen bozuyor, dağıtıyor, parçalıyor, bireysel sorunlara daraltıyor. İşte bu, yazarın zihinsel yapısını ortaya koymaktadır. Yazar olmuş olanı anlatmakla kalmamalı, bilime yaslanarak, gelecekteki toplum ideali doğrultusunda olayları sürüklemesi gerekirken, olmuş olanı dahi anlattığında, bunun, bizatihi kendisinin yazdığı atmosfere göre dahi uyuşmadığı, yaşanmış olanın böyle olmaması gerektiğini anlıyoruz. Şu halde Gerçekliği istediği gibi parçalayıp, istediği şekilde yamayan bir yazar, yamalı eserinden de bırakalım bir kopuşu, bir anlamlı roman bile çıkmamaktadır, bunca külliyatına rağmen!.

Havza'da meydana gelen intiharları, delirmeleri, yoğun çalışma koşullarına bağlayamama gibi, madenlerdeki yoğun çalışma koşularının sosyal sonuçlarına ya da sosyal hayatı nasıl tahrip ettiğine de değinilmez.

Günümüzde sanat gerçekçilikten uzaklaşmıştır. Bunun en temel nedeninin sanatta emek sürecinin ve emekçinin emekçi olarak yer almamasıdır. Bir sinema filminde tipler hiç çalışmaz. Daha doğrusu ne anlatılsa bu emek olarak değil, bir başka macera olarak aktarılır. Emeğin sinemadan kovulması romanda da hakim hale gelmiştir. Romanda tipler yemez, içmez, çalışmaz. Ya da bu tür fiiller bir dolgu malzemesi işlevi görür en fazla. Bir emek denizindeymişsiniz hissini veren Grizu da dahi emek süreci romanın dışındadır. Bu emek süreci ne karakterlerde, ne çalışmada, ne isyanlarda, hiçbirinde yoktur. Bu da postmodern sanatın en temel ortak özelliği olarak ortaya çıkmaktadır.

Mehmet Akkaya'ın kavramıyla konuşursak; bir kopuş var ve bu kopuş, gerçekçilikten kopuş olarak anlaşılabilir ancak.

Yazarın "ne olacak bu işçi sınıfının hali" sorusundan çok "*elvada proletarya*" gibi bir hali var. Post-modernizm, modernizmin "bugün gelecek karşısında" iyimserliğini/daha iyi ve güzel bir gelecek özlemini kırar. Yerine "*geçmişin türettiği bu gün deyiz*"i geçirir. Ama bu, bugünün sorunlarının geçmişteki nedenlerini çözümlemek değildir, yalnızca bugünü geçmişe yansıtıp, sonra dönüp bugünü realize eden bir tarzdır.

İşçi romanı ve sanatta gerçekçilik üzerine kısaca...

Roman üzerine çalışmamız, işçi romanının nasıl olması gerektiği üzerine de temel bir takım fikirleri kafamızda olgunlaştırdı. Roman sanatı içinde işçi romanı şeklinde bir kategori oluşturmanın, böylesi bir noktayı tartışmanın yararlı olduğunu düşünüyoruz. Elbette bu düşüncemiz, işçilerin toplumsallaştığı ve toplumun çok daha geniş kesimlerinin işçileştiği bir çağda ayrıca tartışılmaya değerdir. Şu halde bir kategori olarak işçi romanı ile en başta burjuva sanat anlayışının hem günümüz ifadesi hem de en uç haline vardığı, emeğin sanattan kovulması, görünmez kılınması veya emeğin sanattan dışta tutulması bağlamında değerlendirilmelidir. Sorun, emeğin anlatılması değildir. Sorun her ne anlatılsa, her şeyin içindeki emek sürecinin de görünür kılınması ve bunun üzerinden atlanmadan, yaşam içindeki asli işlevinin dile getirilmesidir. Bu bize, değişim sürecinin de temel dinamiğini sunacaktır.

Şu halde işçi romanından esas olarak anlaşılması gereken tipik işçilerin anlatılması değildir. Konusu ve tipleri ne ve kim olursa olsunlar, herhangi bir romandaki olayların ve kişilerin üretim ilişkileri bağlamında ele alınmasıdır önemli olan. Üretim ilişkilerinin merkezinde ve tüm unsurlarıyla bağlantısı olan temel bir halkanın, emek olduğunu söylesek yanlış olmaz.

Sanatı ve/veya romanı gerçekçi kılacak olan da bu üretim ilişkileri bağlamının kurulabilmesidir. Ya da cümleyi tersten kuralım; insanın üretim ilişkileri bağlamı içerisinde anlatılması bir sanat eserin gerçekçi kılmak için olmazsa olmazdır. Burada bir sanatçı veya yazar için ilk önemli eşik belirir: Anlatılacak olan insanın üretim ilişkilerini bilme ve bu ilişkilere hakim olma. Bir yapıtta anlatılacak olan; tüm ekonomik, sosyal, cinsel, insanal, siyasal ve daha pek çok unsuruyla tüm üretim ilişkilerinin bağıntıları, merkezine de emeği koyarak, bir bütün olarak algılanamıyorsa, anlaşılamıyorsa, eksik veya yanlış anlaşılıyorsa, gerçeğin kendisi en başta gerçeklik olmaktan çıkar. Bizim kafamızdaki kurgunun gerçeğe atfedilmesi ise, burada gerçeklik yoktur.

Anlatılması düşünülen her kim ise, üretim ilişkileri anlamında anlaşılabilmesinin yolu, bu ilişkilere gerçekçi bakmaktır. Bir bütün olarak anlayabilmektir. Bu bütünlük görünen ile gerçek arasındaki farkı anlamamızı sağlayacak en temel bakış açısıdır. Şu halde, gerçek dediğimiz husus, salt, görünen, dokunulan, işitilen veya hissedilen değildir. Bunların yanı sıra bu algılara neden olanın bütün olarak algılanması dışında, bu algının hedeflediği şeydir de. Zaten sanat da burada başlıyor. Siz bir taş görürsünüz, sanatçı o taşta, elini çenesinin altına koymuş bir insan heykeli görür. Çünkü algılanmasını istediği bir şey var ve bunu o maddede görmek ihtiyacı ve isteğindedir.

Siz madencilere bakarsınız, işçileri bir bütün olarak görseniz bile, bu bütünün kafanızda oluşturduğu, oluşturacağı bütün nedir? Bu bütünlük, gerçekten bütünlük denilmeyi hak edecek tarzda, ekonomik, sosyal, siyasal, cinsel ve cümle insanal bağlarıyla bir bütündür. Dışınızdaki bütünlüğe, sizin düşünce ve duygularınızı kattığınızda ortaya çıkmasını umduğunuz ve istediğiniz bütünlük nedir?

Grizu örneğinde yazarın; maden işçilerini algılamasındaki eksiklikleri, üretim ilişkileri bağlamı içinde ne kadar eksik kaldığını gördük. Peki yazarın, eksik ve yanlış baktığı maden işçilerini anlatmakta bir hedefi var mıdır? Varsa bu nedir? Bizi bir anlamlı bütünden bir başka anlamlı bütüne taşıyabilmekte midir? Hayır. Şu halde, güzellik bunun neresinde?

İşte, gerçekçilikten ne anlamak gerekir ve gerçek olanın güzelliği var mıdır veya gerçekçi olanın güzelliği nereden ortaya çıkmaktadır, soruları ister istemez gündeme geliyor.

Bu sorular elbette geniş kapsamlıdır ve yanıtlanması başlı başına ayrı bir çalışma gerektirir. Temel birkaç düşüncemizi yazmakla yetineceğiz.

Muzaffer Oruçoğlu bir röportajında şunu söylemektedir: "Yeraltından çok, yeraltında çalışan insanın ruhunda gezinmeye çalıştım. Madenci ruhunun derinliklerine inebildim mi, inemedim mi bilemiyorum." diyor. Görülmektedir ki, yeraltındaki insanın ruhunun derinliklerine inebilmek için öncelikle yeraltına inmek gerekiyormuş. Madencileri kendi üretim ilişkileri içinde algılamak ve anlamak gerekiyormuş önce. Aksi, kafanızdakini kopyalayıp, hedef kitlesi madencilere yapıştırılmasından ibaret kalır. Oysa siz, yeraltına inmiş, inmekle kalmamış, yaşadıkları başta köy olmak üzere tüm yerleri ve ilişkideki insanları, hülasa, madencileri üretim ilişkileri içinde değerlendirmiş ve anlamış olsaydınız, kafada oluşturduğunuz o bütünlük de farklı olacaktı. Bu gerçekle döllenmiş bir duygu ve düşünce olacaktı. Tam tersi için de aynı şey geçerlidir. Bir bütün olarak tanınması, bilincine varılması gereken yine gerçekliğin kendisidir. Hayallerinizin, düşüncelerinizin gerçeklik üzerinde etki edip yeni bir gerçeklik yaratabilmesi için de var olan gerçekliğin iyi bilinmesi şarttır.

Şu halde işçi romanının temel dayandığı hususun, işçi ve işçiliği tüm yönleriyle iyi tanımayı zorunlu kıldığı ve duyguların, imgelerin, hayallerin de ancak buradan kaynağını alabileceği artık nettir. İşçinin tüm duygu ve düşüncelerinin neşet ettiği yer işçilik olmayabilir. Ama tüm bu duyguların bu işçilikle yoğrulduğunu görmek gerekmektedir. İşte bu duygu ve düşüncelerin akacağı yer, bu duygu ve düşüncelerin neşet ettiği yer olan işçilik bağlamının karşıtında bir yer olmamalıdır. Eğer öyle olur ise, işte bu post-modernizmin yapmaya çalıştığı sınıf yapı, ideoloji ve duygu ve düşüncesinin yerinden sökülmesi ve kendi **sınıfının** dışına bağlanmasıdır.

İşçi romanı en başta gerçekçi olmak zorundadır. Edebiyatta gerçekçilik akımının, modern sınıfların ortaya çıkması ile birlikte bu sınıf çatışmasının bir ürünü olarak ortaya çıktığını düşünmek ve kabul etmek gerekir. Çünkü ancak modern işçi sınıfı ve burjuvazinin ortaya çıkış süreciyle birlikte ortaya çıkan roman, sanatta da gerçekçiliği daha bir ihtiyaç haline getirmiştir. O halde, işçi romanı öncelikle gerçekçi olmak zorundadır. Peki gerçekçilik ne demektir? Bu konuda ayrıntılı ve literatürü tarayarak, bu literatürü tartışarak bir sonuca da varabiliriz. Ama biz esas olarak kendi tariflerimizi yapmak açısından temel bir nirengi noktasından hareket etmeyi hem kestirme hem de doğru bir yol olarak görüyoruz.

Tolstoy'un gerçek olan güzeldir. Belgisinden hareket etmek mümkündür.

Gerçek neden güzeldir? Özellikle bir yalan dünyasına dönüşmüş olan zamanımızda, gerçeğin güzel olması şaşırtıcı mıdır? Bizce hayır. Tam tersine, gerçek olanın güzel olması, bizim görünen ile gerçek olanın ayırtına varmamızdan başlayarak, gerçeği tüm bağıntılarıyla kavramak olduğunu düşünüyor ve görüyorsak güzeldir. Eğer bir olay, tüm bağıntılarıyla birlikte değerlendirilir, irdelenir, çözümlenir ise, bizim karşı karşıya kalacağımız çıplak gerçekliğin bizi götüreceği yepyeni bir gerçeklik, esasen imgelememizdeki gerçekliğin güncel yeni tipik halinden başka bir şey değildir. Bu nedenle, gerçek olan güzeldir. Ve bizi tam da bir olayın işte bu tüm yönleriyle birlikte ele alınıp işlendiği, iç bağlantı, çelişki ve dinamikleriyle yeniden yaratıldığı büyülü durum, estetik hazzın kaynağıdır. Eğer bu yer, bizim zaten bilebildiğimiz, içinde yer aldığımız, mevcut düşünce ve duygularımızla bir bağı var ise bizde, büyülenmiş bir duygu bırakmayacaktır. Oysa, yapıt öyle örülür ki, tüm malzemesini gerçeklikten aldıktan sonra bu malzemeyi öyle bir gerçekçi tarzda işler ki; tıpkı üretim sürecine giren bir nesnenin bir başka nesne olarak çıkışı gibi, bizi yepyeni bir dünyaya götürür. Ve bu şekilde kurulmuş olan dünya gerçekçi bir dünyadır. Gerçekten daha fazla gerçekçi bir dünyadır. İnsanlığın ihtiyacı olan da budur. Biz bu örüntüye girip, bildiğimiz ve bilebileceğimiz her şeyin dışında yeni, farklı bir gerçekliğe girebiliyorsak, güzellik duygusu bizde oluşacaktır.

Tolstoy'un "***gerçek olan güzeldir***" sözü bize, gerçeğin kavranması ile ancak yeni bir gerçeklik kurulabileceğini hatırlatmaktadır. Kurulu dünyanın ancak bütünsel ve içsel olarak kavranışı iledir ki, güzel olanın da ancak o zaman bulunabileceğini hatırlatır.

Yanı sıra kurulu düzenin sadece kavranmasının değil, değiştirilmesinin yolu da kurulu gerçekliğin iç çelişkilerinin açığa çıkarılması ve işlenmesinden geçer. Bu da tüm ileri ve geleceği temsil eden fikir akımlarının sanatsal izdüşümlerinin gerçekçi olmasını gerektirir. Bir sanat eserindeki güzellik duygusunun kaynağı, görünenin ardının da, ondan ötesinin de gösterilebilmesindedir.

Tam da kurulu düzenin sürdürülmesi veya geriye götürülmesi için ortaya atılan fikirlerin gerçeklikten uzak olmasının nedeni de bu olsa gerek. Tarihsel olarak ilerici rolünü oynadığı dönemde bu gerçeğe ihtiyacı olan burjuvazi, kendi çıkarını tek "gerçek" diye dayattığında, toplumun daha ileri gitme ihtiyacının önünde engel olmak için, gerçeği de artık çelmelemek, engel olmak, ihtiyacını hisseder. Günümüzde postmodernizmin durumu budur. Gerçekten yararlanıyormuş gibi yapıp, onu geriye kıran bir işlev görmektedir. Gerçeğin bütünsel ve içsel kavranışı yerine, bölüp parçalayarak gereksizleştiriyor, geleceğe dair en ufak bir esin kaynağı olmaktan çıkarıyor.

Bir sanat eserindeki güzellik duygusunun kaynağı, görünenin ardının, ötesinin de gösterilebilmesindedir. Biz yazımız boyunca Muzaffer Oruçoğlu'nun Grizu adlı romanında görünenin ardının hiç de kendisinin ortaya koymaya çalıştığı gibi olmadığını, böyle olmadığı gibi, kendisinin göstermeye çalıştığının da, gerçeğin bozulmuş, parçalanmış hali olduğunu, romanın bizi yeni bir gerçeğe taşıyamadığını, bu nedenle de esasen biz de güzellik duygusu uyandırmadığını söylüyoruz. Bunu da ağdalı ama gerçekliğe tekabül etmeyen diline rağmen ve bu nedenle de söylüyoruz.

Ali Eşki